ŒUVRES

DE

GEORGE SAND

LIBRAIRIES DE MICHEL LÉVY FRÈRES

ŒUVRES

DE

GEORGE SAND

NOUVELLE ÉDITION

Format grand in-18

André	1 vol
Antonia	1 —
La Confession d'une jeune fille	2 —
Constance Verrier	1 —
Le Dernier Amour	1 —
La Dernière Aldini	1 —
Elle et Lui	1 —
La Famille de Germandre	1 —
François le Champi	1 —
Un Hiver a Majorque — Spiridion	1 —
Indiana	1 —
Jacques	1 —
Jean de la Roche	1 —
Jean Zyska — Gabriel	1 —
Laura	1 —
Lettres d'un Voyageur	1 —
Mademoiselle La Quintinie	1 —
Les Maîtres mosaïstes	1 —
Les Maîtres sonneurs	1 —
La Mare au Diable	1 —
La Marquis de Villemer	1 —
Mauprat	1 —
Monsieur Sylvestre	1 —
Mont-Revêche	1 —
Nouvelles	1 —
La Petite Fadette	1 —
Tamaris	1 —
Théâtre complet	4 —
Théâtre de Nohant	1 —
Valentine	1 —
Valvèdre	1 —
La Ville noire	1 —

POISSY. — IMP. ET STÉR. DE A. BOURET.

JEAN ZYSKA

— GABRIEL —

PAR

GEORGE SAND

PARIS
MICHEL LÉVY FRÈRES, LIBRAIRES ÉDITEURS
RUE VIVIENNE, 2 BIS, ET BOULEVARD DES ITALIENS, 15
A LA LIBRAIRIE NOUVELLE

1867

NOTICE

J'ai écrit *Jean Ziska* entre la première et la seconde partie de *Consuelo*, c'est-à-dire entre *Consuelo* et la *Comtesse de Rudolstadt*. Ayant eu à consulter des livres sur l'histoire des derniers siècles de la Bohême, où j'avais placé la scène de mon roman, je fus frappée de l'intérêt et de la couleur de cette histoire des Hussites, qui n'existait en français que dans un ouvrage long, indigeste, diffus, quasi impossible à lire. Et pourtant ce livre avait sa valeur et ses côtés saisissants pour qui avait la patience de les attendre à venir. Je crois en avoir extrait la moelle en conscience et rétabli la clarté qui s'y noyait sous le désordre des idées et la dissémination des faits.

GEORGE SAND.

Nohant, 17 janvier 1853.

JEAN ZISKA

ÉPISODE DE LA GUERRE DES HUSSITES.

L'histoire de la Bohême est peu répandue chez nous. Pour en faire une étude particulière il faudrait savoir le bohême et le latin. Or, ne sachant pas mieux l'un que l'autre, je me vois forcé d'extraire d'un gros livre, estimable autant qu'indigeste, quelques pages sur la guerre des Hussites, comme explications, comme *pièces à l'appui* (c'est ainsi qu'on dit, je crois), enfin comme documents à consulter entre les deux séries principales d'aventures que j'ai entrepris de raconter sous le titre de *Consuelo*. En parcourant la Bohême à la piste de mon héroïne, j'avais été frappé du souvenir des antiques prouesses de Jean Ziska et de ses compagnons. Je pris alors quelques notes; et ce sont ces notes que je publie maintenant, avec prière aux lecteurs de ne prendre ceci ni pour un roman ni pour une histoire, mais pour le simple récit de faits véritables dont j'ai cherché le sens et la portée, dans mon sentiment plus que dans les ténèbres de l'érudition. Les personnes qui s'adonnent à la lecture du roman ne se piquent pas, en général, d'un plus grand savoir que celles qui l'écrivent. Il est donc arrivé que plusieurs dames m'ont demandé ingénument où le comte Albert de Rudolstadt avait été pêcher Jean Ziska; ce que Jean Ziska venait faire dans mon roman, sur la scène du dix-huitième siècle ; enfin si Jean Ziska était une fiction ou une figure historique. Bien loin de dédaigner cette sainte ignorance, je suis charmé de pouvoir faire part à mes patientes lectrices du peu que j'ai lu sur cette matière, et de l'enrichir de quelques contradictions que je me suis permis de puiser à meilleure source ; oserai-je dire quelquefois sous mon bonnet ? Pourquoi non ? J'ai toujours eu la persuasion qu'un savant sec ne valait pas un écolier qui sent parler dans son cœur la conscience des faits humains.

Mon récit commence à la fin de ce fameux et scandaleux concile de Constance, où les bûchers de Jean Huss et de Jérôme de Prague vinrent apporter un peu de distraction aux ennuis des vénérables pères et des prélats qui siégeaient dans la docte assemblée. On sait qu'il s'agissait d'avoir un pape au lieu de deux qui se disputaient fort scandaleusement l'empire du monde spirituel. On réussit à en avoir trois. La discussion fut longue, fastidieuse. Les riches abbés et les majestueux évêques avaient bien là leurs maîtresses ; Constance était devenu le rendez-vous des plus belles et des plus opulentes courtisanes de l'univers ; mais que voulez-vous ? On se lasse de tout. L'Église de ce temps-là n'était pas née pour la volupté seulement ; elle sentait ses appétits de domination singulièrement méconnus chez les nations remuantes et troublées : le besoin d'un peu de vengeance se faisait naturellement sentir. Le grand théologien Jean Gerson était venu là de la part de l'Université de Paris pour réclamer la condamnation d'un de ses confrères, le docteur Jean Petit, lequel avait fait, peu d'années auparavant, l'apologie de l'assassinat du duc d'Orléans, sous la forme d'une thèse en faveur du *tyrannicide*. Jean Petit était la créature du meurtrier Jean-sans-Peur, duc de Bourgogne ; Jean Gerson, quoique dévoué aux d'Orléans, était animé d'un sentiment plus noble en apparence. Il avait à cœur de défendre l'honneur de l'Université, et de flétrir les doctrines impies de l'avocat sanguinaire. Il n'obtint pas justice; et voulant assouvir son indignation sur quelqu'un, il s'acharna à la condamnation de Jean Huss, le docteur de l'Université de Prague, le théologien de la Bohême, le représentant des libertés religieuses que cette nation revendiquait depuis des siècles.

A coup sûr, ce fut une étrange manière de prouver l'horreur du sang répandu, que d'envoyer aux flammes un homme de bien pour une dissidence d'opinion [1]; mais telle était la morale de ces temps; et il faut bien, sans trop d'épouvante, contempler courageusement le spectacle des terribles maladies au milieu desquelles se développait la virilité de l'intelligence, retenue encore dans les liens d'une adolescence fougueuse et aveugle. Sans cela nous ne comprendrons rien à l'histoire, et dès la première page nous fermerons ce livre écrit avec du sang. Ainsi, mes chères lectrices, point de faiblesse, et acceptez bien ceci avant de regarder la sinistre figure de Jean Ziska : c'est qu'au quinzième siècle, pour ne parler que de celui-là, rois, papes, évêques et princes, peuple et soldats, barons et vilains, tous versaient le sang comme aujourd'hui nous versons l'encre. Les nations les plus civilisées de l'Europe offraient un vaste champ de carnage, et la vie d'un homme pesait si peu dans la main de son semblable, que ce n'était pas la peine d'en parler.

Est-ce à dire que le sentiment du vrai, la notion du juste, fussent inconnus aux hommes de ce temps? Hélas! quand on regarde l'ensemble, on est prêt à dire que oui; mais quand on examine mieux les détails, on retrouve

1. Soit dégoût des affaires, soit remords de conscience, Jean Gerson alla finir ses jours dans un couvent où il écrivit l'*Imitation de Jésus-Christ*, et plus tard la défense de Jeanne d'Arc. Voyez à cet égard l'excellente *Histoire de France* de M. Henri Martin.

bien dans cette divine création qu'on appelle l'humanité, l'effort constant de la vérité contre le mensonge, du juste contre l'injuste. Les crimes, quoique innombrables, ne passent pas inaperçus. Les contemporains qui nous en ont transmis le récit lugubre en gémissent avec partialité, il est vrai, mais avec énergie. Chacun pleure ses partisans et ses amis, chacun maudit et réprouve les forfaits d'autrui; mais chacun se venge, et le droit des représailles semble être un droit sacré chez ces farouches chrétiens qui ne croient pas au bienfait terrestre de la miséricorde. On discute ardemment la justice des causes, on n'examine jamais celle des moyens; cette dernière notion ne semble pas être éclose. La philosophie que le dix-huitième siècle a prêchée sous le nom de tolérance, a été le premier étendard levé sur le monde pour guider vers la charité chrétienne les esprits du catholicisme. Jusque-là le catholicisme prêche avec le bourreau à sa droite et le confesseur à sa gauche, et alors même que la tolérance s'efforce de lui faire congédier le tourmenteur, le catholicisme résiste, menace, anathématise, brûle les écrits de Jean-Jacques Rousseau, traite Voltaire d'antechrist, et fait une scission éclatante, éternelle peut-être avec la philosophie.

Ainsi donc, au quinzième siècle, la guerre, partout la guerre. La guerre est le développement inévitable de l'unité sociale et de l'éducation religieuse. Sans la guerre, point de nationalité, point de lumière intellectuelle, pas une seule question qui puisse sortir des ténèbres. Pour échapper à la barbarie, il faut que notre race lutte avec tous les moyens de la barbarie. Le combat ou la mort, la lutte sanguinaire ou le néant; c'est ainsi que la question est invinciblement posée. Acceptez-la, ou vous ne trouvez dans l'histoire de l'humanité qu'une nuit profonde, dans l'œuvre de la Providence que caprice et mensonge.

Il me fallait insister sur cette vérité, devenue banale, avant de vous introduire sur l'arène fumante de la Bohême. Si je vous y faisais entrer d'emblée, lectrice délicate, épouvantée de heurter à chaque pas des monceaux de ruines et de cadavres, vous penseriez peut-être que la Bohême était alors une nation plus barbare que les autres; je dois donc, au préalable, vous prier, Madame, de jeter un coup d'œil sur notre belle France, et de voir ce qu'elle était à cette époque, c'est-à-dire durant les dernières années de l'infortuné Charles VI. D'un côté les Armagnacs ravageant les campagnes jusqu'aux portes de Paris, pillant et massacrant sans merci leurs compatriotes; un sire de Vauru pendant au chêne de Meaux une cinquantaine de pièces de gibier humain qu'on y voyait *brandiller* tous les matins[1]; un dauphin de France assassinant son parent en trahison sur le pont de Montereau, emprisonnant sa mère, abandonnant son père idiot à tous les maux de sa condition et à tous les dangers de son ineptie : de l'autre, un duc de Bourgogne, assassin de son proche parent, faisant justice de ses ennemis dans Paris, à l'aide du bourreau Capeluche, des bouchers et des écorcheurs; chaque parti vendant à son tour sa patrie à l'Angleterre; l'Anglais aux portes de Paris; dans Paris la famine, la peste, l'anarchie, le découragement, les vengeances inutiles et féroces, les prisonniers mourant de faim dans les cachots ou égorgés par centaines au Châtelet; la Seine encombrée de sacs de cuir remplis de cadavres; une reine obèse plongée dans la débauche, chaque membre de la famille royale volant les trésors de la couronne, dévastant les églises, écrasant le peuple d'impôts; celui-ci faisant fondre la châsse de Saint-Louis pour payer une orgie, celui-là arrachant aux misérables leur dernière obole pour une campagne contre l'ennemi

1. Voy. Henri Martin.

qu'il n'ose pas seulement songer à entreprendre; les bandes de soldats mercenaires réclamant en vain leur paie, et recevant pour dédommagement la permission de mettre le pays à feu et à sang; et le jour des funérailles de Charles VI, où il ne restait pas un seul de ces princes pour accompagner son cercueil, le duc de Bedfort criant sur cette tombe maudite : « Vive le roi de France et d'Angleterre, Henri VI! »

Eh bien, pendant cette agonie de la France, la Bohême présentait un spectacle non moins terrible, mais héroïque et grandiose. Une poignée de fanatiques invincibles repoussait les immenses armées de la Germanie; les massacres et les incendies servaient du moins à tenter un grand coup, une œuvre patriotique; et si la Bohême finit par succomber, ce fut avec autant de gloire que *ces vaillantes gens* de Gand, dont l'histoire est quasi contemporaine.

I.

Wenceslas de Luxembourg régnait en Bohême. La France avait vu ce monarque grossier lorsqu'il était venu conférer à Reims avec les princes du saint-empire et les princes français pour l'exclusion de l'antipape Boniface. « Les mœurs bassement crapuleuses de Wenceslas choquèrent fort la cour de France, qui mettait au moins de l'élégance dans le libertinage : l'empereur était ivre dès le matin quand on allait le chercher pour les conférences[1]. » A l'époque du concile de Constance et du supplice de Jean Huss, il y avait quinze ans que Wenceslas n'était plus empereur. Son frère Sigismond avait réussi à le faire dépo-

1. Henri Martin.

ser par les électeurs du saint-empire, dans l'espérance de lui succéder; mais il fut déçu dans son ambition, et la diète choisit Rupert, électeur palatin, entre plusieurs concurrents, dont l'un fut assassiné par les autres. Cette élection ne fut pas généralement approuvée. Aix-la-Chapelle refusa de conférer à Rupert le titre de *roi des Romains;* plusieurs autres villes du saint-empire reculèrent devant la violation du serment qu'elles avaient prêté au successeur légitime de Charles IV[1]. Une partie des domaines impériaux paya les subsides à Wenceslas, l'autre à Rupert. Sigismond brocha sur le tout, inonda la Bohême de ses garnisons et la désola de ses brigandages, s'arrogeant la souveraineté effective en attendant mieux, persécutant son frère dans l'intérieur de son royaume, soulevant la nation contre lui, et s'efforçant d'user les derniers ressorts de cette volonté déjà morte. Ainsi rien ne ressemblait plus à la papauté que l'Empire, puisqu'on vit vers le même temps trois papes se disputer la tiare, et trois empereurs s'arracher le sceptre des mains. Et l'on peut dire aussi que rien ne ressemblait plus à la France que la Bohême. A l'une un roi fainéant, poltron, ivrogne, abruti; à l'autre un pauvre aliéné, moins odieux et aussi impuissant. A la France, les dissensions des Armagnacs et des Bourgognes, et la fureur du peuple entre deux. A la Bohême, les ravages de Sigismond, la résistance à la fois molle et cruelle de la cour, et la voix du peuple, au nom de Jean Huss, précipitant l'orage. Mais là fut grande cette voix du peuple, que trop de malheurs et de divisions étouffaient chez nous sous le bâillon de l'étranger.

Wenceslas s'était rendu odieux dès le principe par ses mœurs brutales et son inaction. En 1384, quelques seigneurs s'étant déclarés ouvertement contre lui, il appela

1. Mort en 1378.

des consuls allemands, à l'exclusion de ceux du pays, pour maintenir ses sujets dans l'obéissance, et fit périr les mécontents sur la place publique. La fière nation bohême ne put souffrir cet outrage, et ne lui pardonna jamais d'avoir appelé des étrangers à son aide pour décimer sa noblesse. Ce fut le principal prétexte allégué dans le soulèvement qui éclata par la suite, et où Jean Huss, au nom de l'Université de Prague, eut beaucoup de part. On lui reprocha encore amèrement le meurtre de Jean de Népomuck, ce vénérable docteur, qu'il avait fait jeter dans la Moldaw pour n'avoir pas voulu lui révéler la confession de sa femme. Enfin la mort de cette pieuse et douce Jeanne fut imputée à ses mauvais traitements. Tour à tour spoliateur des biens de son clergé et persécuteur des hérétiques, accusé par les orthodoxes d'avoir laissé couver et éclore l'hérésie hussite, par les réformateurs d'avoir abandonné Jean Huss aux fureurs du concile et maltraité ses disciples, il ne trouva de sympathie nulle part, parce qu'il n'avait jamais éprouvé de sympathie pour personne. Sigismond aida les mécontents à lui faire un mauvais parti, et un beau matin, en 1393, l'empereur Wenceslas fut mis aux arrêts dans la maison de ville, ni plus ni moins qu'un ivrogne ramassé par la patrouille. Il s'en échappa tout nu dans un bateau, où une femme du peuple le recueillit, à telles enseignes qu'il en fit, dit-on, sa femme. Cependant Sigismond, levant le masque, fondait sur la Bohême. Les Bohémiens relevèrent leur fantôme de roi pour tenir l'usurpateur en respect et le repousser. Wenceslas n'en fut pas plus sage, et se mit en besogne de vendre son royaume pour boire. Il commença par la Lombardie, qui était un fief de l'Empire et qu'il donna à Jean Galéas Visconti pour 150,000 écus d'or. Il avait déjà perdu les villes, forts et châteaux de la Bavière, que Rupert, l'électeur palatin, lui avait enlevés; si bien que, traduit au ban de l'Empire, déclaré relaps, haï des siens, méprisé de tous, déposé le lendemain de son nouveau mariage avec Sophie de Bavière, il se trouva, en 1400, réduit à sa petite Bohême. Pour un prince juste, aimé de son peuple, c'eût été pourtant une forteresse inexpugnable. La division et le morcellement des plus grandes puissances spirituelles et temporelles prouvait bien alors qu'il n'y avait plus de force que dans le sentiment national de quelques races chevaleresques. Mais Wenceslas ne savait et ne pouvait s'appuyer sur rien. En 1401, « revenu à son mauvais naturel, » il fut pris par les grands et enfermé dans la tour noire du palais de Prague. Transféré dans diverses forteresses, il alla passer un an en captivité à Vienne, d'où il s'échappa encore dans un bateau. La Bohême l'accueillit encore, parce que Sigismond désolait le pays avec une armée de Hongrois. « Ils y firent des désordres « inexprimables, tuant et violant partout où ils pas« saient. Ils enlevaient, sur leurs selles, de jeunes gar« çons et de jeunes filles, et les vendaient *comme des « chevreuils*. Sigismond ne se montra pas moins cruel « que ses gens; ne pouvant venir à bout de prendre un « fort qu'il avait assiégé, il en tira sous de belles pro« messes, le jeune Procope, marquis de Moravie, prince « du sang, et le fit attacher à une machine de guerre « qui était devant la muraille, afin que les assiégés fus« sent contraints de tuer leur maître à coups de flèches. » Cet infortuné ayant survécu à ses blessures, Sigismond le fit conduire à Brauna et l'y laissa mourir de faim.

Wenceslas n'eut qu'à se montrer aux intrépides Bohémiens pour que Sigismond fût repoussé; mais plusieurs des principales places fortes de la Bohême restèrent entre ses mains, et l'on peut dire que jusqu'à la guerre des Hussites, cette nation gouvernée par un fantôme, et surveillée par un ennemi intérieur, fit l'apprentissage du gouvernement républicain qu'elle rêvait depuis longtemps et qu'elle allait essayer de mettre en pratique. Pendant cette sorte d'interrègne, qui dura encore une quinzaine d'années, si l'anarchie gagna les institutions et paralysa les moyens de développement matériel, il se fit en revanche un grand travail de recomposition dans les idées religieuses et sociales. L'esprit réformateur, qui, sous divers noms et sous diverses formes, fermentait en France, en Hollande, en Angleterre, en Italie et en Allemagne depuis plusieurs siècles, commença à asseoir son siége en Bohême, et à préparer ces grandes luttes que hâtaient l'établissement et l'exercice de l'inquisition. Quelques souvenirs historiques sont indispensables ici pour faire comprendre la courte mission de Jean Huss (de 1407 à 1415), l'influence prodigieuse que dans l'espace de ces sept années il exerça sur son pays, enfin le retentissement inouï de son martyre, que les quatorze sanglantes années de la guerre hussite firent si cruellement expier au parti catholique.

La race slave des Tchèques, que nous appelons à tort les Bohémiens[1], avait conservé des institutions sorties de son propre esprit, et n'avait subi aucun joug étranger depuis le temps de sa reine Libussa, jusqu'après celui de Wenceslas V, au commencement du quatorzième siècle. La dynastie des Przemysl ducs de Bohême, avait donc duré six siècles. Le premier des Przemysl, tige de cette race illustre, fut, dit-on, un simple laboureur, que la reine Libussa tira de la charrue (comme Rome en avait tiré Cincinnatus), pour en faire son époux et le chef de son

1. C'est à peu près comme si les étrangers, au lieu de nous confirmer notre glorieux nom de *Francs*, s'obstinaient à nous appeler *Celtes*. Les Boïens furent expulsés de la contrée à laquelle ils ont laissé le nom de Bohême 500 ans avant notre ère, et les Tchèques sont une toute autre race.

peuple. La légende naïve et touchante de l'antique Bohême rapporte qu'elle lui fit conserver ses gros souliers de paysan, et qu'il les légua au fils qui lui succédait, afin qu'il n'oubliât point sa rustique origine et les devoirs qu'elle lui imposait [1]. Wladislas II fut le second de ses descendants qui porta le titre de roi. Ce titre lui fut conféré par Frédéric Barberousse. Mais il semble que ce fut pour cette race le signal de la fatalité. L'esprit conquérant qui s'emparait des souverains de la Bohême devait, suivant la loi éternelle, détruire la nationalité de leur domination. Przemysl-Ottokar II posséda, avec la Bohême, l'Autriche, la Carniole, l'Istrie, la Styrie, une partie de la Carinthie, et jusqu'à un port de mer, ce qui, pour le dire en passant, pourrait bien purger la mémoire de Shakspeare d'une grosse faute de géographie [2]. Il fit la guerre aux païens de Prusse, leur dicta des lois, bâtit Kœnigsberg, prit sous sa protection Vérone, Feltre et Trévise, et refusa par excès d'orgueil, dit-on, plus que par modestie, la couronne impériale, qui échut à Rodolphe de Habsbourg, lequel le dépouilla d'une partie de ses domaines. Après lui, Wenceslas IV fut élu roi de Pologne. Wenceslas V, qui réunit la Hongrie à ces possessions, se perdit dans la débauche, fut assassiné à Olmutz, et termina la dynastie nationale. Cinq ans après, Jean de Luxembourg montait sur le trône de Bohême, et l'influence allemande commençait à irriter les Bohémiens, livrés pour la première fois depuis tant de siècles à une main étrangère. Jean, politique habile et ambi-

1. Cette tradition du paysan-roi se retrouve chez tous les peuples slaves.

2. On sait que dans un de ses drames à époques incertaines il fait aborder sur un navire un de ses personnages en Bohême. Ce pouvait être le port de Naon qu'acheta le roi Ottokar, et qui posa fastueusement la limite de son empire au rivage de l'Adriatique.

tieux, comprit son rôle, renvoya les fonctionnaires allemands et promena sa noblesse dans des guerres à l'étranger. Il finit par se promener lui-même hors de la contrée, sous prétexte de maladie, mais en effet pour laisser aux Bohémiens le temps de s'habituer sans trop d'amertume à sa domination. Il fit plusieurs voyages en France, fréquenta les papes d'Avignon, et tout en respirant l'air salubre de ces contrées, revint un beau jour, rapportant de par un décret de l'autorité pontificale, la couronne impériale à son fils. Ce fils fut Charles IV, premier roi de Bohême, empereur. Ses grands travaux donnèrent à cette contrée un lustre qu'elle n'avait pas encore eu. Il bâtit la nouvelle ville de Prague, composa le code des lois, fonda le collége de Carlstein, et tenta de réunir la Moldaw au Danube. Mais son plus grand œuvre fut la fondation de l'Université de Prague à l'instar de celle de Paris, où il avait étudié. Ce corps savant devint rapidement illustre et enfanta Jean Huss, Jérôme de Prague et plusieurs autres hommes supérieurs; c'est-à-dire qu'il enfanta le hussitisme, un idéal de république qui devait bientôt faire une rude guerre à la postérité de son fondateur.

Charles IV chérissait tendrement cependant cette Université, sa noble fille. Il y prenait tant de plaisir aux discussions savantes, que lorsqu'on venait l'interrompre pour l'avertir de manger, il répondait, en montrant ses docteurs échauffés à la dispute : « C'est ici mon souper; je n'ai pas d'autre faim. » Malgré cette sollicitude paternelle pour l'éducation des Bohémiens, ceux-ci ne l'aimèrent jamais et lui reprochèrent de trop s'occuper des intérêts de sa famille. Le reproche fut peut-être injuste mais cette famille avait le tort impardonnable d'être étrangère : on le lui fit bien voir.

Sous Wenceslas l'ivrogne, fils de Charles IV, l'Université de Prague, forte de sa propre vie, grandit, se développa, acquit une immense popularité, et produisit Jean Huss, qu'elle envoya, comme le plus beau fleuron de sa couronne, au concile de Constance. Les pères du concile ne lui renvoyèrent même pas ses cendres. L'Université fit faire à la Bohême, dont elle était devenue la tête et le cœur, le serment d'Annibal contre Rome.

Il ne faudrait pas croire cependant que la conversion de ce peuple guerrier en un peuple raisonneur et théologien fût l'affaire de quelques années et l'œuvre entière de l'Université. Les choses ne se passent pas ainsi dans la vie des nations. Permis aux pères des conciles de dire, dans le style du temps, que le royaume de Bohême, jusque-là fidèlement attaché à la religion, était devenu tout d'un coup l'*égout de toutes les sectes.* Il y avait bien longtemps, au contraire, que la Bohême tournait à l'hérésie, et que le monde civilisé tout entier, *infecté de ce poison,* lui en infiltrait tout doucement le venin.

Si j'écrivais cette histoire pour les hommes graves (comme on dit de tant d'hommes en ce temps-ci où il y a si peu de gravité), je ne pourrais faire moins que de tracer maintenant l'histoire de l'hérésie. Il me faudrait, pour remonter à son berceau, remonter à celui de l'Église; ce serait un peu long et un peu lourd. Rassurez-vous, Mesdames, c'est pour vous que j'écris, et ce que j'ai lu de tout cela, je vous le résumerai en peu de mots, d'autant plus qu'à cet égard l'*histoire n'existe pas; l'histoire n'est pas faite.* Rien de plus obscur et de plus embrouillé que la certitude de certains faits dans le passé. Peut-être faudrait-il s'occuper un peu de chercher celle du fait idéal; si l'on songeait bien aux causes morales des événements, on déterminerait peut-être d'une manière plus satisfaisante la marche de ces événements; si l'on mettait un peu plus de sentiment dans l'étude de l'histoire, je crois qu'on devinerait beaucoup de choses qu'avec la seule érudition il sera peut-être à jamais impossible d'affirmer.

Deviner l'histoire de la pensée humaine, voilà en effet à quoi nous sommes réduits en ce temps de scepticisme, après tant de siècles d'hypocrisie. Que dis-je? l'hypocrisie et le scepticisme sont de tous les temps, et presque toujours l'histoire, surtout l'histoire des religions, a été écrite sous l'une ou l'autre inspiration. L'Église a écrit l'histoire, c'est elle qui l'a le plus et le mieux écrite dans le passé : l'Église a été forcée de l'écrire selon ses intérêts, ses ressentiments et ses terreurs. Les souverains ont fait écrire l'histoire, et les souverains ont fait comme l'Église. Comme le pouvoir spirituel et le pouvoir temporel ont été aux prises éternellement, voilà déjà de grandes contradictions entre les historiens des deux camps. Puis les philosophes et les hérétiques ont écrit l'histoire : ressentiment et amertume contre les pouvoirs oppresseurs, crainte et jalousie entre les diverses sectes et les diverses philosophies, ignorance et précipitation de jugement, voilà ce qu'on trouve chez la plupart de ces historiens. Nouvelles contradictions! où est donc la vérité de l'histoire au milieu de ce conflit? L'histoire n'existe pas, je vous le jure; que les pédants en pensent ce qu'ils veulent!

Mais comme la Providence ne fait rien d'inutile, l'humanité, sur laquelle et par laquelle agit chez nous la Providence, ne fait rien d'inutile non plus. Le passé a entassé devant nous des montagnes de matériaux, l'avenir en profitera. Le présent s'en effraie et y porte une main timide. Mais vienne le réveil des grands sentiments, vienne un siècle des lumières qui ne sera ni celui de Léon X ni celui de Louis XIV, mais celui de la justice et de la droiture, l'histoire se fera, et nos petits-enfants en auront enfin une idée nette et bienfaisante.

Quoi! me direz-vous, nous n'avons pas d'histoire? Et qu'avons-nous donc appris dans nos couvents? — Hélas! Mesdames, vous n'y avez appris que l'Évangile, et encore ne l'avez-vous pas compris. Vos filles pourraient commencer à apprendre quelque chose, car on a commencé à faire pour la jeunesse de bons ouvrages comparativement à ceux du passé. Quelques esprits élevés ont jeté de siècle en siècle une certaine clarté progressive sur cet abîme ténébreux. De nos jours de rares intelligences ont indiqué la route; la notion d'une nouvelle méthode supérieure à l'ancienne s'est répandue et tend à se populariser, en dépit de l'hypocrisie sceptique de l'Église et du scepticisme hypocrite de l'Université. Mais les seuls beaux travaux que nous possédions sur l'histoire ne sont encore que des aperçus de sentiment, des éclairs de divination. Je vous l'ai dit, nous en sommes à deviner l'histoire, en attendant qu'on nous la fasse et qu'on nous la donne tout expliquée et toute dévoilée.

Je conviens que certains points principaux semblent être du moins assez bien dépouillés de mensonge et d'ignorance pour qu'on puisse en juger. Si, sur tous les points, la besogne était assez bien débrouillée, l'ouvrage assez dégrossi, pour que la raison et le sentiment n'eussent plus qu'à se prononcer sur la conséquence et la moralité des faits, nous serions déjà bien avancés, et il ne faudrait pas se plaindre: demain nous aurions nos Hérodotes et nos Tacites. Mais nous n'en sommes pas là, et les plus instruits de nos maîtres avouent qu'il y a des côtés (selon moi. ce sont les plus importants) où tout est plongé dans un épais brouillard. Telle est l'histoire des hérésies; je ne vous citerai que celle-là, quoique celle de la religion officielle qu'on vous a enseignée et que vous enseignez à vos enfants soit tout aussi menteuse, tout aussi obscure, tout aussi incertaine. Mais mon sujet m'impose de me borner à la première, et je vous demande si vous en savez quelque chose? Ne rougissez pas d'avouer que non. Vos professeurs n'en savent guère plus.

Et comment le sauraient-ils? Figurez-vous, Madame, qu'il y a là toute une moitié de l'histoire intellectuelle et morale de l'humanité, que l'autre moitié du genre humain a fait disparaître, parce qu'elle la gênait et la menaçait. Il faut que j'essaie de vous faire bien comprendre de quoi il est question, et vous verrez ensuite que cette sainte mère l'hérésie nous a engendrés tout aussi légitimement, tout aussi puissamment que notre autre mère la sainte Église. L'une nous a baptisés, confessés et dirigés de siècle en siècle à la lumière du jour; l'autre nous a travaillé le cœur, réchauffé l'esprit; elle nous a tourmentés, inspirés, poussés en avant de siècle en siècle par ses voix mystérieuses, toujours étouffées et toujours éloquentes; *de profundis clamavi ad te*, c'est le chant éternel, c'est le cri déchirant de l'hérésie plongée dans les cachots, ensevelie sous les bûchers, scellée vivante dans la tombe, comme elle l'est encore sous les ténébreux arcanes de l'histoire.

Femmes, quand je me rappelle que c'est pour vous que j'écris, je me sens le cœur plus à l'aise; car je n'ai jamais douté que malgré vos vices, vos travers, votre insigne paresse, votre absurde coquetterie, votre frivolité puérile, il n'y eût en vous quelque chose de pur, d'enthousiaste, de candide, de grand et de généreux, que les hommes ont perdu ou n'ont point encore. Vous êtes de beaux enfants. Votre tête est faible, votre éducation misérable, votre prévoyance nulle, votre mémoire vide, vos facultés de raisonnement inertes. La faute n'en est point à vous! Dieu a permis que dans l'oisiveté de votre intelligence votre cœur se développât plus librement que celui des hommes, et que vous conservassiez le feu sacré de l'amour, les trésors du dévouement, les charmes attendrissants de l'incurie romanesque et du désintéressement aveugle. Voilà pourquoi, pauvres femmes, nobles êtres qu'il n'a pas été au pouvoir de l'homme de dégrader, voilà pourquoi l'histoire de l'hérésie doit vous intéresser et vous toucher particulièrement; car vous êtes les filles de l'hérésie, vous êtes toutes des hérétiques; toutes vous protestez dans votre cœur, toutes vous protestez sans succès. Comme celle de l'Église *protestante* de tous les siècles, votre voix est étouffée sous l'arrêt de l'Église *sociale* officielle. Vous êtes toutes par nature et par nécessité les disciples de saint Jean, de saint François, et des autres grands apôtres de l'idéal. Vous êtes toutes *pauvres* à la manière des éternels disciples du paupérisme évangélique; car, suivant la loi du mariage et de la famille, vous ne possédez pas; et c'est à cette absence de pouvoir et d'action dans les intérêts temporels, que vous devez cette tendance idéaliste, cette puissance de sentiment, ces élans d'abnégation qui font de vos âmes le dernier sanctuaire de la vérité, les derniers autels pour le sacrifice.

J'essaierai donc de vous faire l'histoire de l'hérésie au point de vue du sentiment, parce que le sentiment est la porte de votre intelligence.

Vous n'êtes pas sans savoir qu'il y a aujourd'hui une grande lutte engagée dans le monde entre les riches et les pauvres, entre les habiles et les simples, entre le grand nombre qui est faible encore par ignorance, et le petit nombre qui l'exploite par ruse et par force. Vous savez qu'au milieu de cette lutte dont la continuité serait contraire aux desseins de Dieu, des idées profondes ont surgi; qu'elles ont pris toutes les formes, même celles de l'erreur et de la folie: enfin, que mille sectes philosophiques se partagent l'empire des esprits. Vous avez entendu parler de celles qui ont fait la révolution française, des jacobins, des montagnards, des girondins, des dantonistes, des babouvistes, des hébertistes même, etc. Depuis quinze ans, vous avez vu d'autres sectes déployer leurs bannières, d'autres idées, ou plutôt les mêmes idées au fond, prendre de nouvelles formes, chez les saint-simoniens, les doctrinaires, les fouriéristes, les communistes de Lyon, les chartistes d'Angleterre, etc., etc.

Ce que vous trouvez au fond de toutes ces sectes philosophiques et de tous ces mouvements populaires, c'est la lutte de l'égalité qui veut s'établir, contre l'inégalité qui veut se maintenir; lutte du pauvre contre le riche, du candide contre le fourbe, de l'opprimé contre l'oppresseur, de la femme contre l'homme (du fils même contre le père dans la législation, puisqu'il a fallu reconquérir la suppression du droit d'aînesse); de l'ouvrier contre le maître, du travailleur contre l'exploiteur, du libre penseur contre le prêtre gardien des mystères, etc.; lutte générale, universelle, portant sur tous les principes, partant de tous les points, imaginant tous les systèmes, essayant de tous les moyens. Vous n'êtes pas au bout; vous en verrez bien d'autres et de pires, si au lieu de laisser le champ libre à la discussion, le pouvoir s'obstine à contraindre d'une part, et à corrompre de l'autre.

Eh bien, au point où nous en sommes, vous ne pouvez pas supposer que tout cela soit absolument nouveau sous le soleil, que l'esprit humain ait enfanté toutes ces manifestations pour la première fois depuis cinquante ans. Il faudrait, pour cela, supposer que depuis cinquante ans seulement le genre humain a commencé à vivre et à se rendre compte de ses droits, de ses besoins de toutes sortes.

Et pourtant, si vous cherchez dans les historiens l'histoire suivie, claire et précise des manifestations progressives qui ont amené celles du dix-huitième siècle et celles d'aujourd'hui, vous ne l'y trouverez que confuse, tronquée et profondément inintelligente. Parmi les modernes[1], les uns, effrayés de la multiplicité des sectes et de l'obscurité répandue sur leurs doctrines par les arrêts mensongers de l'inquisition et l'auto-da-fé des documents, ont craint de se tromper et de s'égarer; les autres ont tout simplement méprisé la question, soit qu'ils ne s'intéressassent point à celle qui agite notre génération, soit qu'ils n'aperçussent point ses rapports avec l'histoire des anciennes sectes. Parmi les anciens historiens, c'est bien autre chose. D'abord il y a plusieurs siècles (et ce ne sont pas les moins remplis de faits et d'idées) dont il ne reste rien que des arrêts de mort, de proscription et de flétrissure. Durant ces siècles, l'Église prononça la sentence de l'anéantissement des individus et de leur pensée : maîtres et disciples, hommes et écrits, tout passa par les flammes; et les monuments les plus curieux, les plus importants de ces âges de discussion et d'effervescence sont perdus pour nous sans retour.

Ainsi, le rôle de l'Église, dans ces temps-là, ressemble à l'invasion des barbares. Elle a réussi à plonger dans la nuit du néant les monuments de la pensée humaine; mais le sentiment qui enfanta ces idées condamnées et violentées ne pouvait périr dans le cœur des hommes. L'idée de l'égalité était indestructible; les bourreaux ne pouvaient l'atteindre : elle resta profondément enracinée, et ce que

1. Depuis quelques années, de louables et heureuses tentatives ont été faites à cet égard. M. Michelet, M. Lavallée, M. Henri Martin surtout, ont commencé à jeter un nouveau jour sur ces questions, et à les traiter avec l'attention qu'elles méritent. Je ne parle pas des beaux travaux fragmentaires de l'*Encyclopédie nouvelle*, et de certains autres dont les idées que j'émets ici ne sont qu'un reflet et une vulgarisation.

vous voyez aujourd'hui en est la suite ininterrompue et la conséquence directe.

Les siècles persécutés, et pour ainsi dire étouffés, dont je vous parle, embrassent toute l'existence du christianisme jusqu'à la guerre des hussites. Là l'histoire devient plus claire, parce que les insurrections religieuses aboutissent enfin à des guerres sociales. Les questions se posent plus nettement, non plus tant sous la forme de propositions mystiques que sous celle d'articles politiques. Bientôt après arrive la réforme de Luther, les grandes guerres de religion, la création d'une nouvelle église, qui échappe aux arrêts de l'ancienne et qui conserve les monuments de son action historique, grâce à l'invention de l'imprimerie, qui neutralise celle des bûchers.

Il semblerait que cette nouvelle église de Luther, pénétrée d'amour et de respect pour les longues et courageuses hérésies qui l'avaient précédée, préparée et mise au monde, eût dû consacrer d'abord sa ferveur et sa science à reconstruire l'histoire de son passé, à refaire sa généalogie, à retrouver ses titres de noblesse. Elle était encore assez près des événements pour chercher dans ses traditions le fil de son existence, dont l'Église romaine avait détruit l'écriture. Elle ne le fit pourtant pas, occupée qu'elle était à se constituer dans le présent et à poursuivre une lutte active. Mais il faut bien avouer aussi que ses docteurs et ses historiens manquèrent souvent de courage et reculèrent avec effroi devant l'acceptation du passé. Ce passé était rempli d'excès et de délires. Nous l'avons dit plus haut, c'était le temps de la violence; et les hussites le disaient dans leur style énergique: *C'est maintenant le temps du zèle et de la fureur*. Nous dirons, plus tard, comment ils se croyaient les ministres de la colère divine. Mais ces délires, ces excès, ce zèle et cette fureur ne dévoraient-ils pas aussi le sein de l'Eglise romaine? Rome avait-elle le droit de leur reprocher quelque chose en fait de vengeance et de cruauté, de meurtre et de sacrilége? Les docteurs protestants reculèrent pourtant devant les accusations dont on chargeait la tête de leurs pères. Luther lui-même, vous le savez, fut le premier à s'épouvanter du torrent dont il avait rompu la dernière digue. Comment eût-il pu accepter la tache glorieuse de son origine, lui qui désavouait déjà l'œuvre terrible de ses contemporains et l'audace qu'il supposait à sa postérité?

Il légua son épouvante à ses pâles continuateurs. Les uns, reniant leur illustre et sombre origine, s'efforcèrent de prouver qu'il n'avaient rien de commun avec ceux-ci ou ceux-là; les autres, plus religieux, mais non moins timides, s'attachèrent à blanchir la mémoire de leurs aïeux dans l'hérésie de tous les excès qui leur étaient imputés. De là résulta une foule d'écrits qu'il peut être bon de consulter, parce qu'il s'y trouve, comme dans tout, des lambeaux de vérité, mais auxquels il est impossible de se rapporter entièrement pour connaître la vérité des sentiments historiques, à la recherche desquels nous voici lancés[1].

Il ne s'agit ici de rien moins que de décider tout le contraire de ce qu'ont décidé des gens très-graves et

1. M. Lenfant, dans une longue et curieuse histoire du concile de Bâle dont nous avons extrait ces notes sur la guerre hussitique, abandonne la cause, sans façon, à la sévérité de son siècle. Il raille et méprise plus souvent qu'il n'admire. M. de Beausobre, dans ses travaux très-supérieurs comme intelligence, comme érudition et comme aperçu de sentiment, s'efforce de nier des faits qui ont cependant un caractère de vérité historique. Il donne un démenti général et particulier à toutes les assertions des écrivains catholiques, et poussant la partialité un peu loin, fait l'hérésie blanche comme neige.

très-savants : à savoir que, comme il n'y a qu'une religion, il n'y a qu'une hérésie. La religion officielle, l'église constituée a toujours suivi un même système ; la religion secrète, celle qui cherche encore à se constituer, cette société idéale de l'égalité, qui commence à la prédication de Jésus, qui traverse les siècles du catholicisme sous le nom d'hérésie, et qui aboutit chez nous jusqu'à la révolution française, pour se réformer et se discuter, à défaut de mieux, dans les clubs chartistes et dans l'exaltation communiste, cette religion-là est aussi toujours la même, quelque forme qu'elle ait revêtue, quelque nom dont elle se soit voilée, quelque persécution qu'elle ait subie. Femmes, c'est toujours votre lutte du sentiment contre l'autorité, de l'amour chrétien, qui n'est pas le dieu aveugle de la luxure païenne, mais le dieu clairvoyant de l'égalité évangélique, contre l'inégalité païenne des droits dans la famille, dans l'opinion, dans la fidélité, dans l'honneur, dans tout ce qui tient à l'amour même. Pauvres laborieux ou infirmes, c'est toujours votre lutte contre ceux qui vous disent encore : « Travaillez beaucoup pour vivre très-mal ; et si vous ne pouvez travailler que peu, vous ne vivrez pas du tout. » Pauvres d'esprit à qui la société marâtre a refusé la notion et l'exemple de l'honnêteté, vous qu'elle abandonne aux hasards d'une éducation sauvage, et qu'elle réprime avec la même rigueur que si vous connaissiez les subtilités de sa philosophie officielle, c'est toujours votre lutte. Jeunes intelligences qui sentez en vous l'inspiration divine de la vérité, et qui n'échappez au jésuitisme de l'Église que pour retomber sous celui du gouvernement, c'est toujours votre lutte. Hommes de sensation qui êtes livrés aux souffrances et aux privations de la misère, hommes de sentiment qui êtes déchirés par le spectacle des maux de l'humanité et qui demandez pour elle le pain du corps et de l'âme, c'est toujours votre lutte contre les hommes de la fausse connaissance, de la science impie, du sophisme mitré ou couronné. L'hérésie du passé, le communisme d'aujourd'hui, c'est le cri des entrailles affamées et du cœur désolé qui appelle la vraie connaissance, la voix de l'esprit, la solution religieuse, philosophique et sociale du problème monstrueux suspendu depuis tant de siècles sur nos têtes. Voilà ce que c'est que l'hérésie, et pas autre chose : une idée essentiellement chrétienne dans son principe, évangélique dans ses révélations successives, révolutionnaire dans ses tentatives et ses réclamations; et non une stérile dispute de mots, une orgueilleuse interprétation des textes sacrés, une suggestion de l'esprit satanique, un besoin de vengeance, d'aventures et de vanité, comme il a plu à l'Église romaine de la définir dans ses réquisitoires et ses anathèmes.

Maintenant que vous apercevez ce que c'est que l'hérésie, vous ne vous imaginerez plus, comme on le persuade à vous, femmes, et à vos enfants, lorsqu'ils commencent à lire l'histoire, que ce soit un chapitre insipide, indigne d'examen ou d'intérêt, bon à reléguer dans les subtilités ridicules du passé théologique. On a réussi à embrouiller ce chapitre, il est vrai; mais l'affaire des esprits sérieux et des cœurs avides de vérité sera désormais d'y porter la lumière. Prétendre faire l'histoire de la société chrétienne sans vouloir restituer à notre connaissance et à notre méditation l'histoire des hérésies, c'est vouloir connaître et juger le cours d'un fleuve dont on n'apercevrait jamais qu'une seule rive. On raconte qu'un Anglais (ce pouvait bien être un bourgeois de Paris), ayant loué, pour faire le tour du lac de Genève, une de ces petites voitures suisses dans lesquelles on voyage de côté, se trouva assis de manière à tourner constamment le dos au Léman, de sorte qu'il rentra à son auberge sans l'avoir aperçu. Mais on assure qu'il n'en était pas moins content de son voyage, parce qu'il avait vu les belles montagnes qui entourent et regardent le lac. Ceci est une parabole triviale, applicable à l'histoire. La montagne, c'est l'Église romaine, qui, dans le passé, domine le monde de sa hauteur et de sa puissance. Le lac profond, c'est l'hérésie, dont la source mystérieuse cache des abîmes et ronge la base du mont. Le voyageur, c'est vous, si vous imitez l'Anglais, qui ne songea point à regarder derrière lui.

Quand vous lisez l'Évangile, les Actes des apôtres, les Vies des saints, et que vous reportez vos regards sur la vérité actuelle, comment vous expliquez-vous cette épouvantable antithèse de la morale chrétienne avec des institutions païennes?

Quelques formules de notre code français (ce ne sont que des formules!) rappellent seules le précepte de Jésus et la doctrine des apôtres. Si l'empereur Julien revenait tout à coup parmi nous et qu'on lui montrât seulement ces formules, il s'écrierait encore une fois: « Tu l'emportes, Galiléen! » Et si saint Pierre, le chef et le fondateur dont l'Église romaine se vante, était appelé à la même épreuve, il ne manquerait pas de dire: « Voilà l'ouvrage de ma chère fille la sainte Église. » Mais le pape serait là pour lui répondre: Que dites-vous là, saint père? c'est l'abominable ouvrage d'une abominable révolution, dont les fanatiques ont brisé vos autels, outragé vos lévites et profané nos temples. » Je suppose que saint Pierre, étourdi d'une pareille explication, appelât saint Jean pour le tirer de cet embarras; saint Jean, qui en savait et en pensait plus long que lui sur l'égalité, lui dirait: « Prenez garde, frère, j'ai bien peur que le coq n'ait chanté sur le clocher de votre Église romaine. » Et alors, appelant le pape à rendre témoignage : « Qu'avez-vous donc fait vous et les autres, pour que les fanatiques de l'égalité se portassent à de tels excès contre vous et votre culte? — Nous avions fait notre devoir, répondrait le pape; nous avions condamné et persécuté Jean-Jacques Rousseau, Diderot et tous les fauteurs de l'hérésie. » Alors saint Jean voudrait savoir qui étaient ces grands saints qui avaient résisté à l'Église au nom du précepte du Christ, car il ne les jugerait pas autrement. Il voudrait connaître tous ceux qui avaient suscité l'hérésie de l'évangile; et, de siècle en siècle, remontant par le dix-huitième siècle à Luther et à Jean Huss, et par Wicklef à Pierre Valdo, et par Jean de Parme à Joachim de Flore, et par eux à saint François; et par saint François à une suite ininterrompue d'apôtres de l'égalité chrétienne, il remonterait ainsi par le torrent de l'hérésie jusqu'à lui-même, à sa doctrine, à sa parole. Il laisserait alors saint Pierre s'arranger avec Grégoire VII et tous ses orthodoxes jusqu'à Grégoire XVI, et retournerait vers son divin maître Jésus pour lui rendre compte du cours bizarre des affaires de ce monde.

Voilà donc tout bonnement l'histoire de ce monde. D'un côté les hommes d'ordre, de discipline, de conservation, d'application sociale, d'autorité politique; ces hommes-là, qui n'ont pas choisi sans motif saint Pierre pour leur patron, bâtissent et gouvernent l'Église avec une grande force, avec beaucoup d'habileté, de science administrative, de courage et de foi dans leur principe d'unité. Ils font là un grand œuvre; et plusieurs d'entre eux, préservant à certaines époques la société chrétienne des bouleversements de la politique, de l'ambition brutale des despotes séculiers, et de l'envahissement des nations aux instincts barbares, sont dignes d'admiration et de respect. Mais tandis qu'ils soutiennent cette lutte au nom du pouvoir spirituel contre le pouvoir temporel, ils prennent les vices du monde temporel et trempent dans ses crimes. Ils oublient, ils sont forcés d'oublier leur mission divine, idéale ! Ils deviennent conquérants et despotes à leur tour; ils oppriment les consciences et tournent leur furie contre leurs propres serviteurs, contre leurs plus utiles instruments.

Ces serviteurs ardents, ces instruments précieux d'abord, mais bientôt funestes à l'Église, ce sont les hommes de sentiment, d'enthousiasme, de sincérité, de désintéressement et d'amour; c'est l'autre côté de la nature humaine qui veut se manifester et faire régner la doctrine du Christ, la loi de la fraternité sur la terre. Ils n'ont ni la science organisatrice, ni l'esprit d'intrigue, ni l'ambition qui fait la force, ni la richesse qui est le nerf de la guerre. Les papes l'ont toujours parce qu'ils trouvent moyen de s'associer aux intérêts des souverains, et ils font mieux que de faire la guerre eux-mêmes; ils la font faire pour eux, ils la suscitent et la dirigent. Les apôtres de l'égalité sont pauvres. Ils ont fait vœu de pauvreté; à une certaine époque, ils sortent principalement des associations de frères mendiants; ils se répandent sur la terre en vivant d'aumônes et souvent de mépris. Ils ne peuvent s'appuyer que sur le pauvre peuple, chez lequel ils trouvent d'immenses sympathies. En l'éclairant dans la voix de l'Évangile, ils font sortir de son sein de nouveaux docteurs qui, sans s'adjoindre à eux officiellement, et souvent même en s'en détachant tout à fait, continuent leur œuvre, entrent en guerre ouverte avec l'Église, sont flétris du nom d'hérétiques, agitent les masses, se répandent dans le monde sous divers noms, y prêchent le principe sous divers aspects, et partout y subissent la persécution. Mais le destin de l'hérésie n'est pas de triompher brusquement de l'Église; elle ne peut que la miner sourdement, l'ébranler quelquefois par l'explosion des menaces populaires, être ensuite sa dupe, son jouet, sa victime, et finir par le martyre pour renaître de ses propres cendres, s'agiter encore, s'engourdir dans la constitution avortée du luthérianisme, et se fondre enfin dans la philosophie française du dix-huitième siècle. Vous savez le reste de son histoire, je vous en ai indiqué la trace. Elle revit aujourd'hui en partie dans la grande insurrection permanente des Chartistes, et en partie dans les associations profondes et indestructibles du communisme. Ces communistes, ce sont les Vaudois, les pauvres de Lyon ou léonistes qui faisaient dès le douzième siècle le métier de canuts et l'office de gardiens du feu sacré de l'Évangile. Les chartistes, ce sont les wickléfistes qui, au quatorzième siècle remuaient l'Angleterre et forçaient Henri V à interrompre plusieurs fois la conquête de la France. Si je cherchais bien, je trouverais quelque part les Hussites ; et quant aux Taborites et aux Picards, et même aux Adamites, j'ai la main dessus, mais je ne suis pas obligé de les désigner. Le petit nombre de ces derniers dans le passé et dans le présent ne leur laisse que peu d'importance. Ils ne sont point destinés à en avoir jamais. Leur idée est excessive, délirante, et comme les convulsions de la démence, elle est un symptôme de mort plus que de guérison. Ces surexcitations de l'enthousiasme sont destinées à disparaître. Je ne les indique ici que parce qu'elles jouent un rôle dans la guerre des hussites, et qu'il sera bon de faire leur part quand j'aurai à montrer leur action.

Maintenant, si le sujet vous intéresse, cherchez dans les livres d'histoire le récit des grandes insurrections des pastoureaux, des vaudois, des beggards, des fratricelles, des lolhards, des wickléfistes, des turlupins, etc. Je ne me charge de vous raconter que celles des hussites et des taborites qui n'en font qu'une. L'histoire de toutes ces sectes et d'une quantité d'autres que je ne vous nomme pas, n'en forme qu'une non plus, quoi qu'en puissent dire les érudits qui ont voulu faire de si grandes distinctions entre elles[1]. C'est l'histoire du *Joannisme*, c'est-à-dire l'interprétation et l'application de l'Évangile fraternel et égalitaire de saint Jean. C'est la doctrine de l'*Évangile éternelle* ou *de la religion du Saint-Esprit*, qui remplit tout le moyen âge et qui est la clef de toutes ses convulsions, de tous ses mystères. Trouvez-moi une autre clef pour ouvrir tous les problèmes du temps présent, sinon permettez-moi de commencer mon récit; car il ressemble beaucoup jusqu'ici à celui du caporal Trimm, qui s'appelait précisément l'Histoire des sept châteaux du roi de Bohême.

II.

Nous avons justement laissé le roi de Bohême, Wenceslas l'ivrogne, dans un de ses châteaux (c'était je crois, celui de *Tocznik*), tandis que Jean Huss, le jeune recteur de l'université de Prague, traduisait en bohémien les livres de Wicklef, et prêchait le wickléfisme. Le wickléfisme était une des nombreuses formes qu'avait prises la doctrine de l'*Évangile éternel*, la grande hérésie lancée dans le monde depuis plusieurs siècles, et formulée par l'abbé Joachim de Flore, en 1250. Wicklef était mort, mais le wickléfisme survivait à son apôtre, et les adeptes, sous le nom de *Lollards*, préparaient une grande insurrection, se fiant peut-être aux relations, et l'on dit même aux engagements que, soit curiosité, soit enthousiasme, Henri V avait contractés avec eux dans les années ora-

1. Les rivalités et les inimitiés de ces sectes entre elles ne prouvent qu'une vérité banale; c'est qu'il est fort difficile de s'entendre sur les moyens de réaliser une grande entreprise; mais le même but, la même idée est au fond de toutes.

geuses de sa jeunesse. Ils cherchèrent des sympathies chez les autres peuples, et y répandirent mystérieusement leur doctrine, s'adressant aux hommes les plus remarquables, suivant l'usage de ces temps de persécutions. On prétend que Jean Huss repoussa d'abord avec horreur la pensée de l'hérésie, mais qu'il fut séduit par deux jeunes gens arrivés d'Angleterre, sous prétexte de prendre ses leçons. On raconte même à ce sujet une anecdote qui ressemble fort à une légende. Mais la poésie des traditions a son importance historique; elle donne, mieux parfois que l'histoire, l'idée des mœurs et des sentiments d'une époque : enfin elle ajoute la couleur au dessin souvent bien sec de l'histoire, et à cause de cela, elle ne doit pas être méprisée.

Nos deux écoliers wickléfistes prièrent donc Jean Huss, leur maître et leur hôte, de leur permettre d'orner de quelques fresques le vestibule de sa maison. « Ce qu'ayant « obtenu, ils représentèrent, d'un côté, Jésus-Christ en« trant à Jérusalem sur une ânesse, suivi de la populace « à pied; et, de l'autre, le pape monté superbement sur « un beau cheval caparaçonné, précédé de gens de guerre « bien armez, de timbaliers, de tambours, de joueurs « d'instruments, et des cardinaux bien montez et magni« fiquement ornez. » Tout le monde alla voir ces peintures, « les uns admirant, les autres criminalisant les tableaux. »

Jean Huss aurait donc été frappé de l'antithèse ingénieuse que cette image lui mettait sous les yeux à toute heure. Il aurait médité sur la simplicité indigente du divin maître et de ses disciples, les pauvres de la terre et les simples de cœur; sur la corruption et le luxe insolent de l'autocratie catholique, et il se serait décidé à lire Wicklef. Aussitôt qu'il se fut mis à le répandre et à l'expliquer, de nombreuses sympathies répondirent à son appel. La Bohême avait bien des raisons pour abonder dans ce sons sans se faire prier. D'abord, comme nous l'avons déjà dit plus haut, la haine du joug étranger, puis celle du clergé qui la pressurait et la rongeait affreusement. Dans le peuple fermentait depuis longtemps un levain de vengeance contre les richesses des couvents; les récits qu'on a faits de ces richesses ressemblent à des contes de fées. La doctrine des Vaudois avait depuis longtemps pénétré dans les montagnes de la Moravie. On dit même que lors de la persécution que leur fit subir Charles V, à l'instigation du pape Grégoire XI, Pierre Valdo en personne était venu finir ses jours en Bohême. Les *lolhards* de Bohême dont le nom ressemble bien à celui des lollards d'Angleterre, étaient originaires d'Autriche. Un de leurs chefs, brûlé à Vienne en 1322, avait déclaré qu'ils étaient plus de huit mille en Bohême. Les historiens constatent aussi des irruptions de béguins ou beggards, d'adamites, de turlupins, de flagellants et de millénaires dans les pays slaves et en Bohême surtout à différentes époques. Prague avait eu déjà d'illustres docteurs qui avaient prêché que la fin du monde ancien était proche, *que l'Antechrist était apparu sur la terre, et qu'il siégeait sur le trône pontifical.* Jean de Milicz[1], un des plus célèbres, avait été mandé à Rome pour se disculper, et on dit qu'il avait écrit ces propres paroles sur la porte de plusieurs cardinaux. On cite aussi Mathias de Janaw, dit *le Parisien* parce qu'il avait étudié à Paris, « illustre

1. *Milicius*, suivant la coutume des historiens de cette époque de latiniser tous les noms. Il ne paraît pas que tous ces docteurs hérétiques sortis des rangs du peuple aient tenu à leurs noms de famille, mais beaucoup à leur nom de baptême et à celui de leur village. Jean Huss prit le sien de Hussinetz, où il était né. Je prierai mes lectrices de faire attention, en lisant l'histoire de ces siècles, à la prodigieuse quantité de théologiens célèbres dans l'Église ou dans l'hérésie qui portent le prénom de Jean. A l'époque de la prédication du joannisme et de la dévotion à l'évangile de saint Jean, ce n'est pas un fait indifférent.

« par sa merveilleuse dévotion, et qui, par son assiduité « à prêcher, a souffert une grande persécution, et cela à « cause de la vérité évangélique. » Celui-là détestait les moines, et leur reprochait « d'avoir abandonné l'unique sauveur Jésus-Christ pour des *François* et des *Dominique.* » On ne voit point que l'enthousiasme joannite des ordres mendiants ait établi un lien sympathique entre eux et les Bohémiens. Soit que ceux de ces moines qui habitaient le pays ne partageassent pas cet enthousiasme à l'époque où il éclata en Italie et en France, soit que la haine des couvents l'emportât sur toute similitude de doctrine chez les Bohémiens, il est certain que cette doctrine changeant de nom et de prédicateurs, leur arriva un peu tard et leur servit d'arme contre tous les ordres religieux.

Ces docteurs bohémiens avaient tenté surtout de rétablir les coutumes de l'Église grecque, auxquelles la Bohême, convertie primitivement au christianisme par des missionnaires orientaux, avait toujours été singulièrement attachée. La communion sous les deux espèces et l'office divin récité dans la langue du pays, étaient surtout les cérémonies qui lui paraissaient constituer sa nationalité, représenter ses franchises, et préserver dans l'esprit du peuple l'égalité des fidèles devant Dieu et devant les hommes de la tyrannie orgueilleuse du clergé. Nous reviendrons sur cet article, qui est le motif de la guerre hussitique et le symbole de l'idée révolutionnaire de la Bohême à cette époque, ainsi que l'enveloppe extérieure de l'œuvre du Taborisme.

La noblesse tenait tout autant que le peuple (du moins la majorité de la pure noblesse bohême) à ces antiques coutumes. Grégoire VII les avait anéanties. Mais l'autorité de cet homme énergique n'avait pu décréter l'orthodoxie d'une nation qui n'avait jamais été ni bien grecque, ni bien latine, qui portait l'amour de son indépendance principalement dans son culte, et qui jusque-là avait cru et prié à sa guise dans la simplicité et la pureté de son cœur. Pendant deux siècles après Grégoire VII, il y avait eu en Bohême un culte latin officiel pour la montre, pour l'obédience extérieure, et un culte grec devenu national, un culte qu'on pourrait appeler *sui generis*, pour la vie des entrailles populaires. On disait les offices en langue bohême, et on communiait sous les deux espèces dans les campagnes, et secrètement dans les villes; il y avait même plusieurs endroits où on l'avait toujours fait ostensiblement, grâce à des priviléges accordés et maintenus par les papes. Milicius fut persécuté et mourut dans les prisons, après avoir restauré l'ancien rite assez généralement. Mathias de Janaw était confesseur de Charles IV, qui l'aimait beaucoup et qui ne paraît pas avoir été bien décidé entre les principes hardis de son université et les menaces du saint-siége. On osa demander à cet empereur de travailler à la réformation de l'Église; il eut peur, repoussa la tentation, éloigna Mathias, cessa de communier sous les deux espèces, et laissa l'inquisition sévir contre ses coreligionnaires. On n'administrait donc plus cette communion sur la fin de son règne, que dans les maisons particulières, « et à la fin, dans les endroits cachez; mais « ce n'étoit pas sans périls de la vie. » Quand on se saisissait des communiants, « on les dépouilloit, on les massacroit, on les noyoit; de sorte qu'ils furent obligez de « s'assembler à main armée, et bien escortez. Cela dura « de part et d'autre jusqu'au temps de Jean Huss. »

On voit maintenant comment, en peu d'années, Jean Huss devint le prophète de la Bohême. Il prêcha ouvertement le mépris de la papauté, la liberté de la communion et des rites. A la suite d'une querelle de règlement, il avait fait chasser presque tous les gradués allemands de l'Université. L'inquisition réprimanda et fit brûler les livres de Wicklef. Huss n'en prêcha que plus haut et souleva maintes fois le *peuple enclin aux nouveautés*. Son archevêque n'avait pas beaucoup de pouvoir contre lui ; l'abrutissement de Wenceslas livrait l'État à l'anarchie. Irrité contre le pape qui l'avait déposé de l'empire, il n'était pas fâché de lui voir susciter un mauvais parti. Son frère et son ennemi Sigismond, qui par ses intrigues gouvernait une partie de la noblesse bohême, n'était guère plus content du saint-siége, parce que celui-ci avait longtemps soutenu son concurrent Rupert au royaume de Hongrie ; d'ailleurs, les Turcs lui donnaient assez d'occupation pour le distraire de l'hérésie.

Jean Huss prêcha en bohémien à la chapelle de Bethléem, en latin au palais royal de Prague et dans les synodes et assemblées générales du clergé bohême, contre le clergé romain et contre toute la discipline ecclésiastique. Secondé par Jérôme de Prague, Jacques de Miso, dit Jacobel, Jean de Jessenitz, Pierre de Dresden[1] et plusieurs autres, il commença à fanatiser les artisans et les femmes, qui, de leur côté, commencèrent à dogmatiser aussi, et même à écrire des livres, déclarant qu'il n'y avait plus d'Église sur la terre que celle des hussites.

Tout le monde sait la suite de l'histoire de Jean Huss. Après avoir subi en Bohême plusieurs persécutions, il fut cité devant le concile. « Il comparut sur la foi d'un sauf-« conduit de l'empereur Sigismond[2]. Il n'en fut pas moins « emprisonné à son arrivée à Constance, pendant qu'une « commission, déléguée par le concile, examinait ses doc-

1. Pierre de Dresden est, dit-on, l'auteur de ces hymnes et de ces chansons spirituelles entremêlées d'allemand et de latin qui sont encore en usage dans les églises de la confession d'Augsbourg. On lui en attribue aussi la musique. (*M. Lenfant.*)

2. Sigismond, arrivé à l'empire en 1410 par la mort de Rupert, voulut consolider par ce sacrifice son alliance avec Rome.

« trines. Il fut condamné en même temps que la mémoire « de son maître Wicklef. Jean Huss montra d'abord quelque hésitation; mais il reprit bientôt toute sa fermeté, « ne voulant point se rétracter à moins qu'on ne lui « prouvât ses erreurs par l'Écriture, appela du concile au « tribunal de Jésus-Christ, et déclara qu'il aimerait mieux « être brûlé mille fois[1] que de scandaliser par son abju- « ration ceux auxquels il avait enseigné la vérité. Il fut « dégradé des ordres sacrés, livré au bras séculier par le « concile, et conduit au bûcher d'après l'ordre de ce « même empereur qui lui avait garanti par serment la vie « et la liberté. Jérôme de Prague avait été arrêté et « amené prisonnier à Constance quelque temps aupara- « vant. Il faiblit, renia Wicklef et Jean Huss, et fut absous. « Quelque temps après, il fit demander au concile une « audience publique, déclara qu'il avait menti à sa con- « science, et qu'il croyait à la vérité des enseignements « de ses maîtres; puis il marcha intrépidement au sup- « plice. Il y eut quelque chose de plus fatal et de plus « sinistre que cette double catastrophe : ce fut la théorie « qu'inventa le concile pour la justifier. Un décret du « concile défendit à chacun, sous peine d'être réputé fau- « teur d'hérésie et criminel de lèse-majesté, de blâmer « l'empereur et le concile touchant la violation du sauf- « conduit de Jean Huss[2]. »

Pendant tout ce procès, les hussites de Bohême s'étaient tenus, le peuple, dans une attente sombre et douloureuse, les nobles dans un *silence irrité*. A la nouvelle de son supplice, presque toute la Bohême s'émut, depuis *ces*

1. On raconte que Jean Huss, pendant qu'il lisait les livres de Wicklef, se donnait l'étrange plaisir de se brûler le bout des doigts à la flamme de sa lampe. Interrogé sur cet étrange passe-temps, il répondit en montrant le livre : « Voilà un cahier qui me mènera loin. »

2. M. Henri Martin, *Histoire de France*.

gens de la lie du peuple, qu'on lui avait tant reproché d'avoir pour auditoire, jusqu'à ces vieux seigneurs qui avaient vu en lui le restaurateur de leurs antiques franchises et de leurs coutumes nationales. L'Université, saisie unanimement d'une véhémente indignation, rendit un témoignage public, adressé à toute la chrétienté, en faveur du martyr. « O saint homme! disait ce manifeste, ô « homme d'une vertu inestimable, d'un désintéressement « et d'une charité sans exemple! Il méprisait les richesses « au souverain degré, il ouvrait ses entrailles aux pau« vres; on le voyait à genoux au pied du lit des malades. « Les naturels les plus indomptables, il les gagnait par sa « douceur, et ramenait les impénitents par des torrents « de larmes. Il tirait de l'Écriture sainte, ensevelie dans « l'oubli, des motifs puissants et tout nouveaux pour en« gager les ecclésiastiques vicieux à revenir de leurs « égarements et pour réformer les mœurs de tous les « ordres sur le pied de la primitive Église. » ..... « Les « opprobres, les calomnies, la famine, l'infamie, mille « tourments inhumains, et enfin la mort, qu'il a soufferte, « tout cela non-seulement avec patience, mais avec un « visage riant : toutes ces choses sont un témoignage au« thentique d'une constance, aussi bien que d'une foi et « d'une piété inébranlables chez cet homme juste, etc. »

Des lettres de sanglants reproches furent adressées au concile de toutes parts. On lui disait qu'il avait été assemblé, non par l'esprit de Dieu, mais par l'esprit de malice et de fureur; qu'il avait condamné un innocent sur la déposition de personnes infâmes, sans vouloir écouter celle des évêques, des docteurs et des gens de bien de la Bohême, qui témoignaient de son orthodoxie et de sa foi; que c'était une assemblée de satrapes que ce concile, et le conseil des Pharisiens contre Jésus-Christ; et mille autres invectives, dont plusieurs sont remplies d'éloquence.

Ces pièces coururent toute l'Allemagne, et irritèrent violemment le pape et les cardinaux. Jean Dominique, légat du pape, fut si mal reçu en Bohême, qu'il écrivit au pontife et à l'empereur : *Les hussites ne peuvent être ramenés que par le fer et par le feu.* Sigismond ne voulut pas se hâter de ruiner un royaume qu'il regardait comme sien. Il hésita, et la révolution n'attendit pas qu'il eût pris son parti.

Elle commença religieusement par instituer un anniversaire commémoratif de la mort du martyr Jean Huss (6 juillet), et par faire célébrer ses louanges dans toutes les églises; puis elle frappa des médailles en son honneur, et l'Université, qui était à la tête du mouvement, publia sa déclaration de foi, la première formule du hussitisme.

Cette déclaration, signée de maître *Jean Cardinal* et de toute l'Université, ne porte absolument que sur le droit auquel prétendent les hussites de communier sous les deux espèces, conformément à l'institution *de Christ*, à ses propres paroles, à celles de saint Jean et aux principes purs de la saine orthodoxie. Ils traitent le retranchement de la coupe de *constitution humaine, nouvellement inventée et inconnue aux sacrés canons;* pardonnent à ceux qui, *par ignorance et simplicité*, se sont soumis jusque-là à cette ordonnance, et finissent par déclarer que désormais *il ne faut avoir égard à ce dogme d'invention humaine*, et s'en tenir à la doctrine de Jésus, qui doit l'emporter sur *toute puissance insidieuse et redoutable*, sur *toutes comminations et terreurs.*

Une telle déclaration ne paraissait pas devoir entraîner de grands orages. Les orthodoxes romains n'y trouvaient pas beaucoup à redire, sinon que « si ce n'était point une hérésie en soi de communier sous les deux espèces, c'en était une de dire que l'Église péchait en n'administrant ce sacrement que sous une seule. » Jusque-là on n'était aux prises que sur une subtilité, et le raisonnement de l'orthodoxie était un sophisme. Mais si la déclaration de l'Université satisfaisait les classes aristocratiques, la noblesse, le clergé et même la bourgeoisie de Bohême, il s'en fallait de beaucoup qu'elle fût l'expression de la religion des masses, qui se sentaient travaillées par la doctrine ardente de l'Évangile éternel et par toutes les idées confuses, mais passionnées, d'égalité évangélique, que les prêtres du concile appelaient la *lèpre vaudoise*. Wicklef et Jean Huss, théologiens consommés dans l'acception de la philosophie scolastique, érudits recherchés et honorés, hommes de science et par conséquent hommes du monde, soit qu'ils n'eussent pas été aussi loin que leurs adeptes prolétaires dans leur conception d'une nouvelle société chrétienne, soit qu'ils eussent voilé cette conception idéale sous des formules de simple discipline réformatrice, avaient écrit avec cette prudence de raisonnement que doivent conserver les hommes en vue pour ne pas compromettre leur doctrine dans la discussion avec les sophistes et les puissants de ce monde. Les âmes populaires plus pressées par leur feu intérieur et par leurs souffrances matérielles, avaient vite songé à réaliser l'idée cachée au fond de cette question de dogme; et, tandis que les classes patientes par nature et par position se contentaient de réclamer la coupe, les pauvres, conduits et agités par divers types de fanatiques, s'apprêtaient à réclamer l'égalité et la communauté de biens et de droits, dont la coupe n'était pour eux que le symbole. Ainsi, les patriciens, les classes aisées et la plupart des habitants industriels des grandes villes commençaient à former la secte des calixtins ou des hussites purs, tandis que les paysans, les ouvriers avec leurs femmes et leurs enfants, grondaient sourdement, comme la mer à l'approche d'une tempête, se préparant aux fureurs du Taborisme et des autres sectes, sublimes de courage et féroces d'instinct, qui devaient victorieusement résister à Rome et à tout l'empire germanique, durant quatorze ans.

Déjà, du temps de Jean Huss, ces exaltés avaient émis l'opinion que le prêtre n'était rien de plus qu'un autre homme, et que tout chrétien était prêtre de son plein droit pour interpréter les mystères et administrer les sacrements. Au concile de Constance, des cordonniers de Prague avaient été accusés *d'entendre les confessions et d'administrer le sacré corps de Notre-Seigneur.* Les seigneurs bohémiens présents à cette accusation en avaient défendu, en rougissant, l'honneur de la Bohême, et le fait parut si énorme, qu'on n'osa persister à le reprocher à Jean Huss. Mais les cordonniers de Prague n'en furent peut-être pas très-émus, et l'on vit une femme du peuple arracher l'hostie des mains du prêtre, en disant qu'une femme de bonne vie était plus digne qu'un prêtre infâme de toucher le pain du ciel.

Comme les émeutes et les violences commençaient, et que plusieurs gentilshommes de l'intérieur, espèce de Burgraves qui faisaient depuis longtemps le métier de bandits pour leur propre compte, se servaient du hussitisme comme d'un prétexte pour piller les églises, rançonner les couvents et détrousser les voyageurs, les grands de Bohême s'assemblèrent pour délibérer sur les conséquences de la déclaration de l'Université. Ils formèrent une députation des plus considérables d'entre eux, pour aller trouver le roi et l'inviter à s'occuper un peu de son royaume. Il y avait beaucoup d'analogie, nous l'avons dit, entre la condition de ces deux monarques contemporains, Wenceslas l'ivrogne et Charles VI l'insensé. Cachés au fond de leurs châteaux, ils n'étaient heureux que lorsqu'on les oubliait, et ne reparaissaient que malgré eux sur la scène, où on les rappelait aux jours du danger, comme de vieux drapeaux qu'on tire de la poussière.

Wenceslas, effrayé des troubles, s'enivrait pour se donner du cœur, dans sa forteresse de Tocznik au sommet d'une montagne du district de Podwester. Dès qu'il aperçut les députés, il eut peur et se barricada. On parvint cependant à en introduire quelques-uns auprès de lui, et ils le décidèrent à venir habiter Prague, où il se renferma dans la forteresse de Wyssehrad. C'était un pauvre porte-respect, que ce roi fainéant, abruti dans la débauche et naturellement poltron, bien qu'il eût parfois des velléités de cruauté et des heures de rage aveugle. Dès qu'il fut arrivé dans sa capitale, des députés de la ville vinrent lui demander des églises pour y enseigner le peuple à leur manière, et y donner la communion des subutraquistes[1]. Il leur demanda du temps pour y penser, et fit dire sous main à Nicolas, seigneur de Hussinetz, qui était à leur tête, *qu'il filait là une corde pour se faire pendre*. Les hussites de Prague insistèrent les armes à la main. Les conseillers du roi répondirent en son nom par des menaces. Le sénat fut alarmé de ces mutuelles dispositions; mais Jean Ziska, chambellan de Wenceslas, apaisa l'affaire et retarda l'explosion, en disant au peuple, sur lequel il exerçait déjà une grande influence, qu'il fallait attendre l'issue du concile, et ses résolutions pour ou contre le hussitisme.

Il est temps de parler du *redoutable aveugle Jean Ziska du calice*. Il y a tant d'obscurité sur ses commen-

1. Partisans de la communion sous les deux espèces. C'est ainsi qu'on appelait alors les calixtins ou hussites purs.

cements, qu'on ignore son nom de famille. On sait seulement qu'il s'appelait *Jean*, le nom à la mode dans ces temps-là ; le surnom de Ziska signifie borgne : il l'était depuis son enfance. On assure qu'il était noble. Il naquit pauvre, et vécut dans la pauvreté au milieu du pillage, par sobriété naturelle et par austérité de caractère, mais sans qu'il ait paru regarder le communisme pratiqué par ses soldats comme autre chose qu'une excellente mesure de discipline dans ces temps difficiles. Rien ne révèle en lui des aptitudes philosophiques, ni aucune méditation religieuse profonde. C'est un fanatique de patriotisme ; mais ce n'est point un fanatique de religion, et si ses instincts de divination stratégique approchent de la faculté extatique, il ne paraît point s'être embarrassé beaucoup des questions théologiques de son temps. Il comprenait la mission qui lui était départie dans *les jours du zèle et de la fureur*, et il s'y donna tout entier. Entreprenant, opiniâtre, vindicatif, cruel, invincible et invaincu, cet homme était la colère de Dieu incarnée. Aussi, ce n'est pas un illuminé sublime comme Jeanne d'Arc ; il n'est pas non plus comme elle l'inspiration et le cœur de la guerre patriotique ; mais il en est la tête et le bras, et comme elle en est le palladium et l'oriflamme, il en est la torche et le glaive.

Il naquit à Trocznova, dans le district de Kœniggratz, on ignore à quelle époque. On sait seulement qu'il fut page de Charles IV, et qu'il servit avec éclat en Pologne dans la guerre contre les chevaliers Teutoniques, en 1410. Il est probable qu'il n'avait guère moins de quarante-cinq ans au début de la guerre des hussites. Il était au service de Wenceslas à l'époque du supplice de Jean Huss, et on assure qu'il obtint de son maître la permission de jurer haine et vengeance contre les meurtriers. Il fut de ceux qui regardèrent la perfidie du concile et la raillerie féroce du sauf-conduit de Sigismond comme une injure faite à la Bohême. Mais quoique le fait dont je vais parler ne soit pas authentique, il a paru, à quelques historiens, motiver encore mieux l'espèce de rage qui transporta Ziska contre les moines; car on peut dire qu'il ne vécut que de leur sang pendant les sept années de sa terrible mission. Selon la tradition à laquelle je me fierais assez dans les pays dont l'histoire a été supprimée en grande partie ou refaite par les oppresseurs, un moine avait débauché ou violé sa sœur qui était religieuse, et Ziska aurait fait serment de venger ce crime sur tous les ecclésiastiques qui lui tomberaient sous la main. Il tint horriblement parole, et cette rancune le peint mieux que beaucoup d'autres motifs. Complétement désintéressé dans le pillage des couvents, et refusant sa part du butin avec une rigidité lacédémonienne, dépourvu de vanité ou d'ambition, nullement enthousiaste à la façon des fanatiques dont il était le chef, il semble qu'un motif personnel de vengeance ait pu seul l'entraîner à des fureurs si soutenues, si implacables, si froides, et savourées avec une volupté si profonde.

Cependant, quand on examine attentivement cette existence à la fois violente et calme de Jean Ziska, on est frappé de l'habileté politique qui préside à tous ses actes, et on en vient à se demander à quels autres moyens il pouvait recourir pour procurer à son pays l'indépendance nationale que seul il se sentait la force de lui donner. Nous l'examinerons en détail, en le suivant, pour ainsi dire, pas à pas, et nous verrons à travers le sombre fanatisme qui lui a été injustement imputé, une volonté froide, clairvoyante, opiniâtre, beaucoup plus éclairée et beaucoup plus saine qu'on ne le pense. Ainsi nous regarderions sa vengeance personnelle comme un de ces stimulants que la Providence suscite aux grandes missions, mais non comme la cause et le but unique de la sienne. Le vulgaire se trompe toujours en ces sortes d'affaires; il veut résoudre le problème de toute une existence dans un seul fait, et ne voit pas que ce fait n'est que la goutte d'eau qui fait déborder le vase.

A l'instigation de Ziska, Wenceslas accorda donc ou laissa prendre aux hussites plusieurs églises, et, grâce à cet accommodement, l'année 1417 s'écoula sans que les premières conquêtes de la réforme fussent menacées ni entraînées à de grandes violences. Sigismond répondit aux reproches qu'on lui avait adressés, par une lettre à la fois lâche et insolente. Il se défendait d'avoir livré Jean Huss; prétendait avoir *vu son malheur avec une douleur inexprimable, être sorti plusieurs fois du concile en fureur;* puis il alléguait, non l'autorité infaillible des décisions de l'Église, mais la puissance politique de ce concile, *composé, non de quelque peu d'ecclésiastiques, mais des ambassadeurs des rois, et des princes de toute la chrétienté.* Enfin il menaçait les hussites d'une croisade *qui serait suivie de grands scandales et de périls extrêmes.* C'est pourquoi il les priait, *très-affectueusement, de ne pas exposer tout un royaume à une totale désolation, et de rejeter toute nouveauté.* Quant aux dérèglements qu'on reprochait au clergé, il prétendait, à l'exemple de ses prédécesseurs, ne point s'immiscer dans de telles affaires. *Qu'ils se corrigent entre eux,* disait-il avec une railleuse indifférence, *comme ils savent qu'ils doivent le faire. Ils ont l'Écriture sainte devant les yeux, et il n'est permis ni possible, à nous autres gens simples, de l'approfondir.*

L'athéisme ironique de cette réponse dut blesser tous les Bohémiens dans leur loyauté et dans leur enthousiasme religieux. Bientôt après arriva la décision du concile à leur égard : elle était rédigée en vingt-quatre articles, révoltants de tyrannie et de cruauté. Ils rappellent les plus odieuses proscriptions de Sylla et de Tibère. C'est une amplification des préceptes les plus honteux de délation et de férocité. Le premier article intime à Wenceslas l'ordre de jurer soumission et fidélité à l'Église romaine. Les vingt-trois autres désignent tous les genres de rébellion qui doivent être punis par le fer et par le feu, ou tout au moins par l'exil et la misère. Tous les fauteurs du hussitisme sont condamnés à mort; *qu'on les brûle*, ainsi que tous les livres, tous les traités qui ont rapport aux doctrines de Wicklef et de Jean Huss, et *toutes les chansons qui ont été faites contre le concile*; que l'université de Prague soit réformée; qu'on en chasse les wicklérfistes et *qu'on les punisse*; qu'on rétablisse l'ancienne communion, et que les trangresseurs *soient punis*; qu'on fasse comparaître devant le siége apostolique les principaux coupables, *tels que sont Jean Jessenitz, Jacobel, Simon de Rockizane, Christian de Prachatitz, Jean Cardinal, Zdenko de Loben*, etc., etc.; que tous ceux qui abjureront *approuvent la condamnation* de ceux qui, ne se rétractant pas, seront *punis*; que ceux qui défendent et protégent les wicklérfistes et les hussites soient *punis*, et que ceux qui l'ont fait *jurent de ne plus le faire*, et, au contraire, de les *poursuivre* afin de les faire *punir*, c'est-à-dire bannir ou brûler, etc.

C'était condamner à mort la moitié de la Bohême et expatrier le reste, à moins que la Bohême ne se dégradât jusqu'à l'abjuration de sa foi, jusqu'à la ratification du crime, à moins qu'elle ne consentît à s'effacer elle-même ignominieusement du rang des nations. Les Bohémiens prouvèrent bientôt que ce n'était pas là leur humeur.

Au mois de mai 1418, le concile étant fini, le cardinal Jean-Dominique, cet inquisiteur déjà odieux à la Bohême, vint s'acquitter de sa légation et procéder *par les voies*

3.

de fait à la conversion des hérétiques. Il débuta par entrer dans l'église de Slana, au milieu de la communion hussite, par jeter les calices non consacrés sur le pavé, et par faire brûler un ecclésiatique et un séculier de cette communion. C'était briser la dernière digue et déchaîner la mer.

Des troubles violents éclatèrent sur tous les points. Wenceslas épouvanté n'osa rien faire pour les réprimer et feignit même de les approuver. Néanmoins les hussites délibérèrent d'élire un autre roi. Mais Coranda, un de leurs prêtres, éloquent et fin, les harangua fort spirituellement : *Mes frères*, leur dit-il, *quoique nous ayons un roi ivrogne et fainéant, cependant si nous jetons les yeux sur tous les autres, nous n'en trouverons point qui lui soit préférable : et on peut même le regarder comme le modèle des princes; car c'est son indolence qui fait notre force. Il est donc juste de prier Dieu pour sa conservation. — Nous avons un roi et nous n'en avons point. Il est roi de nom et il ne l'est pas d'effet. Ce n'est que comme une peinture sur la muraille.—Et que peut faire contre nous un roi qui est mort en vivant?*

Ces plaisanteries pleines de sens eurent un succès égal auprès des révoltés et auprès du souverain. Wenceslas se souciait de sa vie beaucoup plus que de sa dignité. Il en prit beaucoup d'amitié pour Coranda. Dominique, accablé d'insultes et menacé du supplice qu'il faisait subir aux hérétiques, se réfugia en Hongrie auprès de Sigismond, afin de l'animer contre les hussites. Mais il y mourut bientôt, après avoir eu la gloire de faire rétracter un docteur qui prêchait, dit-on, le pur déisme. Il est vrai qu'il tint ce malheureux attaché pendant trois jours à un poteau, où il souffrait tellement qu'il demandait la mort comme une grâce.

Au milieu de ces troubles, Jean Ziska, muni d'une patente que, dans ses jours d'abandon, son maître Wenceslas lui avait remise, scellée de sa main, pour l'autoriser à tenir son serment de venger la mort de Jean Huss, *rassembla beaucoup de monde,* et se mit à parcourir le district de Pilsen où il mit tout à feu et à sang, s'empara de la capitale, se rendit maître de toute la province, et en chassa tous les prêtres et tous les moines. Il y établit la communion sous les deux espèces, et institua prêtre l'ardent et ingénieux Coranda. Mais craignant de tomber dans quelque embuscade, il songea à se camper dans une position forte avec son armée. Il choisit pour cela le site inexpugnable de Hradistie dans la province de Béchin; et, en attendant qu'il pût y bâtir une ville, il ordonna à ses gens de dresser leurs tentes dans les endroits où ils voulaient avoir leurs maisons. Nicolas de Hussinetz, celui à qui Wenceslas avait promis une corde pour le pendre, vint l'y joindre avec sa bande. Au bout de peu de jours, il se rassembla en ce lieu quarante mille personnes de tout sexe et de tout âge, qui venaient de tous les pays environnants et surtout de Prague, et pour lesquelles trois cents tables furent dressées afin de fraterniser dans la nouvelle communion. C'est peut-être alors que la montagne du campement fut inaugurée sous le nom mystique de Tabor qu'elle a toujours porté depuis, ainsi que la forteresse de Ziska et celle qu'on y voit encore aujourd'hui. Cette place forte a joué un rôle dans toutes les guerres de l'Allemagne, et nos armées en ont gardé le souvenir mêlé à celui de Napoléon.

A partir de ce moment, les hussites de Jean Ziska portèrent le nom de taborites, et peu à peu formèrent une secte de plus en plus tranchée, et une armée de plus en plus intrépide et redoutable.

Un historien contemporain et témoin des événements,

nous a transmis le récit de cette première grande communion évangélique des hussites. « En 1419, le jour de « la Saint-Michel, il s'attroupa une grande multitude de « peuple dans une vaste campagne appelée *les Croix* « (*Cruces*), proche de Tabor. Il en vint beaucoup de « Prague, les uns à pied, les autres en chariot. Ce peuple « avait été invité par maître Jacobel, maître Jean Cardi- « nal, et maître Toczniez. Maître Mathieu fit dresser une « table sur des tonneaux vides, et donna l'eucharistie au « peuple sans nul appareil. La table n'était pas couverte, « et les prêtres n'avaient point d'habits sacerdotaux. « Maître Coranda, curé de Pilsen, se rendit dans ce « même endroit avec une grande troupe de l'un et de « l'autre sexe, portant l'eucharistie. Avant que de se « séparer, un gentilhomme ayant exhorté le peuple à « dédommager un pauvre homme dont on avait gâté les « blés, il se fit une si bonne collecte, que cet homme n'y « perdit rien, car il ne se faisait aucune hostilité; les « troupes marchaient avec un bâton seulement comme « des pèlerins. Sur le soir, toute cette multitude partit « pour Prague et arriva, à la clarté des flambeaux, devant « Wisherad. Il est surprenant que dans cette occasion ils « ne s'emparèrent pas de cette forteresse dont la con- « quête leur coûta depuis tant de sang. »

C'est avec cette piété et cette douceur que les taborites accomplirent en grand pour la première fois les rites de leur culte. Ils se donnèrent, en partant, rendez-vous pour la Saint-Martin suivante, mais bientôt ils furent troublés par les garnisons que Sigismond tenait toujours dans les villes et châteaux. Ceux de Tausch de Klattaw et de Sussiez, en approchant du lieu convenu pour une nouvelle communion, furent avertis par Coranda de prendre des armes parce qu'on leur tendait une embûche. De Knim et d'Aust, des avis furent échangés également entre les pèlerins, afin qu'ils eussent à se tenir sur leurs gardes, et ils s'envoyèrent les uns aux autres des chariots avec des gens bien armés. Mais avant que ces troupes eussent pu opérer leur jonction, elles furent attaquées par les Impériaux, ayant à leur tête Sternberg, seigneur catholique, président de la monnaie de Guttemberg. Ceux d'Aust furent taillés en pièces; mais ceux de Knim repoussèrent Sternberg, et le forcèrent à la fuite, après quoi ils restèrent tout le jour sur le lieu du combat, enterrant les morts d'Aust et faisant dire l'office divin par leurs prêtres. De là ils se rendirent à Prague en chantant des hymnes de victoire, et ils y furent joyeusement reçus par leurs frères.

A cette occasion, Ziska écrivit une fort belle lettre à ceux de Tauss[1], dans le district de Pilsen. Nous la rapporterons, parce que ces pièces précieuses nous font connaître les caractères historiques mieux que toutes les déclamations des écrivains. On a retrouvé celle-ci en 1841, dans la maison de ville de Prague.

« *Au vaillant capitaine et à toute la ville de Tista.*

1. Tauss, Taus, Tausch, Tysta ou Tusta, c'est la même ville, ou du moins le même nom. Il est impossible de trouver dans les historiens anciens un nom, même des plus importants, sur lesquels ils s'accordent. Il paraît qu'aujourd'hui encore l'orthographe germanisée des noms bohêmes n'offre guère plus de certitude. Je ne me pique donc d'aucune exactitude pour ces noms sur lesquels rien n'a dû m'éclairer suffisamment. On sait l'indifférence de nos historiens français des derniers siècles, et le sans-gêne des corruptions de la basse-latinité du moyen âge pour les noms étrangers. Je croirais cependant que le véritable nom ancien de Tauss est *Tusta*, à cause d'une anecdote consignée dans plusieurs livres à ce sujet. La tradition rapporte qu'en 974 l'empereur Othon Ier, obligeant Boleslaws, prince de Bohême, à tenir une chaudière sur le feu pour avoir commis un fratricide, et ce prince voulant s'asseoir, l'empereur lui cria : *Tu sta*. La légende peut être fausse, mais elle est ancienne, et le jeu de mots porte sur un nom qui était accepté alors. Cette dissertation pédante est la seule que je me permettrai : on me la pardonnera. J'avais placé le château fantastique de Riesenburg près de Tauss, dans le roman de Consuelo.

— Mes très-chers frères, Dieu veuille par sa grâce, que
« vous reveniez à votre première charité, et que, faisant
« de bonnes œuvres, comme de vrais enfants de Dieu,
« vous persistiez en sa crainte. S'il vous a châtiés et
« punis, je vous prie en son nom, de ne vous pas lais-
« ser abattre par l'affliction. Ayez donc égard à ceux qui
« travaillent pour la foi et qui souffrent persécution de la
« part de nos adversaires, surtout de la part des Alle-
« mands, dont vous avez éprouvé l'extrême méchanceté à
« cause du nom de J.-C. Imitez les anciens Bohémiens, vos
« ancêtres, qui étaient toujours en état de défendre la cause
« de Dieu et la leur propre. Pour nous, mes frères, ayant
« toujours devant les yeux la loi de Dieu et le bien de la
« république, nous devons être fort vigilants, et il faut
« que quiconque est capable de manier un couteau, de
« jeter une pierre et de porter un levier (*une barre,*
« *une massue*), se tienne prêt à marcher. C'est pour-
« quoi, T. C. F., je vous donne avis que nous assem-
« blons de tous côtés des troupes pour combattre les
« ennemis de la vérité et les destructeurs de notre na-
« tion; et je vous prie instamment d'avertir votre prédi-
« cateur d'exhorter le peuple dans ses sermons à la
« guerre contre l'Antechrist. Et que tout le monde,
« jeunes et vieux, s'y dispose. Je souhaite que, quand je
« serai chez vous, il ne manque ni pain, ni bière, ni
« aliments, ni pâturages, et que vous fassiez provision
« de bonnes armes. C'est le temps de s'armer non-seule-
« ment contre ceux du dehors, mais aussi contre les
« ennemis domestiques. Souvenez-vous de votre premier
« combat, où vous n'étiez que peu contre beaucoup de
« monde, et sans armes contre des gens bien armés. La
« main de Dieu n'est pas raccourcie; ayez bon courage et
« tenez-vous prêts. Dieu vous fortifie. — *Ziska du Ca-*
« *lice, par la divine espérance, chef des taborites.* »

III.

Ziska ne commandait jusque-là que de pauvres gens du peuple. Il les exerça au métier des armes dans lequel il était consommé, et en fit d'excellents soldats. Sa forteresse de Tabor se construisait rapidement. Protégée par des rochers escarpés et par deux torrents qui en faisaient une péninsule, elle fut défendue en outre par des fossés profonds et des murailles si épaisses, qu'elles pouvaient braver toutes les machines de guerre, des tours et des remparts savamment disposés et construits avec une force cyclopéenne. Il se procura bientôt de la cavalerie, en enlevant par surprise un poste où Sigismond avait envoyé mille chevaux. Il apprit à ses gens à les monter et leur fit faire l'exercice du manége. Puis il se rendit à Prague avec quatre mille hommes qui suffirent pour y porter l'épouvante chez les uns et pour enflammer l'ardeur des autres. Les hussites de Prague leur proposèrent de détruire les forteresses et de faire serment de ne jamais recevoir Sigismond. Ziska pensa que le moment n'était pas venu, et qu'avant tout il fallait se débarrasser du clergé. D'un côté, sa haine l'y poussait; de l'autre, il songeait aux dépenses qu'une telle entreprise allait nécessiter, et il savait bien où il trouverait de quoi payer les frais de la guerre. L'impatience des taborites était extrême. Peut-être trouvaient-ils que Ziska n'allait pas assez vite à leur gré, car ils parlaient encore de déposer Wenceslas, et d'élire roi un bourgeois nommé Nicolas Gansz. Pour les occuper, Ziska, qui ne voulait peut-être pas livrer et abandonner le maître qu'il avait servi et qui lui avait été débonnaire, leur livra le pillage des couvents, tandis que Wenceslas se retirait dans une autre forteresse à une lieue de Prague. Le monastère de Saint-Ambroise et le couvent des Carmes furent dévastés et les moines chassés. Le gage de chaque victoire était l'inauguration de la communion nouvelle dans les églises. On y portait la *monstrance* c'est-à-dire l'eucharistie, dans un calice de bois, afin de contraster avec les vases d'or et les ostensoirs chargés de pierreries dont se servaient les catholiques. Ziska, à leur tête, entra dans la maison du prêtre qui avait abusé de sa sœur, le tua, le dépouilla de ses habits sacerdotaux et le pendit aux fenêtres.

De là ils allèrent à la maison de ville où le sénat venait de s'assembler pour prendre des mesures contre eux. Un moine prémontré, nommé Jean, nouvellement hussite, et l'un des hommes les plus terribles de cette révolution, animait la fureur populaire en promenant un tableau où était peint le calice hussitique. Le sénat répondait avec fermeté au peuple qui réclamait l'élargissement de quelques prisonniers. En ce moment, je ne sais quelle main insensée lança une pierre sur Jean le prémontré et sur sa *monstrance*. A cet outrage, la fureur du peuple se réveilla, on fit irruption dans le palais. Onze sénateurs prirent la fuite, et tous les autres, avec le juge et des citoyens de leur parti, furent jetés par les fenêtres et reçus en bas sur des broches et sur des fourches; le valet du juge, sans doute celui qui avait eu la malheureuse folie de jeter la pierre, fut assommé dans sa cuisine.

L'affreuse ivresse ne fut qu'exaltée par ce premier sang; on s'était promis d'abord seulement de marcher sur toutes les églises et tous les couvents, pour y renverser les autels catholiques et y instituer le nouveau culte. Si Jean Ziska avait espéré satisfaire aux exigences de son parti en leur permettant ces démonstrations, il avait compté sans ce délire funeste qui s'empare des hommes lorsqu'ils se réunissent pour faire les actes du pouvoir sans en avoir médité les droits. D'ailleurs, en assouvissant sa vengeance personnelle, il avait donné un fatal exemple. Tout fut bientôt à feu et à sang dans Prague, et Ziska, qui était cependant un guerrier patriote et un vrai capitaine devant les ennemis de son pays, se vit entraîné du premier bond dans les horreurs de la guerre civile. Les habitants hussites de la *vieille ville* de Prague avaient donné parole à ceux de la *nouvelle* de les seconder. Le massacre du sénat les effraya et ils se renfermèrent chez eux. Les égorgeurs vinrent les y assiéger; la nuit seule mit fin au combat, et depuis ce jour, les citoyens des deux villes de Prague furent toujours animés les uns contre les autres.

Le lendemain, la sédition recommença. La belle chartreuse, appelée le *Jardin de Marie*, fut pillée. Le prieur s'était enfui. Les chartreux, entraînés, couronnés d'épines et promenés dans les rues, se virent abreuvés d'outrages. Quand on fut arrivé sur le pont de Prague, à l'endroit où Jean de Népomuck avait été noyé par ordre de Wenceslas, quelques hussites proposèrent de faire une hécatombe des chartreux; d'autres, ennemis de ces cruautés, s'y opposèrent; on se querella et on se battit de nouveau. Enfin, les chartreux furent traînés à la maison de ville de la vieille cité, d'où les magistrats les firent évader.

En apprenant ces désastres, Wenceslas ne sut qu'entrer en fureur, maltraiter ses gens et mourir d'apoplexie. Pendant qu'il écoutait les offres d'accommodement de ses conseillers lesquels étaient, comme tous les ordres du royaume, divisés d'opinion pour et contre la doctrine, son grand échanson s'avisa de dire *qu'il avait bien prévu tout cela*. Cette parole irrita tellement le roi, qu'il le prit par les cheveux, le jeta par terre, et allait le poignarder, lorsque ses gens réussirent à le désarmer. Il tomba dans leurs bras, frappé de congestion cérébrale;

dix-huit jours après, il mourut *en jetant de grands cris et rugissant comme un lion.*

Tous les historiens du temps représentent cet empereur comme un *Sardanapale*, un *Thersite* et un *Copronime.* Ils l'accusent d'avoir souillé les fonts baptismaux et l'autel sur lequel il fut couronné, étant enfant, présage de l'impureté de sa vie et de l'ignominie de son règne. « On peut dire de lui ce que Salluste dit de beaucoup de « gens, qu'ils sont adonnés à leur ventre et au sommeil; « dont le corps est esclave de la volupté, *à qui l'âme est « à charge,* et dont on ne peut pas plus estimer la vie « que la mort[1]. » On prétend qu'un de ses cuisiniers lui ayant refusé à manger, sans doute par ordre du médecin, *il le fit embrocher et rôtir;* qu'il aimait passionnément son chien; parce qu'il mordait tout le monde; qu'il avait toujours un bourreau à ses côtés et qu'il l'appelait son compère, ayant tenu son enfant sur les fonts de baptême. *Il fit jeter dans la rivière un docteur en théologie, pour avoir dit qu'il n'y a de vrai roi que celui qui règne bien.*

Cette belle parole de Jean de Népomuck (car c'est de lui certainement qu'il s'agit ici), et plusieurs autres aperçus de son caractère, m'ont fait croire que, s'il eût vécu jusqu'à l'époque de la prédication et du procès de Jean Huss, il eût embrassé sa doctrine et partagé son sort. Sa canonisation n'eut lieu qu'au dix-septième siècle, et ce fut sans doute pour l'université de Prague une de ces politesses que l'Église adresse de temps en temps à certains ordres ou à certains corps pour leur faire sa cour. On sait comment fut débattue et octroyée la canonisation de saint François d'Assises, le grand hérétique du joannisme et le véritable auteur de toutes les sectes qui se rattachent au

1. *Cochlée.*

paupérisme de l'*Évangile éternel*. A quoi tiennent dans le ciel les entrées de faveur !

Wenceslas mourut sans enfants. On dit qu'il avait été frappé de stérilité par les enchantements et le poison. Il ne fut regretté de personne. Les catholiques l'avaient vu trembler et faiblir devant les menaces des hussites. Ceux-ci savaient qu'il avait fait tout dernièrement la liste de ceux d'entre eux qu'il voulait faire mourir, et qu'en feignant de les favoriser, il ne cessait d'écrire à son frère Sigismond pour qu'il vînt le tirer de leurs mains. Il était donc, avec sa peur et sa paresse, le principal brandon de la guerre civile; car tandis qu'il laissait égorger les magistrats de Prague et ouvrait les temples catholiques aux sectaires, il appelait Sigismond et livrait aux Allemands les hussites des provinces.

Son cadavre subit l'expiation du supplice de Népomucène, à laquelle il avait échappé durant sa vie. Inhumé dans la basilique de la cour royale où était la sépulture des rois de Bohême, il fut déterré peu de temps après et jeté dans la Moldaw par les taborites. Mais comme une singulière destinée lui avait toujours fait trouver son salut dans l'eau, il fut repêché et reconnu par un marchand de poisson qui lui avait été attaché comme fournisseur. Le royal cadavre fut caché dans la maison du pêcheur, et revendu, par la suite, à sa famille pour vingt ducats d'or.

La mort de Wenceslas fut suivie d'un long interrègne, durant lequel le terrible et vaillant borgne de Tabor fut de fait l'unique souverain de la Bohême.

IV.

Sophie de Bavière, veuve de Wenceslas, s'étant vainement adressée à Sigismond, qui avait bien assez à faire de combattre les Turcs sur ses terres de Hongrie, se renferma du mieux qu'elle put dans le fort de Saint-Wenceslas, situé dans le *Petit-Côté* de Prague, sur la rive gauche de la Moldaw. La vieille et la nouvelle ville de Prague, ainsi que la forteresse de Wisrhad[1], dont il sera souvent question dans cette histoire, sont situées sur la rive droite. On sait déjà que, malgré des dissidences d'opinion et de fréquents démêlés, ces deux villes étaient hussites. Le *Petit Côté*, qui contenait le château des rois de Bohême, et où la cour, le haut clergé et les principaux dignitaires faisaient leur résidence, était resté attaché au parti catholique.

Sophie, effrayée de son abandon et de l'agitation croissante des esprits, résolut de tenter un coup hardi : elle rassembla quelques troupes, sortit secrètement de la ville avec un seigneur de Schwamberg, et alla attaquer à l'improviste le redoutable Ziska, dans le district de Pilsen. Ziska n'avait avec lui, en cet instant, qu'une petite troupe de taborites, avec leurs femmes et leurs enfants, qui les suivaient partout. Réfugié sur une colline où il n'y avait que *pierres et brossailles*, et que la cavalerie de la reine ne pouvait gravir sans mettre pied à terre, il n'attendait pourtant pas sans inquiétude l'issue d'un combat où il se voyait entouré de tous côtés. Les femmes des taborites le sauvèrent par un stratagème singulier : aux approches de la nuit, elles étendirent leurs robes et leurs voiles dans les broussailles, où les Impériaux devaient s'engager tout bottés et éperonnés. Dès qu'ils eurent laissé leurs chevaux au bas de la colline, et qu'ils eurent fait quelques pas dans ces filets, ils s'y embarrassèrent si bien les pieds, qu'ils ne purent avancer ni reculer; et, tandis qu'ils essayaient de se dépêtrer, Ziska fondit sur eux, et les tailla en pièces. La reine et son général prirent la fuite, à la faveur de la nuit.

1. *Wisserhad* ou *Wischerad*.

En attendant que Sigismond pût s'attaquer en personne à l'audacieuse insurrection des hussites, Ziska, poursuivant son œuvre, détruisit ou fit détruire par les nombreuses bandes de ses adhérents presque toutes les églises conventuelles et les monastères de la Bohême. On compte cinq cent cinquante de ces édifices dont il ne laissa pas pierre sur pierre. Les historiens catholiques ne tarissent pas en gémissements sur les funestes résultats de cette dévastation. Les pompeuses descriptions qu'il nous ont laissées de ces sanctuaires du luxe et de la paresse expliquent assez la rage d'un peuple laborieux et pauvre, et qui avait vu prélever sur son travail et sur ses besoins l'impôt exorbitant du clergé. Le monastère de la Cour royale, à Prague, avait sept chapelles, dont chacune était de la grandeur d'une église. Autour du jardin, on pouvait lire l'Écriture sainte sur les murailles, *en majuscules, sur de belles planches, et les lettres grossissant toujours, à proportion de la hauteur de la muraille.* Mais rien n'approchait de la magnificence des Bénédictins d'Opatowitz.

Leur couvent avait été fondé par Wratislas, premier roi de Bohême, au onzième siècle, et l'on n'y recevait que des personnes riches, à la condition qu'elles y apporteraient tous leurs biens. Il y avait là un certain trésor qui, depuis longtemps, alléchait ces vieux burgraves de l'intérieur, dont nous avons déjà parlé, brigands qui, sous prétexte de guerre ou de religion, avaient toujours flairé, et maintenant essayaient pour leur compte la conquête des couvents. Celui-là était le rêve d'un certain pillard, nommé Jean Miesteczki, qui ne cessait de rôder autour, attiré par la merveilleuse aventure de Charles IV, dont le pays avait gardé souvenance. Bien que cette chronique soit une digression, fidèle à notre amour pour cette partie de l'histoire que nous appelons le coloris, nous la raconterons à nos lectrices. Des auteurs plus graves que nous l'ont consignée en latin.

Un jour de l'année 1359, l'empereur Charles, étant à la chasse, disparut avec deux de ses écuyers et ne rejoignit ses compagnons que le soir à Kœnigsgratz. L'empereur se mit à table, ne répondit que par un sourire à ceux que son absence avait effrayés, et se contenta de leur dire qu'un serment épouvantable l'empêchait de s'expliquer sur sa disparition mystérieuse. Cependant on remarqua que l'empereur avait au doigt une bague d'une forme antique, où était enchâssé un diamant tel, que le trésor impérial n'en avait jamais possédé d'aussi précieux.

On admira ce joyau, on se perdit en commentaires. L'empereur mourait d'envie de parler. Enfin, lorsque le bon vin l'eut rendu plus communicatif, il réfléchit un peu, déclara qu'il pouvait raconter son aventure avec certaines restrictions, sans violer son serment, et se décida à rapporter ce qui suit.

Il était entré dans un monastère pour s'y reposer, et il avait été fort bien reçu et régalé à merveille par l'abbé, qui le prenait pour un seigneur de la cour. Après le repas, pressé de dire son nom, il avait promis de le faire dans l'église seulement, en présence des deux plus anciens moines et de l'abbé. Celui-ci ayant choisi ceux en qui il avait le plus de confiance, et ayant conduit l'empereur dans l'église, l'empereur se nomma et leur déclara que le désir de voir leur trésor l'avait amené chez eux. Il leur engagea en même temps sa foi d'empereur des Romains qu'il n'en prendrait rien, et ne souffrirait jamais qu'on leur en prît la moindre chose. L'abbé, à ces paroles, fut saisi d'une grande frayeur, se retira à l'écart, et, après avoir délibéré longuement avec ses deux moines, il répondit au monarque : « Très-clément souverain, « nous vous dirons que des soixante religieux que nous

« sommes ici, il n'y a que nous trois qui ayons connais« sance du trésor. Quand il en meurt un des trois, on « confie le secret à un autre, et nous *sommes de serment* « *de n'ouvrir le trésor à âme vivante.* D'ailleurs, l'accès « en est fort dangereux et ne convient point à Votre Ma« jesté. »

L'empereur demanda qu'ils l'associassent, lui quatrième, à la prestation du serment et à la connaissance du trésor. Les moines inquiets délibérèrent encore; et, n'osant ni refuser, ni consentir, lui proposèrent de deux choses l'une, *ou de voir le trésor sans voir le lieu, ou de voir le lieu sans voir le trésor.*

— *Montrez-moi seulement le trésor*, dit l'empereur, *et je serai content.*

— *Il faut donc*, dirent les moines, *que vous vous abandonniez à notre conduite.*

— *Mes chers pères*, dit l'empereur, *ma vie est entre vos mains.*

« Là-dessus, ils prennent l'empereur par la main, le « mènent dans un enclos obscur (*conclave*), pavé de « briques, allument deux cierges, lui mettent un capu« chon baissé sur la tête, de sorte qu'il ne pouvait voir « que ce qui était à ses pieds; ensuite les moines ayant « levé quelques briques, il aperçut confusément une « caverne très-profonde où il lui fallait descendre. Quand « il fut arrivé en bas, les moines le tournèrent et le retour« nèrent jusqu'à ce qu'il en fût étourdi. Alors ils le con« duisirent dans une cave souterraine *longue de deux* « *rues*. Enfin ils lui ôtèrent son capuchon et le menèrent « dans une chambre pleine d'argent en lingots, d'or en « barres, de croix, de *paix* (*pacificalia*), et d'autres « ornements d'église enrichis de pierreries, et quantité « d'autres joyaux.

« *Sire*, dit alors l'abbé, *tous ces trésors sont à vous;*

« *nous les gardions pour Votre Majesté. Daignez en* « *prendre tout ce qu'il vous plaira.*

« — *Dieu me préserve*, répondit Charles, *de toucher* « *aux biens ecclésiastiques !*

« — *Il ne sera pas dit*, répliqua l'abbé, *que Votre Majesté s'en retourne d'ici les mains vides.* »

Et il lui mit au doigt la bague, qu'en achevant ce récit l'empereur montrait à ses compagnons de chasse, sans vouloir leur indiquer ni le nom ni la situation du monastère. Il s'estimait peut-être heureux d'en être sorti, et on l'approuva fort, sans doute, d'avoir refusé les offres insidieuses de l'abbé, lorsque pour l'éprouver celui-ci lui avait dit : *Tout cela est à vous.* Parole de moine ! Si l'empereur l'eût pris au mot, il est douteux qu'il eût remonté l'escalier. Quoi qu'il en soit, ses courtisans eurent bientôt appris des écuyers qui l'avaient accompagné, qu'il s'agissait du trésor des Bénédictins d'Opatowitz, et de cette façon « la mine fut éventée. »

La suite de l'histoire de ce trésor montre à quel point les moines tenaient à ces inutiles richesses. Un demi-siècle après l'aventure de Charles IV, le couvent d'Opatowitz en éprouva une plus tragique à la même occasion. Jean Miesteczki, profitant des ravages de Ziska pour s'enrichir aussi de son côté, arriva sur le soir, à cheval, avec deux de ses compagnons, sous prétexte de rendre ses devoirs à l'abbé, qui s'appelait Pierre Laczur. Le brigand fut bien reçu et bien traité. Mais au milieu du souper, il en vint comme par hasard deux autres, et puis trois, et puis enfin toute la bande, qui tomba sur les moines et en tua un bon nombre. Pendant cette exécution, Miesteczki s'emparait de l'abbé et lui commandait le poignard sur la gorge de lui révéler le secret du couvent. Les vieux moines se laissèrent maltraiter cruellement et gardèrent le silence. Le malheureux abbé fut mis à la torture et ne révéla rien. Il en mourut peu de jours après, emportant son secret dans la tombe. Les historiens catholiques du temps en font un martyr. Quant à Miesteczki, il n'emporta de son expédition que les vases sacrés, la cassette particulière de l'abbé, et autres bribes dont il acheta le château et la ville d'Opokzno. Puis, pour racheter son âme de ce sacrilége, il fit une rude guerre aux hussites, qui pendirent son drapeau à un gibet de Prague. Plus tard, assiégé par eux dans Chrudim, il se fit hussite pour avoir la vie sauve, et ravagea encore les couvents avec eux, le métier étant fort de son goût. Enfin il rentra en grâce avec Sigismond après toutes ces aventures, et mourut peut-être en odeur de sainteté. Les Bénédictins d'Opatowitz furent repris et repillés par les Taborites. On ne dit pas si ceux-là trouvèrent le trésor. Peut-être existe-t-il encore sous quelque ruine aux entrailles de la terre.

Puisque nous consacrons ce chapitre aux épisodes ainsi que notre auteur[1], qui en rapporte bien d'autres plus hors de saison, nous finirons par celle de Puchnick, évêque de Prague, mort avant la prédication de Jean Huss. Wenceslas, qui était fort railleur, le fit appeler un jour et lui commanda de prendre dans son trésor autant d'or qu'il en pourrait emporter sur lui. Le prélat, moins discret et moins prudent que Charles IV ne l'avait été chez les Bénédictins d'Opatowitz, remplit tellement ses poches, sa robe et ses bottines, qu'il ne put faire un pas pour s'en aller, et resta planté comme une statue devant l'ivrogne couronné, qui riait à faire écrouler les voûtes de son palais. Quand il eut fini de rire, Puchnick fut déchargé de son butin jusqu'à la dernière obole, et renvoyé honteusement aux huées des serviteurs. Telles étaient

1. M. Lenfant, *Histoire du Concile de Bâle*.

les mœurs du temps et les manières de la cour. L'avarice du clergé de Bohême était devenue proverbiale. Le peuple comparait les moines à des animaux immondes auxquels les couvents servaient d'étables. Il en fit justice avec la brutalité et la férocité qu'on retrouve au moyen âge chez tous les peuples, dans toutes les classes, et sous l'inspiration de toutes les idées religieuses. On brisa les images et les statues des saints; on leur coupa le nez et les oreilles, et on les jeta dans les rues et sur les chemins pour qu'elles fussent foulées aux pieds par les passants. On voit là plus de fanatisme que d'avarice ; car bien des choses d'un grand prix furent perdues, entre autres des objets d'art et des manuscrits plus regrettables que les lingots d'or et d'argent des monastères. Ziska s'emparait de ces dernières dépouilles et les faisait porter à Tabor, où elles étaient scrupuleusement consacrées à l'édification de la ville et des fortifications, ainsi qu'à l'entretien des troupes et de leurs familles. Il ne se réservait que quelques jambons et viandes fumées, qu'il appelait ses *toiles d'araignées* parce qu'on les balayait aux murailles des réfectoires. Malheureusement, la vengeance ne se bornait pas là. Les moines et les religieuses étaient traités comme les statues de leurs saints, et livrés à toutes les tortures, à toutes les ignominies. Nous passerons rapidement sur ces détails, qui font frissonner. En l'année 1419, les Taborites détruisirent, seulement à Prague, quatorze de ces communautés. Ils n'épargnèrent que celle des Bénédictins esclavons, qui se déclara pour la doctrine de Jean Huss, et dont l'abbé alla au-devant d'eux leur offrir la communion sous les deux espèces. Ils la reçurent chargés et entourés *de leurs arcs, hallebardes, massues, scorpions et catapultes*. Ces Bénédictins étaient de ceux qui avaient obtenu, sous Charles IV, le privilége de dire les offices en langue slave, ce qui était un acheminement vers le schisme; et, comme la fondation de leur maison était contemporaine de celle de l'Université de Prague, on peut croire qu'ils avaient toujours penché vers ces mêmes idées d'indépendance et de réforme. Ils n'avaient certainement pas trempé dans les accusations que le clergé de Bohême porta contre Jean Huss et Jérôme au concile de Constance; car on ne fit grâce à aucun de ceux-là, et jamais supplice ne fut vengé avec autant d'éclat que celui de ces deux hommes illustres.

V.

Les seigneurs de Rosenberg avaient embrassé le hussitisme avec ferveur, et l'un d'eux s'était montré ardent à venger le supplice de Jean Huss. Mais ses promesses échouèrent devant les séductions de Sigismond. Il devint l'ennemi le plus haï et le plus méprisé des Taborites, et, dès le commencement de 1420, Ziska tomba du haut de son Tabor, comme un torrent des montagnes, sur la ville d'Aust, qui était située presque sous ses pieds, et qui appartenait à Rosenberg. On était au carnaval, et après ces soirées de débauche, les habitants dormaient si profondément, qu'ils furent pris et massacrés *en sursaut*. Tous furent passés au fil de l'épée. Leurs maisons rasées disparurent du sol. Ce nid de papistes offusquait la vue de Ziska. Il en fit un champ de blé.

Ulric de Rosenberg, proche parent de celui-là, et que les historiens du temps appellent de Roses (*Rosensis*), resta attaché encore quelque temps au parti de Jean Ziska. Nous prenons note de lui pour qu'on ne le confonde pas avec le premier, qui fut assommé à coups de fléaux par les Taborites, puis coupé par morceaux et jeté au feu.

Ziska détruisit et massacra encore, au commencement

de cette année 1420, une douzaine de communautés religieuses. Coranda l'accompagnait dans ces farouches expéditions. Hyneck Krussina, *homme de tête et de main*, imitant le zèle de Ziska, réunit, sur une montagne de Cuttemberg qu'il baptisa *Oreb*, des troupes de paysans qui prirent le nom d'Orébites. Les Taborites et les Orébites fraternisèrent dans les combats et communièrent ensemble sur les champs de bataille. En cas de danger, ils convinrent de se donner toujours avis et de se secourir mutuellement. En attendant la guerre du dehors, qui était imminente, ils se tinrent en haleine en détruisant ces moines que Ziska appelait les ennemis domestiques.

Au milieu de ces événements, Ziska devint aveugle. Comme il assiégeait la forteresse de Raby, il monta sur un arbre afin de voir et d'encourager ses gens. Une bombarbe, en passant près de lui et en fracassant les branches, lui fit sauter un petit éclat de bois dans l'œil, le seul qui lui restât. La forteresse n'en fut pas moins emportée d'assaut et réduite en cendres; puis Ziska alla se faire panser à Prague, et peu de temps après il rentra en campagne, privé entièrement et à jamais de la vue.

Il ne faut pas croire que cette guerre aux moines fut sans fatigues et sans dangers. Presque tous ces monastères étaient fortifiés; et les abbés, quand ils ne pouvaient pas compter sur leurs vassaux, appelaient les corps d'Impériaux pour les défendre. Quelquefois même on voyait des paysans ou des ouvriers prendre parti contre les Taborites, à cause de quelque privilége agricole ou industriel qu'ils voulaient conserver. Les mineurs de Cuttemberg[1], qui étaient Allemands pour la plupart, haïssaient tellement les Orébites, qu'ils les guettaient au passage dans les passes étroites de leurs montagnes, les

1. Dans le Bœhmer-Wald, à la frontière bavaroise.

chassaient comme des bêtes fauves avec des chiens dressés à cet usage, et les précipitaient dans les mines après les avoir forcés à la course. On dit que six mille Hussites furent entassés dans une de ces cavernes.

L'assentiment des masses à l'œuvre terrible de Ziska fut donc plus d'une fois traversé par des intérêts particuliers. Lorsque la bande affamée des sombres Taborites s'abattait sur quelque terre privilégiée par l'empereur, ou récemment conquise par le brigandage, ils pouvaient bien être reçus à coups de fléaux et de fourches par les nombreux occupants. Le système de Ziska était évidemment de ruiner le pays, afin d'organiser contre Sigismond une guerre de partisans implacable et meurtrière; et, s'il est permis de reconstruire, par conjecture, le plan d'un homme dont l'existence historique est environnée d'obscurités et de calomnies, on peut, et on doit attribuer à ce plan même la destruction systématique de tous les couvents et de tout le clergé de Bohême par Ziska, sans recourir à ses motifs de vengeance personnelle. En effet, Ziska voulait-il autre chose qu'une guerre pour l'indépendance nationale contre la race allemande? S'il la voulait, pouvait-il ne pas la considérer comme une entreprise désespérée à laquelle il fallait se préparer par tous les moyens et tous les sacrifices? Cette guerre nationale n'eût jamais été possible avec l'existence de cette population monacale, ramassis de transfuges et d'enfants perdus de toutes les nations, qui, après des velléités d'indépendance, avait fait sa paix avec le concile de Constance, en lui jurant soumission sur les cendres de Jean Huss. Ziska trouva dans l'enthousiasme des Taborites l'élément et la révélation du succès. L'amour de la patrie ne suffisait pas pour engager, tout d'un coup, le prolétaire bohême à s'armer, à brûler sa chaumière, à emmener sa

4.

femme et ses enfants à travers un pays désolé, pour aller se planter avec eux sur la brèche d'un fort, et y mourir de faim ou percé de coups en défendant son drapeau national. Le fanatisme avait, pour cette héroïque défense, pour cet austère détachement des lares domestiques, pour cette vie dure et errante, enfin pour cette résolution positive de vaincre ou de mourir, des forces que l'orgueil national n'avait déjà plus après le règne brillant et fort de Charles IV. La vie de Ziska n'est pas celle d'un vaillant capitaine seulement; c'est celle d'un politique consommé; du moins nous le croyons, et nous espérons bien le prouver, quoiqu'il n'ait pas laissé de meilleure réputation que celle d'un vaillant homme de guerre. Aussi distingua-t-il d'emblée, non le parti auquel il devait se ranger, mais celui qu'il devait se créer; et, tandis que les Hussites de Prague péroraient sur leurs *quatre articles*[1], sans trouver en eux-mêmes la force de chasser la reine et les Impériaux, Ziska, appelant à lui, de tous les points, les plus braves et les plus ardents, avait organisé d'emblée un corps d'armée formidable, en même temps qu'un parti audacieux, aveuglément dévoué à son inspiration militaire, et sans cesse inspiré lui-même dans son rêve d'indépendance politique par une liberté d'examen religieux qui ne connaissait pas de limites humaines. Aussi le rocher de Tabor devint-il, comme par magie, le centre de la Bohême. C'était l'autel où le feu sacré ne mourait point; l'antre d'où sortaient, dans le danger, des légions de sombres archanges ou d'impitoyables démons; le paradis mystique où, dans les heures de repos, on allait essayer la réalisation d'une vie de communauté et d'égalité parfaite. Ziska, en pillant les monas-

1. On verra plus tard quelle était cette formule politique et religieuse du juste-milieu hussite.

tères, savait donc bien ce qu'il faisait. Il avait une armée à faire vivre, et cette armée représentait pour lui la Bohême, puisqu'elle était la gardienne de toute liberté et de toute unité nationale. Il comptait sur une guerre qui devait durer, et qui dura effectivement plusieurs années. Il y avait dans les richesses des couvents de quoi entretenir cette armée tout le temps nécessaire ; et, en même temps qu'il s'assurait des ressources considérables, il privait l'ennemi de ces mêmes ressources. La conduite de Sigismond prouva bientôt que Ziska ne s'était pas trompé en prévoyant que l'empereur apostolique pillerait les couvents et les églises pour subvenir à ses dépenses, avec aussi peu de scrupule que les hérétiques le faisaient de leur côté. Aussi Ziska ne perdit-il pas de temps pour lui ôter cet avantage. Les burgraves, en mettant la main à l'œuvre avant lui, et en s'enrichissant des dépouilles du clergé, les uns pour satisfaire leur avarice ou leur prodigalité, les autres pour les offrir à Sigismond et acheter par là sa faveur, montrèrent bien à Ziska qu'il n'y avait pas à hésiter, et que tout acte de pitié ou de désintéressement tournerait à la perte de la Bohême. Les Taborites, poussés par une fureur religieuse, ne comprenaient peut-être pas la pensée politique de leur chef. Ils avaient réellement soif du sang des moines et des prêtres qui avaient dénoncé l'hérésie à Rome, et qui, mourant pour la plupart avec un courage héroïque, les menaçaient, jusque dans les tortures, des foudres du pape, du glaive de l'empereur, et des bûchers de l'inquisition. C'était donc une guerre à mort entre les deux doctrines ; et, en supposant Ziska moins féroce que ses partisans (ce qui serait, je l'avoue, une supposition bien hasardée), il eût perdu tout ascendant sur *ses anges exterminateurs*, comme il les appelait, s'il se fût opposé à leurs cruautés. Il ne faut pas oublier que Ziska, absorbé dans des préoccupations toutes militaires, s'inquiétait peu, au fond, de la doctrine; qu'il persistait à se dire calixtin pour conserver son ascendant sur le juste-milieu hussite, qui était le parti le plus nombreux, sinon le plus énergique du moment; enfin, qu'il avait à se maintenir puissant sur toutes les nuances du hussitisme, et qu'il y parvint en tolérant tous les excès, sans vouloir précisément accepter la responsabilité de ceux mêmes où il avait trempé le plus activement. Nous n'alléguons pas ces motifs pour excuser les crimes qui furent commis par Ziska contre l'humanité. Mais on ne l'a pas accusé de ceux-là seulement, et il faut répéter souvent qu'au moyen âge, ces sortes de crimes, qui, Dieu merci, nous paraissent injustifiables aujourd'hui, n'avaient pas dans l'esprit des hommes la même importance. L'Église avait donné l'exemple. Elle, la gardienne des charitables et miséricordieuses inspirations du christianisme, la loi suprême, la justice idéale proclamée souveraine de toutes les justices matérielles des pouvoirs constitués, elle avait allumé les bûchers, inventé les tortures, proclamé la croisade contre les dissidents. Les moralistes de l'Église auraient donc eu bien mauvaise grâce à reprocher à Ziska le crime de lèse-humanité. Aussi les historiens catholiques ont-ils tenté de lui imputer des crimes de lèse-patriotisme, pensant que le premier ne le rendrait pas assez odieux à la postérité. Ils ont insisté sur son vandalisme, sur la ruine des monuments et des bibliothèques, la gloire et la lumière du pays. Je crois qu'il est des époques où ces actes de vandalisme sont plus que justifiables, et on les a comparés souvent à la résolution du capitaine de navire qui fait jeter à la mer les richesses de sa cargaison pour sauver son équipage dans la tempête. Je viens de prouver que, sans cette dévastation, les Bohémiens n'eussent pu résister six mois à l'ennemi. On verra que, grâce à elle, ils lui résistèrent pendant quatorze ans avec une énergie et des ressources incroyables.

Mais il est une autre accusation grave qui pèse sur Ziska, et qu'il faut encore examiner. Afin de le peindre comme le chef infâme d'une poignée de scélérats, afin de lui ôter son caractère terrible, et pourtant sacré, de chef du peuple et de représentant de sa patrie, on l'a montré, surtout dans les premiers temps de son entreprise, portant l'épouvante et la désolation chez ses propres compatriotes, chez ses coreligionnaires ; on a affecté de peindre la haine et la terreur de certaines provinces qui résistèrent d'abord à son impulsion, et qu'il n'entraîna que par la violence. Ses apologistes ont vainement essayé de nier ou d'atténuer ses ravages dans les champs de la Bohême : nous les croyons certains, mais nous les comprenons ainsi.

Il ne s'agissait pas seulement pour Ziska de faire la guerre aux armées de Sigismond; il fallait la faire d'abord aux partisans de la monarchie, aux courtisans de la domination étrangère; et des populations entières, celles qui jouissaient, comme nous l'avons dit plus haut, de certains bénéfices de conquête ou de certains privilèges agricoles et industriels, faisaient cause commune avec leurs seigneurs catholiques. Il y a plus : dans les premiers temps de l'insurrection, les paysans ne comprirent pas la mission des Taborites, et voulurent rester dans l'inaction. Quelque pauvre et accablé que soit le mercenaire, quelque humilié que soit le serf, on ne le surprend pas toujours dans une velléité de révolte et de courage. L'esclave s'habitue à sa chaîne, l'indigent aime son toit de chaume, et la crainte d'être plus mal l'empêche souvent de désirer mieux. Les prêtres taborites arrivaient dans les campagnes, prêchant la parole du Christ à ses disciples : « Levez-vous, *quittez vos filets*, et suivez-moi. » Ziska ajouta en vrai condottiere : « Cédez vos huttes, votre vaisselle de terre, votre maigre repas, et le bétail dont on vous a confié la garde, et les armes dont on vous a munis contre nous, à mes soldats, à mes enfants; car ils sont l'épée flamboyante de l'ange, ils sont la trompette du jugement dernier. Ils viennent pour punir vos maîtres et briser votre joug. Vous leur devez secours et assistance, amour et respect. » Le serf était souvent sourd à ce langage, et répondait : « Si vous venez de la part de Dieu, respectez au moins le prochain. Vous nous compromettez auprès de nos maîtres; vous nous ruinez. Vous êtes trop nombreux pour vivre de notre pain; vous ne l'êtes pas assez pour nous défendre quand les prêtres et les seigneurs viendront nous accabler. Retirez-vous, ou bien nous nous défendrons, nous vous traiterons comme des brigands. »

De là des luttes sanglantes; des villages, des villes même qui n'avaient pas reçu les troupes impériales et qui n'avaient pas fait profession de foi catholique, furent réduites en cendres, horriblement saccagées et les habitants massacrés, parce qu'ils avaient refusé de marcher à la défense du pays. Ces terribles exécutions militaires assurèrent les desseins de Ziska. Tous les récalcitrants énergiques furent anéantis. Tous ceux qui se rendirent grossirent l'armée taborite. Ruinés, détachés de tout lien avec l'ancienne société, réduits à errer en mendiants sur une terre dévastée, ils n'eurent plus d'autre refuge que Tabor, cette cité étrange où, après avoir accompli des œuvres de sang, une société nouvelle se retirait pour prier avec enthousiasme, et pour pratiquer avec une sainte ferveur la loi d'une égalité fraternelle et d'une communauté idéale. « La maison est brûlée, disait Ziska, mais le temple est ouvert. La famille est dispersée par le glaive, qu'elle se reforme sous la parole de Dieu. Ici les veuves trouveront de nouveaux époux, et les orphelins des pères plus sages et des appuis plus sûrs que ceux qu'ils ont perdus. » C'est ainsi que, de gré ou de force, il entraîna les populations à sa suite. Il commençait par leur envoyer ses prêtres, et quand leur prédication avait échoué, il arrivait avec ses implacables sommations et ses sentences vengeresses. En peu de temps l'agriculture fut détruite, l'industrie paralysée ; les champs devinrent stériles, les bourgades où l'ennemi eût pu se reposer des monceaux de ruines, les bois et les montagnes peuplés d'invisibles défenseurs, chaque buisson du chemin une tanière pour le partisan aux aguets. Les seigneurs catholiques n'osaient plus sortir de leurs châteaux. Les garnisons impériales se tenaient muettes et consternées derrière leurs remparts. Prague et les villes royales se demandaient avec effroi ce qu'elles allaient devenir, et se perdaient en discussions théologiques, ou en propositions d'accommodement avec la couronne sans oser se défendre. La Bohême était ruinée. Sigismond riait de sa détresse et ne se pressait pas d'arriver, pensant que les divers partis allaient lui aplanir le chemin en s'entre-dévorant. Mais Tabor était riche, Tabor se fortifiait. L'armée de Tabor grossissait tous les jours et s'endurcissait au métier des armes. Et quand le juste-milieu se plaignait à Ziska du dommage qu'il lui avait causé, Ziska montrait Tabor et disait : « Le salut est là, faites-vous Taborites. Vous ne voulez pas souffrir, vous autres? Nous voulons bien combattre pour vous ; mais le moins qu'il en puisse arriver, c'est que votre repos et vot[illegible] bien-être en soient un peu troublés. Faites comme nous, ou laissez-nous faire. »

Tel fut le rôle de Ziska. Un temps arriva où tous le comprirent et plièrent sous sa volonté, fanatiques et tièdes, Taborites et Calixtins. Mais n'anticipons pas sur les événements, et suivons un peu la marche des premières luttes.

VI.

Les habitants des villes de Prague s'intitulaient, pour la plupart, *Calixtins*; à Rome on les appelait par dérision *Hussites clochants, parce qu'ils avaient abandonné Jean Huss en plusieurs choses*; à Tabor on les appelait *faux Hussites*, parce qu'ils se tenaient à la lettre de Jean Huss et de Wickleff plus qu'à l'esprit de leur prédication. Quant à eux, Calixtins, ils s'intitulaient *Hussites purs*. En 1420 ils avaient formulé leur doctrine en quatre articles : 1° *la communion sous les deux espèces*; 2° *la libre prédication de la parole de Dieu*; 3° *la punition des péchés publics*; 4° *la confiscation des biens du clergé*, et l'abrogation de tous ses pouvoirs et priviléges[1].

Ils envoyèrent une députation à Tabor pour aviser aux moyens de se débarrasser de la reine qui, avec quelques troupes, tenait encore le *Petit-Côté* de Prague. On a conservé textuellement la réponse des Taborites à cette députation. « Nous vous plaignons de n'avoir pas la « liberté de communier sous les deux espèces, parce que « vous êtes commandés par deux forteresses. Si vous « voulez sincèrement accepter notre secours, nous irons « les démolir, nous abolirons le gouvernement monar« chique, et nous ferons de la Bohême une république. » Il me semble qu'il ne faut pas commenter longuement cette réponse pour voir que le rétablissement de la coupe n'était pas une vaine subtilité, ni le stupide engouement

1. Ces quatre articles étaient une protestation plus politique que religieuse. Les trois articles relatifs en apparence à la religion ne sont qu'une attaque de fait contre le pouvoir temporel et la richesse du clergé. Celui qui réclame la punition *des péchés publics* ne tend qu'à remettre les causes judiciaires et la répression des attaques contre la société nationale aux mains de magistrats élus par la nation, et non aux délégués du prince et de l'Eglise.

d'un fanatisme barbare, comme on le croit communément, mais le signe et la formule d'une révolution fondamentale dans la société constituée.

La proposition fut acceptée. Le fort de Wishrad fut emporté d'assaut. De là, commandés par Ziska, les Praguois et les Taborites allèrent assiéger le *Petit-Côté*. Il y avait peu de temps qu'on faisait usage en Bohême des bombardes. Les assiégés portaient, à l'aide de ces machines de guerre, la terreur dans les rangs des Hussites. Mais les Taborites avaient appris à compter sur leurs bras et sur leur audace. Ils forcèrent le pont qui était défendu par un fort appelé la Maison de Saxe (Saxen Hausen) et posèrent le siége, au milieu de la nuit, devant le fort de Saint-Wenceslas. La reine prit la fuite. Un renfort d'Impériaux, qui était arrivé secrètement, défendit la forteresse. Le combat fut acharné. Les Hussites étaient maîtres de toute la ville; encore un peu, et la dernière force de Sigismond dans Prague, le fort de Sain-tWenceslas, allait lui échapper. Mais les grands du royaume intervinrent, et, usant de leur ascendant accoutumé sur les Hussites de Prague, les firent consentir à une trêve de quatre mois. Il fut convenu que pendant cet armistice les cultes seraient libres de part et d'autre, le clergé et les propriétés respectés, enfin que Ziska restituerait Pilsen et ses autres conquêtes.

Ziska quitta la ville avec ses Taborites, résolu à ne point observer ce traité insensé. Le sénat de Prague reprit ses fonctions; mais les catholiques qui s'étaient enfuis durant le combat n'osèrent rentrer, *craignant la haine du peuple*. Sigismond écrivit des menaces; Ziska reprit ses courses et ses ravages dans les provinces.

La reine ayant rejoint son beau-frère Sigismond à Brunn en Moravie, ils convoquèrent une diète des prélats et des seigneurs, et écrivirent aux Praguois de venir traiter. La noblesse morave avait reçu l'empereur avec acclamations. Les députés hussites arrivèrent et communièrent ostensiblement sous les deux espèces, dans la ville, qui fut mise en interdit, c'est-à-dire privée de sacrements tout le temps qu'ils y demeurèrent, étant considérée par le clergé papiste comme souillée et empestée. Puis ils présentèrent leur requête, c'est-à-dire leurs quatre articles, à Sigismond qui se moqua d'eux. *Mes chers Bohémiens,* leur dit-il, *laissez cela à part, ce n'est point ici un concile.* Puis il leur donna ses conditions par écrit ; qu'ils eussent à ôter les chaînes et les barricades des rues de Prague, et à porter les barres et les colonnes dans la forteresse ; qu'ils abattissent tous les retranchements qu'ils avaient dressés devant Saint-Wenceslas ; qu'ils reçussent ses troupes et ses gouverneurs ; enfin qu'ils fissent une soumission complète, moyennant quoi il leur accorderait amnistie générale et les gouvernerait à la façon de l'empereur son père, *et non autrement.*

Les députés rentrèrent tristement à Prague et lurent cette sommation au sénat. Les esprits étaient abattus, Ziska n'était plus là. Les catholiques s'agitaient et menaçaient. On exécuta de point en point les ordres de Sigismond. Les chanoines, curés, moines et prêtres rentrèrent en triomphe, protégés par les soldats impériaux.

Ceux des Hussites qui n'avaient pas pris part à ces lâchetés sortirent de Prague, et se rendirent tous à Tabor. Ils furent attaqués en chemin par quelques seigneurs royalistes, et sortirent vainqueurs de leurs mains après un rude combat. Une partie alla trouver Nicolas de Hussinetz à Sudomirtz, l'autre Ziska à Tabor. Ces chefs les conduisirent à la guerre, et leur firent détruire plusieurs places fortes, ravager quelques villes hostiles. Sigismond écrivit aux Praguois pour les remercier de leur soumission et pour intimer aux catholiques l'ordre d'*exterminer absolument tous les Wicklefistes, Hussites et Taborites*. Les papistes ne se firent pas prier, exercèrent d'abominables cruautés, et la Bohême fut un champ de carnage.

Cependant *nul n'osa attaquer Ziska avant l'arrivée de l'empereur*. Sigismond n'osait pas encore se montrer en Bohême. Il alla en Silésie punir une ancienne sédition, faire trancher la tête à douze des révoltés, et tirer à quatre chevaux dans les rues de Breslaw Jean de Crasa, prédicateur hussite, que l'on compte parmi les *martyrs de Bohême*; car l'hérésie a ses listes de saints et de victimes comme l'Église primitive, et à d'aussi bons titres.

L'empereur fit afficher *la Croisade de Martin V* contre les Hussites. Ces folles rigueurs produisirent en Bohême l'effet qu'on devait en attendre. Le moine prémontré *Jean*, que nous avons déjà vu dans les premiers mouvements de Prague, revint, à la faveur du trouble, y prêcher le carême. Il déclama vigoureusement contre l'empereur et le baptisa d'un nom qui lui resta en Bohême, *le cheval roux de l'Apocalypse*. « Mes chers Praguois, disait-il, souvenez-vous de ceux de Breslaw et de Jean de Crasa. » Le peuple assembla la bourgeoisie et l'université, et jura entre leurs mains de ne jamais recevoir Sigismond, et de défendre la nouvelle communion jusqu'à la dernière goutte de son sang. Les *hostilités recommencèrent à la ville et à la campagne*. On écrivit des lettres circulaires dans tout le royaume. Partout le même serment fut proféré et monta vers le ciel.

Sigismond se décida enfin pour la guerre ouverte. Il leva des troupes en Hongrie, en Silésie, dans la Lusace, dans tout l'Empire.

Albert, archiduc d'Autriche, à la tête de quatre mille chevaux, renforcé par d'autres troupes considérables et par le *capitaine de Moravie*, fut le premier des Impériaux qui affronta le *redoutable aveugle*. Ziska les battit entre Prague et Tabor ; puis, sans s'attarder à leur poursuite, il alla détruire un riche monastère que nous mentionnons dans le nombre à cause d'un épisode. De l'armée de vassaux qui le défendaient il ne resta que six hommes, *lesquels se battirent jusqu'à la fin comme des lions*. Ziska, émerveillé de leur bravoure, promit la vie à celui des six qui tuerait les cinq autres. Aussitôt *ils se jetèrent comme des dogues les uns sur les autres. Il n'en resta qu'un qui, s'étant déclaré Taborite, se retira à Tabor et y communia sous les deux espèces en témoignage de fidélité.*

Cependant les Hussites de Prague assiégeaient la forteresse de Saint-Wenceslas. Le gouverneur feignit de la leur rendre, pilla et emporta tout ce qu'il put dans le château, et se retira en laissant la place à son collègue Plawen ; de sorte qu'au moment où les assiégeants s'y jetaient avec confiance, ils furent battus et repoussés. Cependant Ziska arrivait. Il s'arrêta le lendemain non loin de Prague pour regarder quelques Hussites qui détruisaient un couvent et insultaient les moines. « *Frère Jean*, lui dirent-ils, *comment te plaît le régal que nous faisons à ces comédiens sacrés?* » Mais Ziska, qui ne se plaisait à rien d'inutile, leur répondit en leur montrant la forteresse de Saint-Wenceslas : « *Pourquoi avez-vous épargné cette boutique de chauves* (*calvitia officina*)? — Hélas ! dirent-ils, nous en fûmes honteusement chassés hier. — Venez donc, » reprit Ziska.

Ziska n'avait avec lui que trente chevaux. Il entre ; et à peine a-t-on aperçu sa grosse tête rasée, sa longue moustache polonaise et ses yeux à jamais éteints, qui, dit-on, le rendaient plus terrible que la mort en personne, que les Praguois se raniment et se sentent exaltés d'une rage et d'une force nouvelles. Saint-Wenceslas est emporté, et Ziska s'en retourne à Tabor en leur recommandant de l'appeler toujours dans le danger.

A peine a-t-il disparu, qu'un renfort d'Impériaux arrive et reprend la forteresse. Ziska avait réellement une puissance surhumaine. Là où il était avec une poignée de Taborites, là était la victoire, et quand il partait il semblait qu'elle le suivît en croupe. C'est que l'âme et le nerf de cette révolution étaient en lui, ou plutôt à Tabor; car il semblait qu'il eût toujours besoin, après chaque action, d'aller s'y retremper; c'est que chez les Calixtins il n'y avait qu'une foi chancelante, des intentions vagues, un sentiment d'intérêt personnel toujours prêt à céder à la peur ou à la séduction, une politique de juste-milieu.

Un chef taborite, convoqué à la guerre *sans quartier* par les circulaires de Ziska, vint attaquer Wisrhad que les Impériaux avaient repris. Il fut repoussé et aurait péri avec tous les siens si Ziska ne se fût montré. Les Impériaux, qui avaient fait une vigoureuse sortie, rentrèrent aussitôt. Ziska fut reçu cette fois à bras ouverts dans la ville. Le clergé, le sénat et la bourgeoisie accouraient au-devant de lui, et emmenaient les femmes et les enfants taborites dans leurs maisons pour les *héberger et les régaler*. Ses soldats couraient les rues, décoiffant les dames catholiques et coupant les moustaches à leurs maris. Plusieurs villes se déclarèrent taborites [1], et envoyèrent leurs hommes à Prague pour offrir leurs services à l'*aveugle*. Un nouveau renfort était arrivé à Wisrhad, et l'empereur s'avançait à grandes journées. Ziska fit établir des lignes depuis le couvent de Sainte-Catherine (qu'on venait d'abattre), jusqu'à la Moldaw, cerner la forte-

1. *Launi*, *Zalec* et *Slan*, dont il sera parlé depuis et qui furent mises au rang des villes sacrées de la prédiction.

rosse pour empêcher tout secours de troupes et de vivres, couper tous les arbres de l'archevêché, afin de découvrir les mouvements de l'ennemi, et les Praguois renouvelèrent avec transport le serment de ne jamais recevoir Sigismond.

VII.

Les forteresses de Prague qui tenaient pour l'empereur paraissaient imprenables, et, comptant sur l'approche de l'armée impériale, se riaient des préparatifs de cette populace. La garnison de Wisrhad regardait tranquillement les femmes et les enfants qui travaillaient jour et nuit à creuser un large fossé entre le fort et la ville. « *Que vous êtes fous!* leur disaient-ils du haut de leurs murailles; *croyez-vous que des fossés vous puissent séparer de l'empereur? vous feriez mieux d'aller cultiver la terre.* »

Cependant les Taborites n'étaient plus seulement le corps d'armée campé à Tabor; c'était une secte nombreuse et puissante. Plusieurs villes prenaient le nom de taborites, et la nouvelle doctrine se répandait dans toute la Bohême. Cette prétendue nouvelle doctrine, que les Calixtins accusaient de renchérir par trop sur les hardiesses de Jean Huss, n'était qu'un retour aux prédications des Vaudois, bien antérieures à celles de Jean Huss et de Wicklef lui-même. Nous verrons bientôt leurs *articles*. En attendant Sigismond, une vive fermentation des esprits amena beaucoup de ces phénomènes de l'extase que l'on retrouve dans toutes les insurrections religieuses. L'enthousiasme patriotique vibra sous cette pression du véritable magnétisme, de la foi, et des populations entières se levèrent à l'appel des nouveaux prophètes pour courir à la guerre sainte. La grande prophétie taborite qui fanatisa la Bohême à cette époque fut l'annonce de la prochaine arrivée de Jésus-Christ sur la terre. Il devait revenir juger les hommes sur les ruines de tous les royaumes, et, par les armes des Taborites, établir un nouveau règne, (ce *règne de Dieu*, cette république idéale, cette société fraternelle, promis par les évangélistes et les apôtres, et auxquels les premiers adeptes du christianisme ont cru dans un sens matériel.) Toutes les villes de la Bohême seraient alors ensevelies sous la terre, à la réserve de cinq qui devaient se montrer toujours pures et fidèles. Ces cinq villes reçurent des noms mystiques. Pilsen fut appelée *le Soleil*, Launi *la Lune*, Slan *l'Étoile*, Glato ou Klattaw *l'Aurore*, Zatek *Segor*. Les prêtres exhortaient le peuple à éviter la colère de Dieu qui allait fondre sur tout l'univers, et à se retirer dans les *cinq villes sacrées* ou *villes de refuge*. Beaucoup de riches bohémiens et moraves vendirent tous leurs biens à bas prix, et, à l'exemple des premiers chrétiens, s'en allèrent avec leurs familles en porter l'argent à la grande famille taborite.

Voilà l'impulsion ardente qui devait rendre ces hommes invincibles tant qu'elle brûlerait dans leurs âmes; et voilà ce que l'empereur ne prévoyait pas, ce que les soldats de ses forts ne comprenaient pas : ils riaient, derrière leurs murs inexpugnables, des fortifications des Taborites, faites de leurs chariots, dont ils formaient des barricades pour s'enfermer, et des lignes mobiles pour attaquer à couvert. Chaque famille taborite arrivait à Prague avec le sien portant vieillards, femmes et enfants, tous intrépides et aguerris. Ce chariot devenait le rempart et l'arsenal de la famille. On combattait derrière; on s'y retranchait, blessé; on le poussait avec fureur sur les fuyards : c'était une excellente arme de guerre. Les Impériaux apprirent bientôt à la redouter.

Enfin, au mois de juin de cette même année (1420),

Sigismond entra en Bohême, à la tête de cent quarante mille hommes, commandés par l'électeur de Brandebourg, les deux marquis de Misnie, l'archiduc d'Autriche et les princes de Bavière. Il fut bien reçu à Kœnigsgratz, ville catholique et royaliste, apanage des reines de Bohême, où il avait toujours tenu de fortes garnisons. Tous les seigneurs catholiques de la Moravie et de la Silésie venaient derrière lui. Tous ceux de la Bohême allèrent à sa rencontre. Ulric de Rosenberg, qui jusqu'alors avait été uni à Ziska, soit que le meurtre et la ruine de ses parents l'eussent aigri contre les Taborites, soit que l'empereur eût réussi à le gagner, comme le fait est assez prouvé, soit enfin que son esprit fût frappé d'une épouvantable vision qu'il eut à cette époque, et dans laquelle il vit Jésus-Christ, Jean Huss, saint Wenceslas et saint Adalbert lui apparaître dans une fantasmagorie tragique, alla abjurer le hussitisme entre les mains du légat du pape, et rejoindre l'empereur avec cinq cents cavaliers. Son premier exploit fut d'enlever une ville hussite et d'en raser les murailles; mais, ayant été défier Ziska au pied du mont Tabor, il y fut reçu et taillé en pièces par Nicolas de Hussinetz. Ainsi, il rejoignit l'empereur non en vainqueur mais en fugitif; et ce premier fait d'armes malheureux fut d'un mauvais augure pour l'armée impériale.

Cette formidable armée manquait précisément de l'union et de l'*idée* qui faisaient la force des Hussites. Les princes qui la commandaient s'étaient fait de mortelles injures, et fraîchement réconciliés pour cette expédition, ne s'en haïssaient pas moins. L'empereur les méprisait tous assez volontiers, eux et leurs sujets. Il avait un profond dédain pour les Moraves, les Silésiens, les Hongrois, enfin pour tous ceux de la race slave. Quant aux hordes de mercenaires qui faisaient le gros de l'armée, on n'avait pas de quoi les payer; et le pillage, sur lequel ces sortes de troupes comptaient, venant à leur manquer, grâce aux précautions de Ziska, qui avait ravagé le pays d'avance, l'armée impériale était déjà mécontente avant d'avoir tiré l'épée.

Cependant elle arriva sans encombre sous les murs de Prague. Les villes lui ouvraient leurs portes, et elle n'y trouvait que des catholiques, empressés de la recevoir. Tous les Hussites étaient à Prague, et Sigismond n'en put saisir que vingt-quatre à Litomeritz, qu'il fit jeter dans l'Elbe. La ville sacrée de Slan elle-même lui ouvrit ses portes; mais il n'osa y entrer, craignant une embûche. Enfin, étant arrivé devant Prague, le 30 juin, il essaya d'abord une guerre d'escarmouches, dans laquelle il perdit beaucoup de monde, et le 11 juillet il se décida à livrer un assaut général. *Les Taborites se battirent en désespérés pour leurs autels et leurs foyers.* Les troupes impériales réussirent à s'emparer du *Petit-Côté*. Un corps de Hongrois se porta dans le grand enclos de l'archevêché; mais les Taborites, venant renforcer les habitants de Prague sur tous les points compromis, décidèrent la victoire, et repoussèrent les Impériaux jusqu'à la Moldaw. Ziska, qui se gardait assez ordinairement pour les coups décisifs, se tenait retranché et bien fortifié, avec l'élite de ses Taborites, sur une haute montagne, à l'orient de la *nouvelle ville*, près du gibet de Prague [1]. Les Allemands, voyant en lui le destin de la bataille, allèrent l'y attaquer avec la résolution de le forcer. L'infanterie saxonne coupa les fascines, combla les fossés, et fraya le chemin à la cavalerie. Ziska se défendait terriblement. Le robuste et intrépide vigneron Robyck combattit à ses côtés et repoussa plusieurs fois l'ennemi. Deux femmes et une

1. Ce lieu porte encore le nom de *Montagne de Ziska.*

jeune fille taborites firent des prodiges de valeur, et tombèrent percées de coups, sous les pieds des chevaux, ayant refusé, à plusieurs reprises, de se rendre. Cependant le nombre des assiégeants grossissait toujours; et Ziska était aux abois, lorsque les Taborites de la nouvelle ville, conduits par Jean le Prémontré, qui portait le calice en guise d'étendard, s'élancèrent à la défense de leur chef, et repoussèrent les Impériaux avec perte, quoiqu'à chaque instant l'empereur leur expédiât de nouveaux détachements. Il fallut abandonner l'attaque ce jour-là. Quelques jours après, la main d'une femme acheva la défaite des Impériaux. Une Praguoise taborite s'introduisit, la nuit, dans leur camp, par un grand vent, et mit le feu aux machines de siége. Beaucoup de richesses et d'effets de grand prix furent consumés; mais ce qui causa la plus grande perte, en cette circonstance, fut l'incendie de toutes les échelles. L'armée impériale fut consternée de ce dernier échec, et l'empereur, effrayé, leva le siége le 30 juillet. *Il avait duré un mois, durant lequel ceux de Prague, pour montrer qu'ils n'avaient pas peur, ne fermaient les portes ni jour ni nuit.* Le jour même de son départ, il fit la misérable bravade de se faire couronner roi de Bohême, dans la forteresse de Saint-Wenceslas, par l'archevêque Conrad. Il créa plusieurs chevaliers, et, en s'en allant, il enleva les trésors que son père et son frère avaient cachés à Carlstein, et les lames d'or et d'argent dont les tombeaux des saints étaient couverts, dans la basilique de Saint-Wenceslas. Il engagea plusieurs villes de Bohême au duc de Saxe pour payer ses troupes, les joyaux de la couronne à des banquiers, et les reliques impériales aux Nurembergeois.

La retraite de Sigismond fut désastreuse. Harcelé par les Hussites, de défaite en défaite, il regagna la Hongrie, licencia ses troupes, et ordonna aux garnisons allemandes qu'il laissait dans les forteresses de Bohême de ravager les terres des seigneurs de Podiebrad dont il avait eu à souffrir particulièrement durant cette malencontreuse croisade. C'est cette intrépide et persévérante famille des Podiebrad qui a donné quelques années plus tard un roi hussite à la Bohême.

Ziska quitta Prague peu après Sigismond, et alla de nouveau travailler à affamer l'armée impériale lorqu'il lui plairait de revenir; c'est-à-dire qu'il reprit son système de ravage et d'extermination, ne perdant pas un seul jour pour cette œuvre de patriotisme infernal, ne laissant pas refroidir un instant la sanglante ferveur de ses Taborites.

Pendant son absence, les Praguois continuèrent à attaquer les forteresses de Wisrhad et de Saint-Wenceslas qui, toujours garnies d'Impériaux et munies de machines de guerre, n'osaient remuer et se bornaient à la défensive. Une nuit, les Taborites de la nouvelle ville ayant échoué devant Wisrhad et se retirant en désordre, trouvèrent les portes de la nouvelle ville fermées derrière eux, par ordre du sénat. Si la garnison impériale eût osé se hasarder quelques pas plus loin, cette courageuse phalange de Taborites eût été anéantie. Elle ne dut son salut qu'à la timidité des Impériaux, qui rentrèrent dans leur fort sans se douter que l'ennemi était à leur merci. Le lendemain, ces Taborites, indignés de la perfidie du sénat, remplirent la ville de leurs imprécations, et tous les Taborites de Prague se préparèrent à abandonner cette lâche cité pour laquelle ils avaient versé leur sang et qui les immolait aux terreurs de son juste-milieu. Le Prémontré fit comprendre au peuple que son salut était dans les Taborites. La bourgeoisie, effrayée, convoqua les prêtres, les magistrats et les principaux citoyens. Le moine se chargea de porter la parole pour cette réconciliation. Amende honorable fut faite aux Taborites. Le sénat protesta que les portes avaient été fermées par inadvertance. On conjura les défenseurs de la liberté de rester dans Prague. Malgré les larmes et les prières de la peur, un grand nombre de Taborites plièrent bagage, secouèrent la poussière de leurs pieds, remontèrent sur leurs chariots, et s'en allèrent, la *monstrance* en tête, rejoindre Ziska et le renforcer dans ses excursions.

Il leur donna autant d'ouvrage qu'ils en pouvaient désirer. Arrivé devant Prachatitz, où il avait fait ses premières études, il offrit sa protection à cette ville, à condition qu'elle chasserait les catholiques. Mais ces derniers, qui étaient en nombre, lui firent répondre *qu'ils ne craignaient guère un mince gentilhomme tel que lui.* Le redoutable aveugle leur fit chèrement expier cette impertinence. Il s'empara de la ville en un tour de main, fit sortir les femmes et les enfants, égorgea tous les catholiques, et mit le feu à l'église où s'était réfugié le juste-milieu; huit cents personnes périrent sous les décombres.

Le 15 de septembre, les Taborites, les Orébites et *ceux des villes sacrées, ayant à leur tête des chefs d'une valeur éprouvée*, recommencèrent le siége du fort de Wisrhad. La garnison, épuisée et découragée, écrivit à l'empereur qu'elle ne pouvait tenir plus d'un mois, et n'en reçut que des promesses. Nicolas de Hussinetz intercepta les vivres, et les lettres que l'empereur envoya enfin pour annoncer son arrivée. Réduits à la dernière extrémité, ceux de Wisrhad ayant tenu encore cinq semaines, et mangé *six-vingts chevaux, des chiens, des chats et des rats*, envoyèrent leurs officiers aux Praguois pour capituler. Il fut convenu qu'on se tiendrait tranquille de part et d'autre pendant quinze jours, et que le seizième, si l'empereur n'envoyait point de vivres, la garnison se rendrait aux Hussites sans coup férir.

Pendant ce temps, Sigismond ayant assemblé une nouvelle armée, s'arrêtait à Cuttemberg. Sa Majesté impériale, plongée dans une profonde mélancolie, *tâchait de divertir son chagrin avec des instruments de musique.* Un autre délassement était d'envoyer ses *hussards* incendier et massacrer, sans épargner ni femmes ni enfants, sur les terres des seigneurs bohèmes qui avaient embrassé le hussitisme. Il parlementa avec les députés praguois, essaya de les tromper, et finit par les menacer avec sa brutalité ordinaire, qui l'emportait encore sur ses instincts de ruse et de fraude. Enfin, le 31 octobre, il parut devant de Prague avec une armée qu'il avait fait venir de Moravie. Il se montra sur une colline voisine de Wisrhad, l'épée à la main, donnant ainsi à la garnison le signal du combat. Mais il était trop tard d'un jour; le terme de la convention était expiré de la veille. Ceux *de Wisrhad, en gens de parole*, et touchés de la foi que les Taborites leur avaient gardée en les laissant tranquilles durant la trêve, ne répondirent pas au signal de l'empereur. Un morne silence planait sur la forteresse. Ces malheureux soldats, épuisés par la faim et les maladies, restaient comme des spectres autour de leurs créneaux, immobiles témoins du combat qui s'engageait sous leurs yeux. L'empereur, stupéfait d'abord, entra bientôt dans une grande fureur; et comme ses officiers, admirant avec tristesse les ingénieuses fortifications des Taborites, l'engageaient à ne pas exposer sa personne et son armée dans une entreprise impossible: « Non, non, s'écria-t-il, je veux châtier ces *porte-fléaux*. — Ces fléaux sont fort redoutables, reprit un des généraux. — Ah! vous autres Moraves, s'écria Sigismond hors de lui, je vous savais bien poltrons, mais pas à ce point! » Aussitôt les cavaliers descendant de cheval : « Vous allez voir, dirent-ils, que nous irons où vous n'irez pas. » Ils se jetèrent audevant de ces *fléaux de fer que l'empereur avait si fort méprisés*, et il n'en revint pas un seul. Les Hongrois, voulant les venger, eurent à dos ceux des villes sacrées et prirent la fuite. L'empereur piqua des deux et s'échappa à grand'peine. Les Praguois les poursuivirent et ne firent quartier à aucun de ceux qu'ils purent joindre. *La plus grande partie de la noblesse de Moravie y demeura.* Plus de trois cents grands seigneurs bohêmes du parti de l'empereur restèrent là quatre jours sans sépulture, abandonnés aux chiens. L'infection fut horrible. Un chef hussite, *touché de compassion du sort de tant de braves gens*, les fit enterrer à ses frais dans le cimetière de Saint-Pancrace.

Le jour de cette seconde victoire fut clos par une scène touchante. La garnison de Wisrhad, fidèle à son serment, se rendit à ceux de Prague avec toutes les machines de guerre de la citadelle. Les assiégeants reçurent les assiégés à bras ouverts. Ils se hâtèrent d'assouvir la faim qui les dévorait depuis si longtemps, et leur donnèrent des vêtements, des vivres à emporter, *et tout ce qui leur était nécessaire pour se retirer en bon état et en bon ordre.* Le lendemain, au point du jour, on vit la population en masse inonder la citadelle, non pour la fortifier, mais pour la détruire. Il fallait anéantir cette place meurtrière, arme si sûre et si redoutable aux mains de l'ennemi; ce fut l'affaire de deux jours. Elle avait duré sept cents ans, et devint un jardin potager. Le 3 novembre, les Praguois allèrent en procession sur le champ de bataille, et rendirent grâces à Dieu dans leurs hymnes bohémiens.

L'empereur se vengea de sa défaite en ravageant les terres des Podiebrad. Un seul de ces seigneurs avait refusé jusque-là d'adhérer au hussitisme. Il courut à Prague embrasser la doctrine. Tel devait être l'effet des violences de Sigismond. L'empereur se retira, après avoir fait tout le mal possible au pays, où il exerça des cruautés pires que toutes celles de Ziska. Celui-ci épargnait du moins, autant que possible, les femmes et les enfants, et recevait à merci tous ceux qui se rendaient sincèrement. Sigismond n'épargnait rien, et, dans sa rage aveugle, immolait ensemble amis et ennemis. Les Orébites firent peser sur les couvents d'horribles représailles. Ceux des moines qu'ils ne brûlaient pas, ils les laissaient enchaînés sur la glace, pour les faire périr de froid.

Après leur victoire, les Praguois, *n'ayant plus rien que de funeste à attendre de la part de Sigismond*, assemblèrent les principaux seigneurs, afin d'élire un autre roi, et ceux-ci se déclarèrent pour Jagellon, roi de Pologne, chrétien de fraîche date, qui semblait ne devoir pas les inquiéter dans leur religion. Mais les Orébites et les Taborites repoussèrent vivement cette proposition. *A peine avons-nous chassé un roi étranger*, disait Nicolas de Hussinetz (l'intrépide associé de Ziska) *que vous en demandez un second.* Indigné de leur dessein, il fit sortir de Prague tous ses Taborites, et s'en alla avec eux assiéger et battre les villes impériales de l'intérieur.

Cependant il rentra peu après dans la capitale avec des intentions énergiques. Les Orébites n'étaient pas moins mécontents que lui du juste-milieu hussite. A peine le danger était-il passé, que les Calixtins, mécontents de la vie austère qu'entraînait pour eux le système dévastateur de Jean Ziska, oubliaient qu'ils devaient leur salut à sa science militaire, à sa bravoure, et à l'élan irrésistible de ses fougueux disciples. Ils affectaient alors une grande horreur pour les cruautés commises envers les moines, et cette compassion, qui eût honoré des âmes sincères, n'était qu'une hypocrite défection, chez un parti qui se portait aux mêmes excès quand il croyait à l'impunité. Les sectes ardentes s'étant rencontrées sous les murs d'une ville catholique avec des assiégeants calixtins, ceux-ci affectèrent de communier en grand appareil, et leurs prêtres portèrent l'Eucharistie, revêtus de riches ornements. C'était scandaliser ces austères réformateurs, qui voulaient effacer toute trace des pompes de l'ancien culte et abolir toute suprématie temporelle du clergé. Ils se jetèrent sur les prêtres calixtins: *A quoi servent*, leur dirent-ils, *ces habits de comédiens? Quittez-les, et communiez avec nous sans ces oripeaux, ou nous vous les arracherons.* Quelques chefs des deux partis apaisèrent cette querelle; mais Nicolas de Hussinetz marcha sur Prague, et enjoignit, avec menaces, à la communauté calixtine de préposer autant de Taborites que de Praguois à la garde des tours et aux délibérations des conseils. Ceux de Prague répondirent naïvement que, l'ennemi étant loin, ils n'avaient que faire d'être si bien gardés et si bien conseillés. On se querella particulièrement sur les opinions religieuses, et c'est alors qu'on s'aperçut d'une dissidence d'opinion alarmante pour les modérés. L'aigreur en arriva au point qu'il fallut entrer en délibération sérieuse pour un accommodement. On convoqua les représentants de tous les partis dans l'église de Saint-Ambroise. Ceux des deux villes de Prague eurent pour chacun leur place à part, et les Taborites également; seulement on défendit qu'il y eût là ni femmes ni prêtres. Les Taborites avaient de grandes idées d'émancipation pour leurs femmes, les admettant à une égalité de condition et de discussion, qu'elles justifiaient bien par leur conduite héroïque jusque sur les champs de bataille. En outre, ils avaient pour leurs prêtres une vénération extrême: les ayant dépouillés de tout caractère temporel, et de tout privilége social, ils les regardaient comme des saints et comme des anges, et il fallait que ces prêtres fussent tels en effet pour dominer par le seul ascendant moral. Ils furent donc très-irrités de cette exclusion de leurs prêtres et de leurs femmes d'une conférence décisive, et voulurent se retirer; mais comme Nicolas de Hussinetz sortait de la ville un des premiers, son cheval tomba dans une fosse et lui cassa la jambe. On le rapporta dans Prague, et on le déposa dans la maison abandonnée ou conquise des seigneurs de Rosenberg. Il y mourut de la gangrène, ce qui jeta les Taborites dans une grande consternation. Ils perdaient en lui un grand appui, et un chef redoutable aux partis contraires. Ziska, qui avait voulu jusque-là n'être censé que le premier après lui, fut proclamé général en chef des Taborites.

Enfin l'assemblée fut fixée et acceptée de part et d'autre. L'université, qui était toute calixtine, y assista, et procéda à la lecture des articles proclamés par les Taborites, pêle-mêle avec celle qu'on leur imputait. Au reste, la plupart de ces articles méritent d'être rapportés, ne fût-ce que pour les lectrices qui aiment, avant tout, la couleur historique. Rien ne montre mieux l'exaltation à la fois sauvage et sublime des Taborites, et ne résume mieux les doctrines de L'ÉVANGILE ÉTERNEL que cette déclaration des droits divins de l'homme au quinzième siècle. Leur style mystique est plus éloquent pour peindre la situation à la fois violente et romanesque de la Bohême à cette époque que le récit des événements même, et nous prions nos lectrices de ne point sauter ce chapitre,

VIII.

LA PRÉDICTION TABORITE.

1. « Cette année du Seigneur (1420) sera la consommation du siècle, et la fin de tous les maux. Dans ces jours de vengeance et de rétribution, tous les ennemis de Dieu et tous les pécheurs du monde périront sans qu'il en reste un seul. Ils périront par le fer, par le feu, par les sept dernières plaies, par la famine, par la dent des bêtes, par les serpents, les scorpions, et par la mort, comme cela est dit dans l'Ecclésiaste.

« Dans ce temps de vengeance il ne faut donc avoir aucune compassion ni imiter la douceur de Jésus-Christ, parce que c'est le temps du zèle, de la fureur et de la cruauté. Tout fidèle est maudit s'il ne tire son épée pour répandre le sang des ennemis de Jésus-Christ et pour y tremper ses mains, parce que bienheureux est celui qui rendra à la grande prostituée (l'Église romaine) le mal qu'elle a fait.

2. « Dans ce temps de vengeance, et longtemps avant le jugement dernier, toutes les villes, bourgs et châteaux, et tous les édifices seront détruits comme Sodome, et Dieu n'y entrera point, ni aucun juste.

3. « Dans ce temps-là, il ne resta que cinq villes (les villes sacrées désignées plus haut) où les fidèles seront forcés de se réfugier, aussi bien que dans les cavernes et les montagnes où sont assemblés aujourd'hui les vrais fidèles.

« Ces fidèles assemblés aujourd'hui dans les montagnes sont le corps mort autour duquel s'assemblent les aigles, c'est-à-dire les armées du Seigneur pour exécuter ses jugements.

4. « Prague sera détruite comme Gomorrhe.

5. « Tout seigneur, vassal ou paysan qui ne fera point *avancer la loi de Dieu* (on ne peut définir plus purement la doctrine du progrès), un tel homme sera foulé aux pieds comme Satan et comme le dragon. Dans ces jours de vengeance les femmes pourront quitter leurs maris et même leurs enfants (pour fuir le péché) et se retirer sur les montagnes et dans les villes de refuge. »

Après ces prédictions sinistres et menaçantes arrive la formule du monde idéal des Taborites. C'est le même rêve que celui du *règne de Dieu* sur la terre, annoncé par les disciples de Jésus, et attendu immédiatement après sa mort.

6. « Dans ce nouvel avénement de Jésus-Christ, l'Église militante sera réparée jusqu'au dernier fondement, et il n'y aura plus nul péché, nul scandale, nulle abomination, nul mensonge. Les fidèles seront sans tache, et brillants comme le soleil.

7. « Dans cette réparation, les élus ressusciteront; et Jésus reviendra du ciel avec eux. Il conversera sur la terre et tout œil le verra, et il donnera un grand festin sur les montagnes. Jusque-là les élus ne mourront pas. Ils iront dans le ciel et en reviendront avec Jésus-Christ, et on verra s'accomplir ce qui a été prédit dans Isaïe et par l'Apocalypse.

8. « C'est alors qu'il n'y aura plus ni persécution, ni souffrance, ni oppression, et qu'il ne sera point permis d'élire un roi, parce que Dieu seul régnera, et que le royaume sera donné au peuple de la terre.

9. « C'est alors que personne n'enseignera plus son frère, mais qu'il sera enseigné de Dieu; qu'il n'y aura plus de loi écrite, et que la Bible même sera détruite, parce que la loi étant écrite dans tous les cœurs, il ne faudra plus de doctrines : car tous les passages où l'Écri-

ture prédit des persécutions, des erreurs, des scandales, n'auront plus de sens.

10. « Dans ce temps-là, les femmes engendreront par l'amour sans que les sens y aient part, et elles enfanteront sans douleur. »

Nous avons essayé de reconstruire la suite de cette prédiction, dont les articles nous sont transmis dans un tel désordre qu'elle n'aurait pas de sens. Je soupçonne quelque malice de l'université calixtine dans cette interversion. Il y a dans la prédiction et dans les préceptes qu'elle entraîne deux phases bien distinctes : une *de zèle, de fureur et de cruauté*, où tous les excès du fanatisme sont sanctifiés dans le but d'amener le règne de Dieu annoncé dans la seconde ; et dans cette seconde, toutes les prescriptions sont d'amour et de fraternité. En entremêlant les articles consacrés à formuler ces deux phases, le jugement dernier et le prochain paradis sur la terre, on a fait du ciel des Taborites un enfer, et de leur idéal de perfection un coupe-gorge. Mais il suffit du plus simple bon sens pour rétablir le sens et l'ordre logique de cette profession de foi.

Après cette double prédiction vient, dans le *Manuscrit de Breslaw*, une série de prescriptions qui ont le plus grand rapport avec celles des Vaudois et des Lollards. Si l'on veut se rendre un compte exact des trois ou quatre cents articles qui furent condamnés par l'Église, chez toutes les sectes du joannisme et chez celle des Taborites en particulier, on le peut faire soi-même en prenant le contre-pied de tous les préceptes de la discipline catholique. « Point de prélats, c'est-à-dire point de richesses dans l'Église. Point de distinctions, point d'autorité pour elle dans la société laïque, point d'intervention dans les actes de cette société pour les sacrements. Point de temples ; la prière en pleins champs, au sein de la nature, temple que l'Éternel a consacré pour tous les hommes. Point de cérémonies somptueuses; des rites simples; la mission du pasteur apostolique et gratuite. Point de canonisation, point de purgatoire, point de cimetières, point d'indulgences, tous moyens honteux de vendre aux simples les dons de la grâce et les secours de la rédemption, que le Sauveur a également répartis entre tous les hommes, sans instituer des spéculateurs pour en profiter pécuniairement. *Point de prières pour les morts*; cette idée-là était profonde, les catholiques la condamnèrent sans la comprendre, et en conclurent que certaines sectes ne croyaient pas à l'immortalité de l'âme. Nous verrons cette idée se développer et s'expliquer plus tard. Point d'huile consacrée ni de vaines cérémonies; le baptême dans l'eau des fontaines comme celui que Jésus reçut lui-même de Jean. Point d'offices latins ni d'heures canoniales; chacun doit comprendre sa prière et l'offrir à Dieu du fond de son cœur. Point de pape, l'Église du Christ n'a qu'un chef, qui est Jésus dans le ciel; c'est une abomination que de lui donner sur la terre un représentant chargé de crimes et d'iniquités. Point de confession auriculaire; Dieu seul peut connaître nos cœurs et remettre nos péchés. Si quelqu'un veut se confesser à son frère, que pour toute pénitence son frère lui dise : *Va, et ne pèche plus*. Point d'habits sacerdotaux, ni d'ornements d'autels; point *de robes*, *de corporaux*, *de patènes*, *ni de calices*, etc., etc. Enfin, partout le renoncement, c'est-à-dire l'égalité fraternelle, la doctrine pure et simple du divin maître; et pour commencer ce grand œuvre, la destruction de tous les pouvoirs et de tous les moyens de la théocratie. »

Proclamer ainsi l'égalité dans l'ordre spirituel c'était la proclamer de reste dans l'ordre social. L'Église et les trônes l'avaient si bien senti qu'ils s'étaient ligués pour étouffer cette doctrine. Ils n'avaient fait que martyriser ceux qui la proclamaient; et, quant à ceux-ci, chacun sait l'histoire de leurs augustes et profondes vicissitudes; quant à la doctrine, on voit qu'elle revivait plus ardente que jamais chez les Taborites, car tout ce que nous venons de mentionner, ils le professaient quasi textuellement. Mais ce qui distingue les Taborites de plusieurs autres sectes, c'est leur sentiment sur l'Eucharistie. On sait que le dogme de la *transsubstantiation* ne fut introduit dans l'Église qu'en 1215, au concile de Latran, et que le *retranchement de la coupe*, qui en fut regardé comme la conséquence nécessaire, date de la même époque. Jusque-là, le dogme idolâtrique de la *présence réelle* n'était point un article de foi; et la substance divine dans le pain consacré avait été expliquée et acceptée symboliquement par les intelligences les plus élevées du catholicisme. M'est avis qu'au quinzième siècle et après la guerre même des Hussites, les esprits les plus forts de l'Église, Æneas Sylvius particulièrement (Pie II), croyaient à cette transsusbstantiation beaucoup moins littéralement que le peuple. J'ai de fortes raisons pour le croire; mais ce n'est pas ici le lieu de les exposer. Quoi qu'il en soit, plusieurs sectes très-ennemies de l'Église à tout autre égard, avaient accepté le dogme de la *présence réelle*. Les Lolhards de Bohême, les Picards et enfin la plupart des Taborites le rejetèrent absolument dans le sens étroit où l'Eglise avait fini par l'entendre. Ces derniers disaient que « Jésus-Christ n'est point corpo- « rellement et sacramentellement dans l'Eucharistie, et « qu'il ne faut pas l'y adorer, ni fléchir les genoux de- « vant ce sacrement, ni donner aucune marque du culte « de latrie. » On ne saurait être plus explicite. Ils ajoutaient « qu'on prend aussi bien le corps et le sang de « Jésus-Christ dans le repas ordinaire que dans l'Eucha-

« ristie, pourvu qu'on soit en état de grâce. » C'était rétablir l'idée pure de Jésus-Christ, et rendre à la communion son sens réel, sans lui ôter son sens mystique et divin.

Quand le recteur de l'Université eut achevé cette lecture, les docteurs calixtins incriminèrent tous les articles, et proposèrent d'en démontrer la fausseté. Les Taborites n'en acceptèrent pas unanimement toute la responsabilité; quelques-uns réclamaient, disant : « Au concile de « Constance, on nous a mis sur le corps quarante articles hérétiques; « ici, c'est bien pis : on nous en impose septante. » On demanda copie de tous ces articles pour y répondre. Nicolas Biscupec, principal prêtre des Taborites, prit la parole pour proscrire le luxe du clergé calixtin, et pour l'accuser de posséder encore des biens séculiers. Les questions du dogme furent écartées, sans doute à dessein ; car les prédictions taborites avaient un sens profond et une application sociale terrible, que leurs docteurs, suivant la coutume et les nécessités du temps, avaient résolu, j'imagine, de ne pas divulguer. La discussion porta donc sur des questions de forme, sur des pratiques extérieures, et devint toute personnelle entre les docteurs des deux camps. Au fait, la question imminente du moment était de régler les attributions et les pouvoirs du nouveau clergé. Les prêtres du juste-milieu haïssaient les prêtres catholiques, mais n'étaient pas fâchés de succéder à leurs richesses, à leurs satisfactions de vanité, à leur influence politique; ils s'efforçaient de retenir le plus possible, pour leur compte, des priviléges et des jouissances attachés au sacerdoce. Les prêtres taborites, véritables apôtres, tour à tour farouches et vindicatifs comme saint Matthieu, charitables et ascétiques comme saint Jean, entraient avec ferveur et sincérité dans la vie évangélique. Ils subsistaient d'aumônes comme les moines franciscains; ils étaient pauvrement vêtus, permettaient à leurs disciples laïques d'administrer la communion et de se communier eux-mêmes, refusaient d'entendre la confession auriculaire, niaient le monopole ecclésiastique de tous les sacrements, n'exerçaient, en un mot, qu'un ministère d'enseignement et de prédication. Peut-être l'Église d'aujourd'hui, qui, malgré ses *puffs* et ses *réclames*, marche rapidement à sa ruine au milieu des fêtes et des mascarades, fera-t-elle bien, dans ses intérêts, quand le temps fatal sera venu, de se borner à ces moyens sincères et sublimes des prêtres taborites. Il est certain que jamais clergé n'eut une autorité morale plus étendue, et ne rassembla d'aussi fervents adeptes, et cela dans un temps où le seul nom de prêtre allumait la rage des populations.

Il est certain que, de nos jours déjà, des membres du clergé de France ont eu la généreuse et courageuse pensée de réhabiliter, par le renoncement et la prédication évangélique, la mission du prêtre; mais de ce moment ils ont été taxés d'hérésie. Il a fallu se soumettre à l'Église ou se séparer d'elle, car qui dit Église dit Charte de certains pouvoirs immobilisés dans la société contre les progrès de l'esprit public et les inspirations individuelles.

On conçoit maintenant pourquoi le dogme de la présence réelle intéressait si fort l'église calixtine. L'homme qui s'arroge le pouvoir miraculeux de faire descendre la Divinité dans sa coupe, et qui est réputé seul assez pur pour tenir la matière divine dans ses mains, est revêtu, aux yeux des simples, d'un caractère magique. Il est un saint, un ange, il est presque Dieu lui-même. Il est peut-être plus que Dieu, puisqu'il commande à Dieu, et l'incarne à son gré dans la matière du pain. En imaginant ce dogme grossièrement idolâtrique, l'église romaine avait sanctifié la personne du prêtre; elle l'avait élevé au-dessus de la multitude comme au-dessus des rois; et toutes les résistances des sectes étaient une protestation du peuple contre cette révoltante inégalité, conquise, non par les armes de la vertu, de la sagesse, de la science, de l'amour, de la véritable sainteté, mais par un privilége digne des impostures des antiques hiérophantes. Le nouveau clergé qui surgissait en Bohême n'avait garde de rejeter de tels moyens. La noblesse et l'aristocratie, qui faisaient, là comme ailleurs, cause commune avec lui, ne se souciaient pas d'examiner le dogme au point de s'en désabuser. Mais le bas peuple, à qui la suprême droiture de la logique naturelle et la profonde suprématie du sentiment tiennent lieu de science dans de telles questions, voyait au fond de ces mystères mieux que l'Université, mieux que le Sénat, mieux que l'aristocratie, mieux que Ziska lui-même, son chef politique. Il est à remarquer, en outre, qu'à cette époque, grâce aux prédications d'une foule de docteurs hérétiques, dont les historiens parlent vaguement, mais sur l'action desquels ils sont unanimes, le peuple de Bohême était singulièrement instruit en matière de religion. Les envoyés diplomatiques de l'église de Rome en furent stupéfaits. Ils rapportèrent que tel paysan, qu'ils avaient interrogé, savait les Écritures par cœur d'un bout à l'autre, et qu'il n'était pas besoin de livres chez les Taborites, parce qu'il s'en trouvait de vivants parmi eux.

Un dernier mot pour résumer la situation des esprits à Prague en 1420. Je demande pardon à mes lectrices d'interrompre le drame des événements par une dissertation un peu longue. Les événements sont impossibles à comprendre, dans cette révolution surtout, si on ne se fait pas une idée des causes. Je trouve, dans le savant auteur dont je donne un résumé, cette réflexion bien légère pour un homme si lourd: « Si le rétablissement de la coupe était « d'une assez grande nécessité, pour mettre en combustion

« tout un royaume, ou si le même rétablissement était un « assez grand crime pour attirer une si furieuse tempête « sur les Bohémiens, c'est une question de droit, une « controverse de religion qui n'est pas de mon ressort. » Permis à l'auteur de trente-deux ouvrages *de poids*, au ministre protestant prédicateur de la reine de Prusse, de donner sa démission d'être pensant, tout en écrivant à grand renfort de mémoires et de documents l'histoire au dix-huitième siècle : mais il n'est pas permis aujourd'hui au plus mince de nos écoliers d'en prendre ainsi son parti, et de déclarer que nos aïeux étaient tous fous de se *mettre en combustion* pour de telles fadaises. Le rétablissement ou le retranchement de la coupe était la question vitale de l'Église constituée comme puissance politique. C'était aussi la question vitale de la nationalité bohémienne constituée comme société indépendante. C'était enfin la question vitale des peuples constitués comme membres de l'humanité, comme êtres pensants civilisés par le christianisme, comme force ascendante vers la conquête des vérités sociales que l'Évangile avait fait entrevoir. Les Taborites, en rejetant le dogme de la présence réelle, entendu d'une façon objective et idolâtrique, proclamaient un principe logique. Ils se débarrassaient du miracle clérical, du joug de l'Église, qui, depuis Grégoire VII, infidèle à sa mission spirituelle, s'appesantissait sur le front des enfants de Jésus-Christ. Les Calixtins, en ne réclamant que leur communion sous les deux espèces, et en refusant d'aborder le fond de la question, devaient perdre peu à peu la sympathie et le concours des masses, et faire avorter enfin une révolution qu'ils n'avaient entreprise et soutenue qu'au profit des castes privilégiées.

IX.

La conférence et le synode que tint ensuite tout le clergé hussite, pour tâcher d'éclaircir les dogmes, n'aboutirent à rien. On ne put s'entendre, les uns y portant trop d'emportement, les autres trop d'hypocrisie. Le parti calixtin, persistant dans sa résolution d'avoir un roi, envoya en ambassade deux *grands*, deux *nobles*, deux consuls de la bourgeoisie, et deux ecclésiastiques de l'Université (Jean Cardinal, et Pierre. l'Anglais), à Wladislas Jagellon, roi de Pologne, pour lui offrir la couronne de Bohême. Les *modérés* eurent la mortification bien méritée d'être éconduits. En vain ils exposèrent leurs griefs contre Sigismond, alléguant que les nations polonaise et bohême devaient faire cause commune, Sigismond étant l'ennemi de la *langue slave*, et ayant déjà causé de grands dommages à la Pologne; *Sa Sérénité* le roi de Pologne, qui craignait à la fois le saint-siége et l'empereur, les paya de défaites, s'effraya de leurs *quatre articles*, et finit, après les avoir promenés de conférences en conférences, par leur promettre sa protection pour les réconcilier avec Sigismond et avec le pape. Les mandataires du juste-milieu bohême subirent en outre la honte d'être logés en Pologne dans *des endroits séquestrés et inhabités;* parce que, comme le pape avait décrété d'interdiction tous les lieux souillés par leur présence, le *peuple aurait été privé du service divin* là où ils auraient séjourné.

Pendant ce temps, les Taborites continuaient leur guerre de partisans, et les troupes impériales entretenaient leur fureur par des provocations féroces. Les capitaines des garnisons de Sigismond faisaient des sorties, entraient à cheval dans les églises calixtines, massacraient les communiants, et faisaient boire le vin des calices à leurs chevaux. De leur côté, les Praguois enlevèrent le château de Conraditz, après que la garnison eut capitulé et se fut retirée à cheval. La forteresse fut brûlée.

Dès les premiers jours de l'année 1421, Ziska sortit de Prague pour aller visiter *ses bons amis et ses beaux-frères;* c'est ainsi qu'il appelait les moines. Il faut répéter ici que cette guerre aux couvents ne manquait pas de périls, et que Ziska y perdit beaucoup de monde. On ne les prenait déjà plus à l'improviste; tous s'étaient mis en état de défense, et soutenaient de véritables siéges. Les nonnes mêmes, appelant les troupes impériales à leur secours, faisaient bonne résistance, et subissaient les horreurs de la guerre. On les noyait dans leurs fossés, on les pendait aux arbres de leurs jardins. Beaucoup de ces infortunées, dit-on, moururent de peur avant que l'implacable main des Taborites se fût appesantie sur elles, ou de misère et de froid, en fuyant à travers les bois et les montagnes.

Ziska passait sans interruption et sans repos d'une conquête à l'autre. La ville royale de Mise[1] se rendit à lui volontairement. C'était la patrie de Jacobel, qui l'avait convertie au hussitisme. La forteresse de Schwamberg capitula après six jours de siége. Rockisane, patrie du fameux Jean Rockisane, qui devait bientôt jouer un grand rôle dans cette révolution, fut conquise. Chotieborz et Przelaucz eurent le même sort. Cottiburg se défendit; plus de mille Taborites y périrent. Commotau fut livrée par une sentinelle allemande, qui tendit son chapeau par un trou de la muraille, pour qu'on le lui remplit d'argent. Les Taborites châtièrent sa lâcheté après en avoir profité, et l'immolèrent le premier. Ziska avait été aigri

1. Ou *Meiss.*

durant le siége de cette ville par les bravades des femmes, qui s'étaient montrées nues sur les murailles pour l'insulter. Précédemment, plusieurs Taborites et deux de leurs prêtres y avaient été brûlés. Il fit passer deux ou trois mille citoyens au fil de l'épée, et cette fois n'épargna ni femmes ni enfants. On fit brûler les gentilshommes, les prêtres, et bon nombre d'ouvriers. Les femmes taborites se chargèrent de l'exécution des femmes catholiques, « sans même épargner les femmes grosses. » Cette ville d'*Iduméens* et d'*Amalécites*, comme disaient les Taborites, fut traitée avec toute la fureur que comportaient leurs sinistres prophéties. Un historien raconte avoir vu, plusieurs siècles après, des traces étranges de cette affreuse tragédie. « Dans le cimetière de cette ville, dit-il, « il y a une si prodigieuse quantité de dents humaines, « que, quand il pleut surtout, on peut amasser dans la « terre amollie des *dents toutes pures*. Si vous en« foncez le doigt dans la terre, vous y trouverez des *es-* « *saims de dents*. Et même dans les fentes des murailles, « où elles sont mêlées au ciment. Cela vient, m'a-t-on « dit, de ce que ceux qui ont été massacrés là n'ont « point été inhumés, etc. »

Après Commotau, les Taborites prirent Beraun, et s'y conduisirent avec plus de douceur; Ziska commanda d'épargner le sang. Les prêtres ne furent brûlés qu'après avoir refusé pendant tout un jour d'embrasser le hussitisme. Un jour de patience, c'était beaucoup pour les vainqueurs, à ce qu'il paraît. Les habitants de Melnik envoyèrent des députés pour faire leur soumission et accepter les articles du taborisme. Broda fut traitée comme Commotau, pour avoir été ennemie jurée de Jean Huss. Kaurschim, Kolin, Chrudim et Raudnitz se rendirent et firent profession de foi taborite. Les habitants furent les premiers à brûler leurs églises, à ruiner leurs couvents, à massacrer leurs moines, et à jeter leurs prêtres dans la poix ardente.

De là Ziska marcha vers la montagne de Cuttemberg, dans le Bœhmer-Wald. C'es là que les années précédentes, et récemment encore, les ouvriers des mines, qui étaient presque tous Allemands et du parti de l'empereur [1], avaient persécuté les Taborites. Ils se les achetaient les uns aux autres pour avoir le plaisir de les tuer. On donnait cinq florins pour un prêtre, et un florin pour un séculier. On en avait jeté dix-sept cents dans la première mine, treize cents dans la seconde, et autant dans la troisième. « C'est pourquoi, dit un historien, on a toujours célébré l'office des martyrs en ce lieu, le 8 avril, sans que personne ait pu l'empêcher, jusqu'en 1621. »

En apprenant l'approche du vengeur, ceux de Cuttemberg allèrent au-devant de lui, avec un prêtre qui portait l'Eucharistie. Ils se mirent tous à genoux pour demander grâce, et ils l'obtinrent. Quoi qu'on en ait dit, Ziska était dirigé en tout par les conseils de la politique, et ne se livrait à ses ressentiments que lorsqu'ils lui paraissaient nécessaires au succès de son œuvre. Les mines d'argent de Cuttemberg étaient le trésor du royaume; et Ziska, d'accord avec ceux de Prague, résolut de conserver cette province. Un prêtre taborite reprocha aux Cuttembergeois leur conduite passée, les exhorta à n'y plus retomber, et leur signifia les conditions de la paix. Tous ceux qui voudraient changer de religion seraient traités en frères; tous ceux qui ne le voudraient pas auraient trois mois pour vendre leurs biens et se retirer où bon leur semblerait. Il est triste de dire que la clémence

1. Ils jouissaient des grands priviléges accordés aux ouvriers et aux paysans de cette frontière depuis l'an 1040, pour l'avoir vaillamment défendue contre l'empereur Henri III. Ils ne payaient pas d'impôts, avaient un sénat particulier, etc.

de Ziska ne lui profita pas, et qu'il fut forcé de l'abjurer plus tard. Il est évident que, dans la marche politique qu'il s'était tracée, tout mouvement de pitié devenait une faute.

Vers cette époque, Ziska commença à sentir son autorité débordée par le zèle farouche de ses Taborites. Il les avait dominés jusque-là avec une grande habileté. Aux approches du premier siége de Prague, lorsque la nation ne connaissait pas encore bien ses forces, et voyait arriver, avec une rage mêlée de terreur, la nombreuse armée de Sigismond, Ziska, comprenant bien que le zèle religieux de Tabor pouvait seul donner l'élan nécessaire à une résistance désespérée, avait favorisé cet élan, et avait paru le partager entièrement. A cette époque de fièvre et d'angoisse, on l'avait vu revêtir le caractère de prêtre, afin d'imprimer plus d'autorité à son commandement. Il s'était fait taborite en apparence. Il avait administré lui-même la communion, il avait prêché et prophétisé comme les apôtres de Tabor et des villes sacrées. Après la défaite et la fuite de l'empereur, et durant les conférences pour la religion dont nous avons parlé plus haut, Ziska avait vu son influence dans les affaires et dans les conseils de Prague, très-ébranlée par son essai de taborisme. Il en avait été réprimandé par le clergé calixtin; et sans se prononcer contre les articles taborites incriminés, il avait adhéré, plutôt sous main qu'ostensiblement, aux quatre articles dont les Hussites modérés ne voulaient point sortir. Depuis cette époque, il demeura calixtin, et se fit toujours dire les offices *selon les missels* et administrer la communion par un prêtre calixtin, qui ne le quittait pas et qui officiait auprès de sa personne en habits sacerdotaux. Rien n'était plus opposé aux idées et aux sympathies des Taborites; et cependant, soit qu'il mît un art infini à leur faire accepter cette conduite, soit qu'ils sentissent le besoin de ce chef invincible, ils n'avaient point murmuré. Peut-être aussi étaient-ils trop divisés en fait de principes pour former une sédition de quelque importance. Mais, à mesure que l'adhésion des villes et le progrès de leur propagande leur donnèrent de l'assurance, un élément de révolte se manifesta dans leurs rangs. Les historiens ont presque tous donné indifféremment le nom de Picards à la secte qui s'était introduite au sein du taborisme, vers l'année 1417. Le moine Prémontré Jean en était un des plus ardents apôtres, et nous verrons bientôt qu'il essaya d'ébranler le pouvoir illimité du redoutable aveugle.

Ziska, sentant qu'un ferment de discorde s'était introduit parmi les siens, résolut de le combattre énergiquement. La capitulation de Cuttemberg n'avait pas été observée très-fidèlement par les Taborites de Prague; on avait maltraité plusieurs catholiques, en dépit de la foi jurée. A Sedlitz, dans le district Czaslaw, Ziska voulut épargner les bâtiments d'un superbe monastère, et défendit à ses gens de l'endommager en aucune façon. Cependant un d'entre eux y mit le feu durant la nuit. Ziska procéda, dit-on, pour découvrir et châtier cette désobéissance, avec sa ruse et sa cruauté accoutumées. Il feignit d'approuver l'incendie et de vouloir récompenser d'une bonne somme d'argent celui qui viendrait s'en vanter à lui. Le coupable se nomma. Ziska lui compta l'argent, et le lui fit avaler fondu; ensuite il décréta de fortes peines contre ceux qui mettraient désormais le feu sans son ordre. On peut croire, d'après cette mesure, qu'en plus d'une occasion ses intentions de vengeance à l'égard des vaincus avaient été outre-passées, et qu'il n'avait pas toujours été aussi obéi qu'il avait voulu le paraître. Cependant il se borna, pour cette fois, à faire périr à Tabor quelques-uns de ces Picards qui murmuraient contre lui;

et, entraînant ses Taborites dans une nouvelle course, il leur fit ou leur laissa détruire encore plus de trente monastères. Enfin, réuni à ceux de Prague, il prit Jaromir avec beaucoup de peine, et la traita fort durement, parce que ses habitants avaient déclaré vouloir se rendre aux Calixtins de Prague, et non à lui.

Pendant ce temps, Jean le Prémontré détruisait aussi des monastères : à Prague, il dispersa violemment la communauté des religieuses de Saint-Georges, qu'on avait épargnées jusque-là parce qu'elles étaient toutes filles de qualité. Ailleurs, il brûla les couvents et les moines. Dans un autre couvent de femmes, à Brux, sept nonnes ayant été massacrées au pied de l'autel, la légende rapporte que la statue de la Vierge détourna la tête, et que l'enfant Jésus, qu'elle portait dans son giron, lui mit le doigt dans la bouche.

Enfin la ville de Boleslaw se rendit à ceux de Prague, et le seigneur catholique Jean de Michalovitz, à qui l'on enleva dans le même temps une bonne forteresse, fut repoussé avec perte, après avoir tenté de reprendre Boleslaw.

X.

Tant de succès firent ouvrir les yeux au parti catholique sur l'importance et la force de la révolution. Un moment vint où, n'espérant plus la conjurer, il résolut de l'accepter, afin de n'être point brisé par elle. Sigismond ne pouvait inspirer d'affection à personne : il avait mécontenté tous ses amis. Les Rosenberg furent des premiers à l'abandonner, et une diète générale fut assemblée à Czaslaw, où presque toute la noblesse déclara qu'elle se détachait du parti de l'empereur. Quant à la religion, les Hussites, qui voulaient des gages, eurent bon marché de ces consciences si orthodoxes, et leur firent accepter leur quatre articles calixtins sans difficulté. Mais à ces quatre articles ils en ajoutaient un cinquième, qui portait l'engagement de ne reconnaître pour roi que l'élu de la diète nationale. Les villes de la Moravie, à qui on avait écrit d'adhérer à ces cinq articles ou de s'attendre à la guerre, envoyèrent des députés à cette diète pour faire savoir qu'elles se rangeraient aisément aux quatre premiers, mais que le cinquième était grave et demandait le temps de la réflexion. Ces actes officiels font assez voir que la foi catholique était peu brillante à cette époque ; que Rome n'était plus qu'une puissance temporelle, représentée par l'empereur plus que par le pape, et que si l'on n'eût craint une lutte politique avec ces potentats, on se fût volontiers raillé des décisions des conciles.

On ne nous dit pas si Ziska fut présent à cette diète, mais il est certain qu'il y donna les mains, et qu'il ne rejeta pas l'alliance des seigneurs catholiques contre Sigismond. Le gros des Taborites se laissait guider par lui ; mais les Picards, et ceux qui avaient été exaltés par eux et qui s'intitulaient déjà nouveaux Taborites ou Taborites réformés, l'en blâmèrent ouvertement. Ces Taborites picards étaient assez nombreux à Prague. Partout ailleurs ils eussent été sous la main terrible de Ziska. A Prague, ils pouvaient se glisser encore inaperçus entre les divers partis. Jean le Prémontré les échauffait de sa parole ardente et de son zèle fougueux. Il déclamait contre l'alliance avec les catholiques, signalait les Wartemberg et les Rosenberg surtout, comme capables de toutes les lâchetés et de toutes les trahisons, prédisait qu'ils perdraient la révolution et vendraient la Bohême au premier souverain qui voudrait acheter leur vote et leurs armes : la suite des événements prouva bien qu'il ne s'était pas trompé.

Malgré ces protestations, les catholiques furent acceptés, et, à leur tour, ils protestèrent contre Sigismond et contre l'Église. Conrad, archevêque de Prague, celui qui avait récemment couronné l'empereur, embrassa solennellement le Hussitisme et rompit avec Rome. Ulric de Rosenberg, cet athée superstitieux qui avait des visions, qui avait déjà abjuré deux fois, la première pour Jean Huss et la seconde pour Martin V, ce traître qui avait servi sous Ziska, et ensuite sous Sigismond, présida la diète avec l'archevêque, et proclama, en son propre nom et au nom de tous les membres du clergé et de la noblesse, les quatre articles calixtins et la déchéance de l'empereur au trône de Bohême. Il y a cependant des réserves perfides dans cette déclaration. Il y est dit textuellement qu'on défendra les quatre articles « envers et contre tous, » *à moins que peut-être on ne nous enseigne mieux par l'Écriture sainte, ce que les docteurs de l'académie de Prague n'ont encore pu faire.* A propos de la déchéance de Sigismond, il est dit encore : « Que de notre vie, *à moins que Dieu par quelque fatalité secrète ne semble le vouloir ainsi*, nous ne recevrons Sigismond, parce qu'il nous a trompés, etc. »

Cette convention fut faite au nom de Prague, des *citoyens de Tabor*, de toute la noblesse des villes, etc. Sans rien statuer pour l'avenir, le parti catholique et le juste-milieu, qui s'entendaient tacitement pour avoir un roi étranger, élurent vingt personnes *intègres et graves* pour administrer le royaume *pendant la vacance*; quatre consuls des villes de Prague représentant la bourgeoisie, cinq *seigneurs* représentant la grandesse de Bohême, sept *gentilshommes* représentant la petite noblesse, etc. A la tête des gentilshommes était nommé Jean Ziska, et le nombre des représentants de cette classe montre qu'elle était la plus nombreuse et la plus influente. Il était dit que ces *régents* auraient plein pouvoir ; mais la foule de réticences et de cas réservés qui suit cet article montre la mauvaise foi des catholiques ; ce sont autant de portes ouvertes pour s'échapper quand le vent de la fortune fera flotter les étendards de ces nobles vers un autre point de l'horizon. En cas de division dans le conseil des régents, la diète constituait deux prêtres comme conseils. L'un de ces deux prêtres dictateurs mourut de la peste en voyage ; l'autre, Jean de Przibam, dès qu'il fut de retour à Prague, eut affaire au terrible moine Jean, qui l'accusa d'avoir outre-passé son mandat de député, et le fit condamner et chasser de la ville. Le Prémontré avait alors beaucoup d'influence à Prague. Peu de temps après, il accusa de trahison Jean Sadlo, gentilhomme qui avait livré les Bohémiens aux Allemands dans un combat, et l'ayant appelé à comparaître sous de bonnes promesses, il le fit saisir de nuit et décapiter dans la maison de ville de la vieille Prague. Les catholiques et les Calixtins qui commençaient à s'inquiéter du Prémontré, espèce de Montagnard à la tête d'un club de Jacobins, firent de grandes lamentations sur le meurtre de Jean Sadlo, et le revendiquèrent dans les deux camps comme un membre fidèle de leur communion ; ce qui ne prouve pas beaucoup en faveur de la loyauté de ce Jean Sadlo.

Pendant que ces événements se passaient à Prague, Sigismond députait des ambassadeurs à la diète de Czaslaw. Ils eurent beaucoup de peine à s'y faire admettre, et ayant commencé leur discours par de longues louanges de l'empereur, ils furent brusquement interrompus par Ulric de Rosenberg, qui se montrait alors des plus acharnés contre son maître : « Laissez cela, leur dit-il, et nous montrez vos lettres de créance. » La lettre de l'empereur était mêlée de fiel et de miel. Il offrait la paix, son amitié, presque la liberté des cultes, la réparation des injures et des dommages commis par son armée : tout cela aux catholiques et au juste-milieu. Mais il donnait à entendre qu'il sévirait avec rigueur contre les Taborites, et menaçait, si on ne les abandonnait à sa colère, d'amener en Bohême *ses voisins et ses amis : quand même*, ajoutait-il, *nous saurions que cela ne se pourrait faire sans que vous en souffrissiez des pertes irréparables pour vous et votre postérité, et sans un déshonneur qui vous exposerait aux railleries mordantes du reste du monde*. Cette lettre maladroite et dure irrita tous les esprits. On eût peut-être sacrifié les Taborites, si l'on eût pu prendre confiance à la parole de Sigismond; mais on le connaissait trop : il avait eu le tort de se montrer. La réponse de la diète fut belle et fière.

« Très-illustre prince et roi, puisque votre auguste Majesté nous promet d'écouter nos griefs et nous invite à les lui faire connaître, les voici : — Vous avez permis, au grand déshonneur de notre patrie, qu'on brûlât maître Jean Huss, qui était allé à Constance avec un sauf-conduit de Votre Majesté. Tous les hérétiques ont eu la liberté de parler au concile; il n'y a eu que nos excellents hommes à qui on l'ait refusée. Vous avez fait brûler maître Jérôme de Prague, homme de bien et de science, qui y était allé également sous la foi publique. Vous avez fait proscrire, frapper d'anathème et excommunier la Bohême, et vous avez fait publier cette bulle d'excommunication à Breslaw, à la honte et à la ruine de la Bohême ; car vous avez excité et ameuté contre nous tous les pays circonvoisins, comme contre des hérétiques publics. Les princes étrangers que vous avez déchaînés contre nous ont mis la Bohême à feu et à sang, sans épargner ni âge, ni sexe, ni condition, ni séculier, ni religieux. Vous avez fait tirer par des chevaux et brûler à Breslaw Jean de Crasa, notre concitoyen, parce qu'il approuvait la communion sous les deux espèces. Vous avez fait trancher la tête à des citoyens de Breslaw pour une faute qui, à la vérité, avait été commise contre Wenceslas, mais qui avait été pardonnée. Vous avez aliéné le duché de Brabant, que Charles IV votre père avait acquis par de rudes travaux (*Herculeis laboribus*). Vous avez engagé la Marche de Brandebourg sans le consentement de la nation. Vous avez fait transporter hors du royaume la couronne impériale, comme pour nous exposer aux railleries et aux mépris de l'univers. Vous avez emporté les saintes reliques qui nous faisaient honneur, les divers joyaux amassés par nos ancêtres et légués aux monastères. Vous avez aliéné, contre nos droits et coutumes, la *mense royale*[1] et tout l'argent qui y était destiné à l'entretien des veuves et des orphelins. En un mot, vous avez violé et enlevé tous nos titres, droits et priviléges, tant en Bohême qu'en Moravie; et, par cette raison, vous êtes cause de tous nos désordres publics. C'est pourquoi nous prions Votre Majesté de nous restituer toutes ces choses et d'ôter de dessus nous tous ces opprobres; de rendre à la nation les trois provinces qui en ont été détachées à l'insu des trois ordres du royaume; de rapporter la couronne de Bohême, les choses sacrées de l'empire, les joyaux, la mense, les lettres publiques, les diplômes et tout ce qui a été soustrait; d'empêcher les nations voisines, et surtout celles qui sont comprises dans la Bohême (la Moravie, la Silésie, le Brabant, la Lusace et le Brandebourg), de nous troubler et de répandre notre sang. Nous prions aussi Votre Majesté de nous faire savoir sa résolution *claire et nette*, à l'endroit des quatre articles dont nous sommes absolument résolus de ne pas nous départir, non plus que de nos droits,

1. C'était un trésor public dont le roi ne pouvait disposer qu'en faveur des pauvres.

constitutions, priviléges et bonnes coutumes, etc. »

Il paraît que cette pièce a en latin un cachet de grandeur ou, pour mieux dire, de *grandesse* imposante qui montre ce que la haute seigneurie de Bohême avait été jadis, plutôt que ce qu'elle était désormais. Ces grands qui invoquaient leurs antiques priviléges, et qui faisaient consister l'honneur de la patrie dans leurs joyaux et dans leurs parchemins, ne voyaient pas par où ils étaient sérieusement menacés ; et en disputant à l'empereur les franchises de la nation, ils ne sentaient pas que la nation, désabusée de tout prestige, n'était plus là pour les leur faire reconquérir au prix de son sang. Le peuple voulait ces franchises pour lui-même, et non plus seulement pour ces grands et pour ces monastères qu'il écrasait et dévastait pour son propre compte. Le peuple voulait faire partie de ce corps respectable qu'on appelait le royaume ; et la haute noblesse, en ne donnant pas sincèrement les mains à son admission, ne faisait, en bravant l'empereur, qu'une inutile provocation. Il eût fallu opter. Elle crut pouvoir se soutenir par elle-même contre l'ennemi du dehors et contre celui du dedans. Les Taborites et les Picards protestèrent tout bas ; et au jour du danger, les nobles ne purent recouvrer leurs priviléges qu'en s'humiliant et en s'avilissant sous les pieds de l'empereur.

Sigismond répondit encore une fois qu'il était innocent de la mort de Jean Huss et de Jérôme de Prague, et que son intercession en faveur de la Bohême lui avait valu au concile des *choses fort dures à digérer ;* que ce n'était pas la Bohême en elle-même qui avait été flétrie et condamnée, mais de *mauvaises gens* qui avaient pillé, brûlé, etc. ; en d'autres termes, que la noblesse n'avait pas été compromise dans la proscription et pouvait se réhabiliter, grâce à lui ; mais que ces mauvaises gens, c'est-à-dire le peuple et ses apôtres, devoient être châtiés et déshonorés à la face du monde. L'empereur prétendait n'avoir emporté la couronne, les titres, les joyaux et les reliques que pour les soustraire aux outrages; que d'ailleurs ces mêmes grands qui lui reprochaient cette action comme un vol, l'y avaient autorisé eux-mêmes, de leurs conseils et de leurs sceaux. Il comptait remettre à l'arbitrage des princes *ses voisins et ses amis* les désordres et les dommages dont on l'accusait en Bohême. Il concluait en promettant à la grandesse une augmentation de priviléges, en reprochant avec amertume au peuple la destruction de Wisrhad, des temples augustes et des belles églises de Prague, et en le menaçant de la colère de ses amis, c'est-à-dire de l'invasion étrangère, s'il ne respectoit l'église de Saint-Weit et la forteresse de Saint-Wenceslas.

Pendant qu'on parlementait ainsi, Sigismond, comptant toujours sur ses armées, fit entrer en Bohême vingt mille Silésiens qui massacraient hommes et femmes, coupaient les pieds, les mains et le nez aux enfants. Aussi lâches que féroces, ils prirent la fuite sur la seule nouvelle que Ziska marchait contre eux. Les paysans et les troupes taborites des villes voisines, s'étant rassemblés à la hâte, voulurent les poursuivre jusqu'en Silésie. Mais le seigneur Czinko de Wartemberg, celui que le moine Jean avait déjà désigné comme un traître, entra en composition avec les ennemis, et défendit à ses gens d'incommoder leur retraite. Ambroise, curé calixtin de Graditz, souleva le peuple contre Czinko; et les paysans l'auraient assommé avec leurs fléaux ferrés, s'il ne se fût retiré au plus vite. Ambroise écrivit à Prague pour l'accuser de trahison, et vraisemblablement le Prémontré se hâta de prêcher contre lui. Il est probable qu'on eût pu conquérir la Silésie sans la défection de ce Wartemberg. Mais les grands justifièrent leur collègue, et le juste-milieu passa condamnation.

XI

La plupart des historiens placent à l'année 1421, au milieu de laquelle nous voici arrivés, la persécution principale de la secte des Picards par Jean Ziska. Voici ce qu'ils racontent :

Une fois, Ziska apprit qu'une secte (les uns disent qu'elle était composée de quarante personnes, les autres d'une grande multitude) s'était emparée d'une île dans la rivière de *Lusnitz* (je ne pense pas qu'aucune rivière ait d'île assez grande pour être occupée par une grande multitude). Cette secte était venue de France (de *la Gaule Belgique*) avec un prêtre nommé *Picard*, qui se disait fils de Dieu, et se faisait appeler Adam. Il faisait des mariages, ce qui n'empêchait pas que les femmes fussent communes entre eux; assertion fort contradictoire. Ils allaient nus, satisfaisaient leurs passions au milieu de leurs offices religieux, se livraient à mille déréglements qu'on ne peut même indiquer, et tout cela au nom de leur croyance, avec un fanatisme sérieux, se disant les seuls hommes libres, les seuls enfants de Dieu, les êtres purs par excellence, qui ne pouvaient pécher, parce qu'ils étaient arrivés à l'état de perfection et de sainteté qui n'admet plus la notion du mal. « Il en sortit un jour quarante de l'île, qui forcèrent les villages voisins et tuèrent plus de deux cents paysans, les appelant enfants du diable. Ziska les assiégea dans leur île, s'en rendit maître, et les passa tous au fil de l'épée, à la réserve de deux, de qui il voulait apprendre quelle était leur superstition, » et des femmes dont plusieurs accouchèrent en prison sans qu'on pût les convertir. Ulric de Rosenberg se donna le plaisir de les faire brûler. *Elles souffrirent le feu en riant et en chantant.* Les historiens appellent cette secte du nom de Picards, d'Adamites et de Nicolaïtes, indifféremment, et disent qu'elle se montra aussi en Moravie, dans une île de rivière ; qu'elle y pratiquait les mêmes délires, et y professait la même croyance. Elle y fut immolée par les catholiques, et souffrit les supplices avec le même enthousiasme.

On raconte que d'autres fois, à différentes époques, Ziska persécuta les Picards, et enfin qu'il les poursuivit à outrance en 1421. Deux de leurs prêtres, dont l'un était surnommé *Loquis*, à cause de son éloquence, furent arrêtés d'abord par un gentilhomme calixtin, et relâchés à la prière des Taborites ; puis arrêtés de nouveau à Chrudim ; ils furent attachés à un poteau par le capitaine de la ville, qui demanda à *Loquis*, en lui assénant un grand coup de poing sur la tête, ce qu'il pensait de l'Eucharistie. Martin Loquis répondit tranquillement que le dogme de la présence réelle était une profanation et une idolâtrie. Là-dessus les Calixtins voulurent les brûler. Mais le curé calixtin de Graditz, ce même Ambroise qui avait montré tant d'énergie dans l'affaire des Silésiens, intercéda pour les prisonniers, qui furent remis entre ses mains. Il les emmena à Graditz, les garda quinze jours, et tâcha vainement de les amener à ses sentiments. L'archevêque calixtin Conrad les fit conduire à Raudnitz, et les garda huit mois dans un cachot, défendant au peuple de les visiter, de peur de la contagion. Ziska les réclama, afin de les envoyer *brûler pour l'exemple* à Prague ; mais les consuls de Prague s'y opposèrent, *craignant une sédition dans la ville, parce que Martin Loquis y avait beaucoup de partisans.* Ils préférèrent envoyer un consul avec un bourreau à Raudnitz, afin que Conrad punît les prisonniers *à son gré*. L'archevêque calixtin les fit torturer, « et ils nommèrent dans les tourments quelques-uns de ceux qui étaient dans leurs sentiments sur l'Eucharistie. L'archevêque les exhortant de nouveau à revenir de leurs erreurs : *Ce n'est pas nous qui sommes séduits*, répondirent-ils en souriant, *c'est vous qui, trompés par le clergé, vous mettez à genoux devant la créature.* » Enfin ils furent conduits au supplice ; « et comme on les exhortait à se recommander aux prières du peuple : *Ce n'est pas nous*, dirent-ils encore, *qui avons besoin de prières ; que ceux qui en ont besoin en demandent.* Ils furent tous deux jetés dans un tonneau plein de poix ardente. »

Il résulte bien clairement de ces faits que les Calixtins avaient tellement pris le dessus en Bohême, qu'on ne professait plus ouvertement la négation de la présence réelle, et que ceux qui le faisaient subissaient le martyre. Il en résulte clairement aussi que le nombre de ceux qu'on appelait outrageusement Picards (c'était un terme de mépris que les sectes ennemies se renvoyaient depuis longtemps l'une à l'autre, sans qu'aucune voulût l'accepter, si ce n'est peut-être les Adamites de la rivière) était considérable, puisqu'on craignait la fureur du peuple en les immolant devant lui. Les suites du martyre de Loquis le prouveront de reste.

Il n'y avait de commun, entre les principes de Loquis ou des nouveaux Taborites, et ceux d'Adam et de ses adeptes habitants des îles, que la négation de la présence réelle. Voilà sans doute pourquoi les historiens les confondirent, soit par erreur, soit par malice. Les Picards, qui ne différaient guère des Vaudois acceptés depuis longtemps, étaient chers aux Taborites, et tellement mêlés à eux, que toute l'armée de Tabor montrait assez, par sa manière de communier sans appareil, sans observer le jeûne, sans exclure les *enfants* ni les *fous*, en un mot, sans aucune des prescriptions de l'église calixtine, qu'elle était picarde, c'est-à-dire qu'elle ne croyait pas à la *présence réelle*[1]. Ce dogme catholique eût donc peut-être été abjuré à cette époque par toutes les nations, si la conjuration taborite eût triomphé en Bohême. Mais les temps n'étaient pas mûrs. Le peuple n'était pas assez fort pour triompher des hautes classes, et les hautes classes ne se sentaient pas ou ne se croyaient pas assez fortes pour triompher des souverains, lesquels, à leur tour, n'osaient pas lutter contre l'Église. Le dogme populaire devait donc échouer là, et, après d'héroïques efforts, périr en laissant après lui une mystérieuse propagande, impuissante pour quelque temps encore contre les dogmes officiels.

Nous laisserons à Martin Loquis, à Jean le Prémontré, et à leurs nombreux adeptes, le surnom de Picards, sans nous préoccuper des pédantesques dissertations qu'on pourrait faire sur cette matière. Ce serait le droit d'un historien de leur inventer un nom qui exprimât leur véritable croyance; mais je ne puis m'arroger ce droit, et, pour rester clair, je laisserai ce nom, qui fut si injurieux et qui ne l'est plus, à ces martyrs de la vérité.

« Cependant, que ferons-nous donc, dit M. de Beau-

1. Jean Huss croyait à cette *présence réelle*. Lors de la première grande communion des Taborites en pleine campagne, au début de la révolution, presque tous étaient à peu près Calixtins. Mais la conférence de Prague et la prophétie taborite montrent qu'en peu de temps on s'était désabusé de ce dogme. La négation de la *présence réelle* fit de continuels progrès. Contenue par Ziska, elle éclata après sa mort, et tout le Taborisme fut Picard, *anti-adorateur* de l'Eucharistie. Ziska ne sut jamais ou ne voulut jamais savoir combien il avait de Picards dans son armée. Les villes sacrées de la prédiction qui, en tout temps, lui furent d'un si héroïque secours, étaient d'origine vaudoise. Elles avaient embrassé le Joannisme dès le douzième siècle, en donnant asile aux Vaudois fugitifs persécutés en France.

sobre, dans son intéressante dissertation, de ces Adamites de la rivière de Lusinitz? » M. de Beausobre les distingue complétement des autres Picards immolés aussi par Ziska, qui ne voulait pas les distinguer; et M. de Beausobre a raison. Mais peut-être se laisse-t-il égarer par sa généreuse candeur, lorsqu'il s'efforce de prouver que les Adamites n'ont jamais existé, ou bien qu'ils ne pratiquaient ni la promiscuité, ni la nudité, ni les abominations qu'on leur impute. Sans entrer dans l'ingénieuse mais puérile discussion des textes, des mots à double sens, des dates et des rapprochements, il me semble qu'on peut admettre, avec les historiens de tous les partis qui l'ont attestée, l'existence de ces Adamites. Pour cela il suffit de se reporter à la source de toutes les idées élaborées dans le Taborisme, à la grande prédiction taborite que nous avons rapportée et *rajustée*, pour la rendre intelligible. Cette prédiction impliquait deux époques. L'une de travail, de souffrance, d'action, de colère, de vengeance et d'extermination, durant laquelle, de leur autorité privée, les nouveaux croyants distinguaient ce qui est juste et injuste, ce qu'il fallait observer et ce qu'il fallait abolir, enfin, ce qui, selon eux, était bien ou mal. L'autre époque était un idéal de perfection, de repos, de douceur, de tolérance, de fraternité et d'innocence, dans lequel, à la venue de Jésus-Christ sur la terre, on devait entrer immédiatement après l'extermination de la race impie et de la vieille société. Dans ce temps-là, il ne devait plus y avoir ni écritures, ni prêtres, ni préceptes, parce que les hommes étant arrivés à l'état paradisiaque, le mal serait banni de la terre, et tout serait *bien*. Ce rêve de perfection mal compris, et appliqué sans idéal à la réalité présente, suffisait pour engendrer la secte des Adamites. La prédiction des Taborites n'était pas nouvelle. Elle était renouvelée des Vaudois, qui la leur avaient apportée sous d'autres formes deux siècles auparavant. La secte des Adamites n'était pas nouvelle non plus; elle avait été apportée de France; elle avait traversé plusieurs époques et plusieurs contrées. Elle était même éternelle, comme la virtualité de toutes les idées et aussi ancienne de manifestation que le christianisme. Elle ne devait pas finir absolument en Bohême; on l'a revue sous d'autres formes chez les Anabaptistes de Munster; on l'a revue plus récemment encore dans de malheureux essais pour l'émancipation des femmes. C'est une de ces sectes exubérantes, excessives et délirantes, dont j'ai promis, au commencement de ce récit, de parler un peu, et voici ce peu que j'ai à en dire.

Toujours l'homme a rêvé l'idéal, soit au ciel, soit sur la terre. Chacun a construit cet idéal selon la portée de son intelligence ou l'ardeur de ses désirs, selon la fièvre de ses instincts ou la sublimité de ses sentiments. Les Taborites, en rêvant sur la terre les jouissances célestes, la fraternité la plus tendre, l'amour le plus chaste (les sens ne devaient plus avoir de part à la reproduction de l'espèce), montraient combien de charité, d'austérité, de dévouement et de justice brûlait au fond de ces âmes farouches, emportées, dans leur projet sublime, par la fureur des temps et l'implacabilité du fanatisme. Les Adamites, au contraire, en voulant réaliser, au milieu des excès du présent, la liberté absolue de l'avenir, se montraient insensés. De plus, en rêvant cette liberté grossière et brutale, ils faisaient bien voir que leur fanatisme était du dernier ordre, et qu'en voulant arriver à l'innocence des anges, ils ne savaient arriver qu'à celle des bêtes. Cependant ils s'aimaient entre eux, ils s'appelaient frères, et pratiquaient une fraternité absolue; ils souffrirent le supplice en riant et en chantant. Ils furent martyrs, eux aussi, de leur foi; car leurs femmes ne pratiquaient pas, comme celles de la régence, une dévotion et un libertinage opposés, en principe, l'un à l'autre. Elles croyaient à la sainteté de leurs bacchanales : elles étaient folles. Fallait-il les brûler ou les plaindre? Et aujourd'hui qu'on ne brûle plus, ne faut-il pas plaindre et convertir celles qui professent le dogme immonde de la promiscuité? Heureusement le nombre des hypocrites est si grand, que celui des fous et des folles est très-restreint. Il ne menace point la société comme on a feint de le croire. Le dogme de la promiscuité ne laisse que des traces passagères dans les guerres de religion. Il rentra promptement dans la nuit chaque fois qu'il voulut reprendre à la vie; et de nos jours, quoi qu'on en dise, il n'a frappé que de malheureuses têtes dévouées à l'erreur, préparées à l'ivresse par quelque défectuosité de l'intelligence. Les plus belles mains ont eu quelquefois des verrues. Les chirurgiens les coupent et les brûlent en vain : elles passent d'elles-mêmes quand l'enfance passe. L'adamisme disparaîtra de la terre quand la véritable loi du mariage sera proclamée.

Pour en revenir à l'histoire du *redoutable aveugle*, il est probable que Ziska extermina les insulaires de la rivière de Lusinitz[1], par un mouvement spontané d'indignation contre leurs pratiques, et pour se défaire d'un voisinage agressif qui s'était annoncé par des hostilités. Quant aux Picards son intention est plus mystérieuse, et les historiens ne font pas de difficulté de l'attribuer à la pureté de ses principes calixtins. Cependant quand on se rappelle que Ziska, en d'autres temps, s'était montré zélé taborite, qu'il avait donné la communion, qu'il avait prophétisé; quand on le voit jusque-là vivant en si bonne intelligence, et se rendant si cher à ces Taborites qui

1. Ou *Lausnitz*.

avaient nié la *présence réelle* et qui n'y croyaient pas, on peut présumer que Ziska châtiait dans Loquis et redoutait dans le Prémontré des hommes d'une politique plus hardie encore et d'une influence plus immédiate que les siennes [1]. Ziska voulait sauver la Bohême selon un plan conçu avec autant de prudence que de courage. L'audace ne lui manquait pas plus que la ruse. Il s'alliait au parti calixtin dans l'occasion, et s'en détachait de même. A un moment donné, il pensa devoir sacrifier des hommes qui lui semblaient, par leur fougueuse sincérité, devoir compromettre la révolution. Il craignit que la négation du dogme de la *présence réelle*, négation qui entraînait de si profondes conséquences, n'effarouchât le nombreux et puissant juste-milieu, et ne le brouillât lui-même sans retour avec ces classes dont il croyait que son œuvre ne pouvait se passer. Ziska se trompait en espérant faire marcher de front les résistances de divers ordres de l'État contre l'empereur. En ce moment, il était enivré sans doute de l'adhésion du parti catholique, et il concevait de grandes espérances. Il éprouva bientôt ce qu'il devait attendre de ces alliances impossibles.

1. Il est bien certain que ces Picards blâmaient la conduite de Ziska à l'égard de la religion. Ils le raillaient de se faire dire la messe *selon les missels* par des prêtres calixtins, et appelaient ces prêtres *lingers* (*lintearios*) à cause de leurs surplis de toile. Les Calixtins de Ziska (car il y avait des Taborites Calixtins, c'est-à-dire des hommes qui, comme lui, suivaient la religion de Prague et la politique de Tabor) raillaient à leur tour ces prêtres réformateurs, et les appelaient *les cordonniers de Ziska*, parce que, dit-on, ils portaient les mêmes souliers à l'office et en campagne. Cette explication me semble un peu gratuite. Les cordonniers avaient joué le rôle le plus énergique à Prague, dans les proclamations religieuses et dans les émeutes. Ils faisaient pendant aux bouchers des séditions de Paris à la même époque, et je pense que l'appellation de *cordonnier* était devenue synonyme, en Bohême, de celle de *sans-culotte* dans notre révolution.

XII.

La nouvelle de l'exécution de Martin Loquis alluma la sédition dans Prague. *Tous les Picards de la nouvelle ville* coururent trouver le Prémontré. Il s'assemblèrent, la nuit, dans un cimetière. Là, on se plaignit de la tyrannie de Ziska et de celle du sénat calixtin. Le Prémontré après avoir longtemps délibéré avec eux, prit sa résolution au premier coup de la cloche du matin. Il se met aussitôt à leur tête, et les conduit à la maison de ville de la vieille Prague. Là il reproche aux sénateurs leurs trahisons et leurs lâchetés, leur déclare qu'ils sont cassés et annulés, et sur-le-champ procède à l'élection d'un nouveau sénat et de quatre consuls picards. Il décrète que la vieille et la nouvelle ville n'en feront plus qu'une et obéiront à des magistrats de son choix. A peine a-t-il formé ce nouveau gouvernement qu'il assemble la communauté, et lui déclare qu'il faut chasser un curé qu'il désigne, parce qu'il *retient les momeries* du culte romain; que le temps est venu d'en finir avec les prêtres calixtins et d'en établir de vraiment évangéliques, « *parce que les séculiers et le clergé ne doivent plus faire qu'un corps et un même peuple.* » Le peuple, la *populace*, pour parler comme mon auteur (ce qui ne me fâche point, parce que je vois bien que c'étaient les pauvres et les opprimés qui étaient les plus éclairés et les plus sincères en fait de religion), la populace courut aux églises, chassa les prêtres calixtins, en institua de nouveaux, et donna ses lois à toute la ville, sans que les anciens consuls ni personne osât s'y opposer.

Pendant ce temps, les Taborites et les Orébites marchaient à la rencontre de l'Empereur, qui entrait en Bohême par Cuttemberg. Malgré la clémence de Ziska, les mineurs revenaient à Sigismond, et, commandés par le brigand Miesteczki, celui qui avait pillé les moines d'Opatowitz pour son compte et qui ensuite s'était uni à Ziska, ils reprirent Przelautzi, jetèrent cent vingt-cinq Taborites dans les minières, en tuèrent mille à Chutibor, et firent brûler leur commandant et deux de leurs prêtres.

Pendant ce temps, l'aristocratie négociait avec le roi de Pologne. Sur son refus d'accepter la couronne, les seigneurs catholiques devenus calixtins *pour voir venir*, et les vrais calixtins, avaient demandé à Wladislas de leur envoyer son parent Coribut. Wladislas jouait tous les partis tour à tour. L'année précédente, il avait négocié avec Sigismond la réconciliation des Bohémiens, en s'engageant toutefois à marcher contre eux avec lui, dans le cas où Sigismond consentirait à marcher avec lui contre les chevaliers teutoniques. La conclusion de ces pourparlers avait été un accord de mariage entre le roi de Pologne et la veuve de Wenceslas. L'Empereur avait offert Sophie ou sa propre fille au choix de ce nouvel allié; le Polonais avait préféré la plus mûre des deux, parce qu'elle était la plus riche. Mais les ambassadeurs de Sigismond, qui portaient son adhésion en Pologne, avaient été saisis et enlevés par les Hussites; de sorte que le mariage fut suspendu, et les deux monarques eurent le temps de se brouiller encore une fois. Alors Wladislas envoya une ambassade à Prague pour proposer Coribut, lequel gouvernerait la Bohême au nom du roi de Pologne. Coribut était déjà aux frontières, et ne demandait que des troupes pour entrer en Bohême. On ne put lui en envoyer, parce que l'Empereur débusquait par la frontière opposée, et qu'on n'avait pas trop de monde pour lui tenir tête.

A peine Sigismond fut-il entré en Bohême que les seigneurs catholiques, qui avaient si bien protesté contre lui, répondirent à son appel, et allèrent lui prêter foi et hommage. Le juste-milieu, épouvanté de cette défection, appela Ziska à son secours. Ziska accourut à Prague pour la mettre en état de défense. Il y fut reçu comme un héros, comme le sauveur de la patrie, on sonna toutes les cloches, les prêtres et la jeunesse allèrent au-devant de lui, et il *n'y eut régal qu'on ne fit à son monde*. Les pâles Taborites, si affreux en temps de paix, étaient beaux comme des anges quand on avait peur.

Ziska passa huit jours à mettre Prague en état de siége et *à la munir de tout ce qui était nécessaire*. De là, il courut munir d'autres places importantes, entre autres Cuttemberg que l'Empereur avait abandonné. Mais ne se fiant plus à des alliés si perfides, Ziska ne s'y installa pas, et se fortifia avec son armée sur une haute montagne voisine, d'où il observait tous les mouvements des Impériaux. Sigismond reprit aisément Cuttemberg, en effet, et vint assiéger Ziska sur sa montagne; mais dès la seconde nuit, le redoutable aveugle et ses Taborites tuèrent les sentinelles avancées du camp impérial, se frayèrent un passage au beau milieu de l'armée ennemie, et allèrent tranquillement s'établir à Kolin. On était au mois de décembre. Le froid chassa l'Empereur. Pendant qu'il se reposait en Bavière, l'infatigable aveugle ne perdit pas de temps pour lever de nouvelles troupes jusque sur les frontières de la Silésie, et, sentant le froid s'adoucir, il revint à Noël vers la frontière opposée, pensant que les Impériaux allaient bientôt reparaître. Ils n'y manquèrent pas. Sigismond arriva sur Cuttemberg, et, pour marquer sa protection à cette ville, il la fit brûler et passa tous les habitants au fil de l'épée (*sans épargner les enfants au berceau*), afin que Ziska ne trouvât plus là de poste pour lui fermer la retraite. Sa prévoyance ne le préserva pas des armes invincibles des Taborites. Ziska l'atteignit dès le lendemain, tailla son armée en pièces, et le poursuivit *trois lieues durant*; on lui enleva cent cinquante chariots, remplis d'effets précieux, qui furent partagés également entre les Taborites. Le jour suivant, Ziska alla assiéger *Broda l'allemande*, et y perdit trois mille hommes. Le lendemain il la prit et la brûla si bien que *pendant quatorze ans il n'y habita âme qui vive.* Après cette victoire, Ziska, assis sur les drapeaux impériaux, créa quelques chevaliers parmi les Taborites. On voit en lui de ces velléités de grandeur extérieure qui furent si funestes à Napoléon.

L'Empereur se retira *en grande hâte* en Hongrie. Le Florentin Pippo, aventurier intrépide qui le suivait, se noya sous la glace avec quinze cents de ses mercenaires, au passage d'une rivière.

Il est temps de faire entrer en scène un nouveau personnage, un des hommes les plus fortement trempés de cette époque, et le seul adversaire solide que Sigismond pût opposer à Ziska. C'était un prêtre qui s'appelait Jean comme tant d'autres, et qu'on appelait Jean de Prague, parfois Jean de fer (*ferreus*), à cause de son caractère guerrier, ou enfin l'évêque de fer, car il était évêque d'Olmutz et fervent catholique. Il avait autrefois dénoncé Jacobel au concile de Constance, et, comme il avait toujours eu son franc parler avec tout le monde, il avait irrité violemment l'ivrogne Wenceslas par ses remontrances. Depuis que Conrad avait embrassé le Hussitisme, le pape avait nommé Jean de fer à l'archevêché de Prague, à la place de *l'apostat;* mais c'était un siége *in partibus*. A tout prendre, le prélat catholique valait beaucoup mieux que le politique Conrad. Il n'était ni moins intolérant, ni moins cruel, mais il était brave et sincère, et montrait les talents d'un grand capitaine.

« Quand il avait dit sa messe, il quittait ses habits sacer« dotaux, montait à cheval, armé de toutes pièces, le « casque en tête, l'épée au poing, et la cuirasse sur le « dos. Il faisait gloire de n'épargner aucun hérétique. Il « en périt plusieurs milliers par ses soins et par ses armes, « et il tua deux cents Hussites de sa propre main. Il mou« rut cardinal en 1430. » Il fut secondé en mainte rencontre par l'abbé de Trebitz, *homme de qualité, plus propre à la guerre qu'au bréviaire.*

La première expédition de l'évêque de fer fut contre un parti de Taborites, que deux prêtres de Tabor étaient venus rallier en Moravie, et qui s'étaient fortifiés si bien sur une montagne boisée, qu'on ne put les forcer. Ils se défendaient en jetant sur les assiégeants de gros éclats de roche; et malgré l'ardeur des troupes de l'évêque formées de ses vassaux, d'auxiliaires hongrois et de troupes impériales autrichiennes, ils décampèrent la nuit et se sauvèrent en Bohême où ils se réunirent aux Orébites. Plusieurs seigneurs bohémiens du parti calixtin, et entre autres Victorin de Podiebrad (père du roi Georges), apprenant cette affaire, songèrent alors à occuper le belliqueux évêque pour l'empêcher de faire irruption en Bohême. Il en résulta une guerre assez acharnée en Moravie, où, parmi plusieurs défaites et plusieurs victoires, Jean de fer donna de grandes preuves d'activité, de courage et de talent militaire. Nous n'entrerons pas dans le détail de ces campagnes, afin de ne pas perdre de vue la scène principale.

Jean le Prémontré exerçait toujours sur le peuple de Prague une influence effrayante pour les Calixtins. Un nouveau sénat, calixtin sans aucun doute, avait remplacé le sénat picard institué par le moine. On l'y déféra comme Picard, titre qui, à lui seul, constituait le crime d'État; on l'accusa de s'être trop ingéré dans les affaires publiques, d'avoir banni Jean Przibam et décapité Jean Sadlo sans motifs suffisants; et le sénat entra en délibération pour aviser aux moyens de se défaire d'un homme si énergique et si populaire. Quoique cette délibération eût été tenue fort secrète, le Prémontré en fut bientôt instruit, et, n'écoutant que son audace accoutumée, il s'alla jeter dans le danger. Il pénètre dans le sénat, accompagné seulement de dix de ses partisans, et déclare aux sénateurs qu'il va appeler de leur sentence aux citoyens. A peine a-t-il achevé de parler qu'on ferme les portes, et que le bourreau, qu'on avait mandé en toute hâte, s'empare de lui, et lui tranche la tête ainsi qu'à ses compagnons. Mais comme les *licteurs* s'empressaient de faire disparaître les traces de cette affreuse exécution, et lavaient précipitamment la salle, ils laissèrent couler du sang dans la rue. Le peuple, averti par cet indice, se précipite dans la maison de ville. On enfonce les portes du conseil, et le premier objet qui se présente aux regards est la tête du Prémontré séparée de son corps. En un instant, le juge, les consuls et tous leurs acolytes sont mis en pièces. Jacobel[1] ramasse la tête de Jean, la met sur un plat, et s'élance dans la rue, exhortant le peuple à venger la mort d'un martyr. Les maisons des consuls sont aussitôt envahies et dévastées. On court au collége de Charles IV, que jusqu'alors on avait respecté, et on emmène prisonniers tous les moines. On brûle la bibliothèque, et on exécute publiquement sept personnes qui avaient été ennemies de Jean le Prémontré. Jacobel fit porter la tête du moine et celles de ses compagnons pendant quinze jours dans la ville, exposées sur un cercueil, et le peuple chantait avec lui l'hymne à la mémoire

1. Ou *Jacques de Mise*, celui qui avait été disciple et ami de Jean Huss et qui, apparemment, était dans les mêmes sentiments que les Picards.

des martyrs : *Isti sunt sancti qui*, etc. Enfin, ces têtes furent ensevelies avec leurs corps en grande solennité dans une église, et un prédicateur fit leur oraison funèbre sur ce texte tiré des Actes des Apôtres : *Des hommes pieux ensevelirent Étienne*. Ensuite il exhorta le peuple à rester fidèle à la doctrine que le Prémontré lui avait enseignée, et l'assemblée se sépara, le prédicateur et les assistants *fondant en larmes*. Le peuple sentait bien qu'il perdait un de ses plus vigoureux athlètes.

Au commencement de l'année 1422, les Taborites firent la conquête importante de Sobieslaw, d'où dépendaient dix-huit autres villes ou villages, et un territoire rempli d'étangs poissonneux. Ensuite Ziska fit une *course* en Autriche, porta la terreur chez les habitants, qui fuyaient à son approche *dans les bois et dans les déserts*, et s'empara d'une grande provision de bétail. Un autre corps de Taborites entra dans la Marche de Brandebourg, y mit tout à feu et à sang, et alla assiéger Francfort sur l'Oder, dont il brûla les faubourgs et la chartreuse. Ceux de Prague prirent et dévastèrent la ville de Luditz.

Sur ces entrefaites, Sigismond Coribut arriva à Prague avec cinq mille personnes. Il y fut fort bien reçu par les Calixtins, qui voulaient absolument un roi. Ziska était occupé ailleurs avec les Taborites. Les grands, qui étaient retournés au parti de Sigismond, se tenaient retranchés le mieux qu'ils pouvaient dans leurs châteaux. Cependant ils protestèrent contre l'élection de Coribut, et s'étant rassemblés avec ceux des gentilshommes qui étaient de leur parti, il déclarèrent que, bien qu'ils eussent toléré la première ambassade des Bohémiens en Pologne, ils n'avaient eu part ni à la seconde, ni à la troisième ; qu'ils ne se croyaient point déliés de leur serment envers Sigismond, seul souverain légitime ; et enfin que Coribut *n'avait point été baptisé au nom de la sainte Trinité, étant né Russe et ennemi du nom chrétien.* Coribut était Lithuanien et chrétien grec.

Les Praguois ayant répondu qu'il fallait accepter Coribut *bon gré mal gré*, les grands du royaume firent transporter la couronne royale et les ornements de la chapelle de Saint-Wenceslas à la forteresse de Carlstein, qui tenait pour l'empereur Sigismond avec une forte garnison ; et Coribut qui apparemment faisait constituer toute la validité de son élection dans ces ornements, alla assiéger Carlstein sans être couronné. On a conservé beaucoup de détails sur ce formidable siége, qui dura six mois, et qui échoua. Le parti calixtin, avec son roi, ne pouvait rien ou presque rien, tandis que les Taborites, avec leur invincible aveugle, ne connaissaient rien ou presque rien d'impossible. La place de Carlstein fut pourtant battue par des catapultes d'une si belle invention, que jamais depuis, dit l'historien Théobald, aucun ouvrier n'a pu en faire de semblables : « Les forêts voisines retentissaient du bruit des coups. » On arracha même les colonnes d'une église de Prague pour en faire des boulets. Mais, les fortifications étaient si solides qu'on ne put les endommager. La garnison avait été choisie parmi des guerriers d'élite. Elle se défendit opiniâtrément à grands coups de pierre, en faisant pleuvoir les tuiles des toits. Avec des nattes et des fascines de branches de chêne, elle amortissait l'effet des frondes. Les Calixtins imaginèrent de lancer dans la place, avec leurs machines, deux mille tonneaux remplis d'ordures et de cadavres en putréfaction. L'infection causa une terrible épidémie aux assiégés. Les cheveux leur tombaient, et toutes leurs dents étaient ébranlées. Ils réussirent pourtant à faire consumer toutes ces immondices par la chaux vive et l'arsenic. Un habitant de la vieille Prague ayant été pris par eux, ils le mirent sur une tour avec une queue de renard au bout d'un bâton, en lui recommandant, par dérision, de chasser les mouches. Les assiégeants ne tinrent compte de la présence de ce malheureux, et n'en battirent la tour qu'avec plus de fureur. Mais aucun de leurs coups n'atteignit la victime, et les assiégés, frappés de superstition en voyant cette rare fortune, la délièrent et lui rendirent la liberté. En automne on fit une trêve de quelques jours, et les assiégés, ayant invité quelques-uns des assiégeants à leur rendre visite, ils les régalèrent splendidement, pour leur faire croire qu'ils avaient des vivres en abondance, bien qu'ils fussent au bout de leurs provisions. Ceux de Prague s'imaginèrent qu'ils en recevaient par des conduits souterrains. Un jour les assiégés feignirent de célébrer une noce. « On n'entendait que « flûtes et bruits de gens qui sautaient et dansaient, quoi- « qu'il n'y eût ni époux ni épouse », et qu'ils n'eussent pas « même du pain noir à manger. » Enfin il leur arriva de n'avoir plus qu'un pauvre bouc, qu'on laissait grimper sur les murailles pour faire croire qu'on avait du bétail. Il fallut pourtant le tuer, et quand on l'eut mangé, sa peau fut envoyée en présent au capitaine de ceux de Prague, qui était tailleur, pour le remercier de sa trêve. Il faisait très-froid, et les Praguois avaient grand désir de retourner à leurs foyers. Ils vouèrent les assiégés au diable, *seul capable d'en venir à bout*, et abandonnèrent l'entreprise, ce dont Coribut fut *fort mortifié*. La garnison stoïque et facétieuse de Carlstein fit plusieurs décharges de ses machines, en l'honneur du bouc qui l'avait sauvée.

Pendant ce siége, une *grosse armée* allemande, commandée par des archevêques, des électeurs et des princes du saint-empire, avait voulu pénétrer en Bohême pour délivrer ceux de Carlstein. Il lui fallut d'abord assiéger Plawen, où on lança quantité de pigeons et de moineaux enduits de poix embrasée; mais ce stratagème échoua. Des paysans, qui s'étaient réfugiés dans cette ville contre les brigandages des Impériaux, firent une vigoureuse sortie, et, passant à travers l'armée ennemie, tuèrent cinquante hommes et emmenèrent encore des prisonniers. Un des moineaux embrasés alla tomber sur une tente de paille, et mit le feu au camp. L'armée impériale s'agitant pour éteindre l'incendie, le reste des assiégés de Plawen sortit, se jeta sur l'ennemi éperdu, et le mit en déroute. Sur la nouvelle que Ziska s'approchait, les Allemands abandonnèrent complétement l'entreprise et quittèrent la province.

Sigismond désespéré jura d'abandonner la Bohême à ses propres déchirements; et, voyant que les Moraves s'étaient joints aux Bohémiens contre lui, il fit don de leur province à l'archiduc Albert, son gendre, *sous la condition de la réduire*. Les Hussites de Moravie écrivirent aussitôt à Ziska de venir les secourir; mais Ziska sentait que la royauté de Coribut était le plus pressant danger, et qu'il fallait le combattre au cœur de la Bohême. Il envoya aux Moraves celui de ses capitaines qu'il estimait le plus, Procope *le Rasé*, qui avait été ordonné prêtre contre son gré dans sa jeunesse, et qui fut depuis surnommé le *Grand*, à cause de ses exploits militaires. Nous consacrerons une nouvelle série d'épisodes à ce grand homme, qui fut le successeur de Jean Ziska dans le commandement des Taborites, et le continuateur de son œuvre politique. Nous nous bornerons ici à dire qu'il se comporta en Moravie avec une science militaire digne des leçons de Ziska, et une valeur digne de l'élan des Taborites, dont il partageait les principes les plus ardents.

Cependant Ziska marchait vers Prague. Après avoir veillé à tout et balayé la frontière, il revenait se prendre corps à corps avec le fantôme de la royauté. Il y fut devancé par un corps de ses Taborites qui, plus indignés et plus impatients que lui, pénétrèrent de nuit dans la *vieille ville*, s'emparèrent de trois maisons, et commencèrent la guerre intestine. Mais ils étaient trop peu nombreux pour avoir le dessus. Ils furent repoussés, tués en partie, et plusieurs, en se retirant, se noyèrent dans la Moldaw.

Ziska, en apprenant cette nouvelle, en fut consterné un instant. Il avait espéré dominer Prague sans coup férir, par sa seule présence, et la désabuser par ses conseils de son rêve de monarchie. Le mauvais accueil fait à ses imprudents avant-coureurs lui donnait à réfléchir. Entre les grands de Bohême qui voulaient Sigismond et le juste-milieu qui voulait Coribut, il se voyait seul avec ses Taborites; et lui, qui avait conçu que sa mission se bornerait à défendre la patrie contre l'étranger, il se voyait aux prises au dedans avec deux partis contraires. Sa situation devenait terrible, et il approchait lentement de la capitale, perdu dans ses pensées, frappé peut-être de l'idée que sa mission était finie, et qu'il n'était plus l'homme de ce troisième parti qu'il fallait constituer politiquement et dessiner hardiment au milieu des deux autres. Si Ziska eut cette angoisse, que les historiens lui attribuent sans l'expliquer, ce fut une révélation de son destin. Cet homme, qui devait retremper le courage populaire et donner un nouvel élan à l'invincible taborisme, cet homme était debout. Il était déjà à l'œuvre. De vagues prophéties taborites portaient que Ziska rendrait la Bohême glorieuse pendant sept ans, et qu'il mourrait pour revivre dans un autre héros qui, pendant sept ans encore, continuerait son œuvre. Ce héros était Procope le Rasé, Procope le Grand, Procope le Picard[1], c'est-à-dire le vrai

1. Il avait été compromis et arrêté dans l'affaire de Martin Loquis, et il avait sans doute dû son salut au moine Prémontré.

Taborite. Ziska le Calixtin, le médiateur impossible entre ces partis arrivés à l'heure d'explosion, devait jeter quelque éclat et mourir à temps, car il ne lui restait plus qu'à choisir entre l'abandon des siens ou celui de sa propre gloire.

Hésitant à jeter la torche au sein du Hussitisme, il envoya des députés à Prague d'abord, pour désavouer l'équipée que ses gens venaient d'y faire ; ensuite pour exhorter le parti calixtin à ne point élire Coribut. *Il se faisait fort*, disait-il, *de défendre la Bohême contre l'Empereur et contre les grands, sans qu'il fût besoin qu'un peuple libre s'assujettît à un roi.* « Ceux de « Prague répondirent qu'ils étaient bien aises qu'il n'eût « point de part à la dernière irruption des Taborites ; « mais qu'ils étaient fort étonnés qu'il leur déconseillât « Coribut, puisqu'il n'ignorait pas que toute république a « besoin d'un chef. » A cette réponse, Ziska comprit qu'on ne voulait plus qu'il fût ce chef nécessaire ; et, blessé de voir préféré un étranger au bouclier éprouvé de la patrie, il s'écria en levant son bâton de commandement : *J'ai par deux fois délivré ceux de Prague ; mais je suis résolu de les perdre, et je ferai voir que je puis également et sauver et opprimer ma patrie.*

XIII.

Aussitôt Ziska se met en devoir d'exécuter cette terrible résolution ; et, tout en ravageant sur son chemin les terres des seigneurs catholiques, il marche sur Graditz, qui était réputée calixtine, avec l'intention de la surprendre. Cependant les Taborites, qui peut-être eussent voulu marcher tout de suite sur Prague, commençaient à murmurer. Une nuit qu'ils cheminaient dans les ténèbres, fatigués d'une longue course, ils refusèrent d'aller plus avant. *Cet aveugle*, disaient-ils, *croit que le jour et la nuit nous sont pareils comme à lui*. Ziska leur demanda s'il n'y avait pas quelque village aux environs; on lui en nomma un : *Allez donc y mettre le feu pour vous éclairer*, reprit-il. Ils lui obéirent, et un peu plus loin ils rencontrèrent Czinko de Wartemberg et quelques autres grands seigneurs catholiques, qui leur livrèrent un rude combat. Ils en sortirent triomphants comme à l'ordinaire, et plusieurs de ces seigneurs y périrent, après quoi Ziska conduisit les Taborites à Graditz. Cette ville, qui avait une *secrète inclination* pour lui, le reçut à bras ouverts, au lieu de se défendre. Ceux de Prague vinrent pour la reprendre, et furent battus. De là, Ziska courut à Czaslaw, et s'en empara sans peine. Ceux de Prague vinrent encore l'y inquiéter, et, comme à Graditz, ils furent défaits et repoussés.

Ces nouvelles répandirent l'effroi dans Prague, et les magistrats résolurent d'envoyer à Ziska pour lui proposer un accommodement; mais les seigneurs calixtins s'y opposèrent, et se firent fort de vaincre le redoutable aveugle. Il était plus facile de s'en vanter que de le faire.

Ziska fit, aussitôt après, une campagne en Moravie, pour seconder Procope contre l'*évêque de fer*. La seule approche de l'armée taborite mit en fuite l'archiduc Albert; et Sigismond, qui le suivait pour assister à ses triomphes, partagea la honte de sa retraite. Jean de fer tint bon; mais il ne put empêcher Jean Ziska de lui prendre quelques places et d'attirer dans son parti un grand nombre de seigneurs hussites de la Moravie.

Ziska ne s'arrêta pas longtemps dans cette contrée : son système était de dévaster et d'épouvanter, non de conquérir. Il laissa Procope aux prises avec l'évêque, et pénétra au cœur de l'Autriche, où il porta l'effroi et la ruine jusqu'aux rives du Danube. L'archiduc, ayant marché sur lui, ne le trouva plus. Ziska ne risquait jamais inutilement une bataille. Ennemi rapide, audacieux et insaisissable, la promptitude de ses résolutions le conduisait là où on l'attendait le moins, et le faisait disparaître, comme par magie, des lieux où on croyait l'atteindre. Il lui suffisait de marquer sa course par des ruines, et cette manière d'affaiblir l'ennemi était la plus sûre pour gagner du temps et ralentir l'effort de l'invasion.

Tandis qu'on le cherchait vers le Danube, il était déjà retourné en Moravie, et y prenait des forteresses. A Cromzir, il fut forcé d'en venir aux mains avec Jean de fer : c'était un adversaire digne de lui. Attaqué à l'improviste, au milieu de la nuit, soit que la situation fût grave, soit que Ziska commençât à douter de son étoile, on rapporte qu'il fut épouvanté, et que sans Procope il eût été défait pour la première fois ; mais Procope, blessé au visage, baissa la visière de son casque pour cacher son sang, et, entouré de la troupe d'élite qu'on appelait la *cohorte fraternelle*, fit des prodiges de valeur. Il se jeta dans la mêlée avec tant de furie, que Ziska, craignant qu'il ne s'engageât trop avant, fut forcé de réprimer son ardeur ; puis il retrancha son armée derrière les chariots, et feignit d'attendre le jour pour recommencer le combat. L'évêque, s'étant retiré à Olmutz, et comptant sur un renfort d'Autrichiens pour le lendemain, ne s'inquiéta pas davantage cette nuit-là. Mais, au point du jour, Ziska avait fait plier bagage : averti par des espions diligents de l'approche des Autrichiens, il était reparti pour la Bohême, ravageant, tuant et brûlant tout sur les terres de l'évêque et dans le pays morave.

Il trouva Graditz retombée au pouvoir des Calixtins. A peine sorti victorieux d'une embuscade que des seigneurs catholiques lui avaient tendue, cet homme infatigable, qui tenait tête à Sigismond et à l'archiduc au dehors, aux Catholiques et aux Calixtins au dedans, reprit Graditz, s'empara de la forteresse de Mlazowitz et de Libochowitz, qu'il rasa sans miséricorde; passa dans le district de Pilsen, y détruisit Przestitz, Luditz; et, partout harcelé et poursuivi par les seigneurs catholiques et calixtins, mais assisté par les villes de refuge, après avoir fait une course sur l'Elbe, il revint s'emparer de Kolin, ville considérable, à douze lieues de Prague.

Les Praguois passèrent l'Elbe pour le combattre ; « mais « Ziska, que *Sylvius Æneas* appelle un autre Annibal « pour ses ruses de guerre, au lieu de faire volte-face, « s'enfuit à toute bride, comme s'il eût eu peur, afin de « les attirer en certain lieu qu'il connaissait bien. Quand « il y fut arrivé, il dit à ses gens : *Où sommes-nous?* « *— A Maleschaux, sur les montagnes*, lui répondit- « on. — *L'ennemi est-il loin? — Non, il nous poursuit* « *chaudement, il est dans la vallée. — Voici le temps!* « dit Ziska ; et, ayant tout disposé pour la bataille, il « harangua ainsi ses soldats, monté sur son chariot : « *Mes très-chers frères et mes braves compagnons,* « *vous voyez que nous sommes attaqués par des gens* « *que nous avons comblés de bienfaits et sauvés par* « *deux fois des mains de Sigismond. A présent, par* « *un esprit de domination, ils sont avides de notre* « *sang. Courage, donc; c'est aujourd'hui un jour dé-* « *cisif, où il s'agit, en vérité, de vaincre ou de périr.* « Il parlait encore, lorsque, averti qu'on voyait flotter « les drapeaux ennemis au bas de la montagne, il donna « le signal. » Le combat fut acharné; mais la victoire ne déserta pas l'étendard taborite. Ceux de Prague prirent la fuite, laissant plusieurs milliers des leurs sur le champ de bataille, « entre lesquels il y avait un grand nombre « de seigneurs de Bohême. Cette action se passa le 8 juin 1424. »

Ziska marche aussitôt à Cuttemberg, que ceux de Prague avaient relevée après l'incendie ordonné par Sigismond. Ziska la brûle de nouveau, et se rend à Klattaw qui l'appelait avec impatience. Une seconde victoire à peu près semblable, par ses manœuvres et ses résultats, à celles des montagnes de Maleschaux, amène enfin Ziska aux portes de Prague, et cette fois avec la résolution et la certitude de s'en rendre maître.

Mais au moment de tourner leurs armes *contre la métropole*, *contre la mère de la patrie*, les gentilshommes de l'armée taborite se sentirent effrayés, et reculèrent devant leur entreprise. Les soldats, émus par leurs discours, hésitèrent. Il y avait comme un vague soupçon que Ziska n'agissait plus que pour satisfaire son orgueil, et venger un affront personnel. Pour apaiser le tumulte, le redoutable aveugle monta sur un tonneau de bière, et les harangua ainsi : « Pourquoi murmurez-vous « contre moi, ô mes compagnons, contre moi qui vous « défends tous les jours au péril de ma vie? Suis-je votre « chef ou suis-je votre ennemi? Vous ai-je jamais con« duits quelque part d'où vous ne soyez sortis vainqueurs? « Qui vous a fait gagner encore vos dernières batailles, « si ce n'est moi? Vous êtes riches, vous avez acquis de « la gloire sous ma conduite; et moi, pour récompense « de tous mes travaux, j'ai perdu la vue, et je ne puis « plus agir que par le secours de vos yeux. Je ne m'en « repens pas, si vous voulez me seconder encore. Je ne « veux point la perte de Prague, et ne pense pas non « plus que ses habitants soient altérés du sang du vieux « chien aveugle. C'est du vôtre qu'ils ont soif. Ils redou« tent vos mains invincibles et vos cœurs intrépides.

« Marchons donc à Prague, puisqu'il n'y a plus de milieu, « puisqu'il faut qu'elle ou vous périssiez. Éteignons une « guerre civile qui finira par amener l'ennemi au cœur « de la Bohême. Nous aurons pris la ville et chassé les « séditieux avant que Sigismond en ait avis. Il nous sera « alors plus aisé de le vaincre avec peu de gens bien « unis, qu'avec une grosse armée divisée en factions. « Cependant, afin que vous ne me reprochiez rien, con« sultez-vous. Voulez-vous la paix? J'y consens, mais « craignez de vous en repentir. Voulez-vous la guerre? « m'y voilà tout prêt. » Cette courte harangue enflamma les Taborites. Ils coururent aux armes, et s'avancèrent jusque sous les murailles de Prague, résolus de l'attaquer vigoureusement.

Le parti calixtin était perdu, et il le sentit. Prague était affaiblie par les victoires de Ziska, et Ziska y avait plus de partisans qu'on ne l'avait pensé d'abord. Le sénat et les citoyens ne pouvaient plus s'entendre. L'armée taborite était la plus forte et la mieux trempée que Ziska eût encore présentée à ses adversaires. La consternation se répandit dans la ville, et, d'un commun accord, tous les ordres envoyèrent à Ziska maître Jean de Rockizane, prêtre hussite, homme d'un grand talent et d'un grand crédit, dont l'ambition devait causer bien des agitations et des malheurs à cette patrie qu'il venait sauver. Le vieux guerrier, vaincu par son éloquence, consentit à une réconciliation entière, et entra dans la ville avec tous les honneurs du triomphe. On éleva aussitôt un grand monceau de pierres dans le champ où cette paix venait d'être conclue, et on jura sur cette espèce d'autel druidique de se servir des pierres qui le formaient, contre le premier qui rallumerait la guerre civile.

Coribut avait été rappelé par le roi de Pologne, qui voulait se réconcilier et qui se réconcilia en effet avec l'empereur. L'évêque de fer s'était si bien comporté en Moravie, malgré la ténacité des Taborites et les progrès du Hussitisme, que l'archiduc avait repris courage, et que Sigismond recouvrait l'espoir de rentrer en Bohême. Le roi de Pologne avait épousé, non la veuve de Wenceslas comme il en avait été tenté, mais une autre Sophie, fille du grand-duc de Moscovie. L'Empereur avait assisté à ses noces, et Wladislas faisait serment de ne plus envoyer Coribut aux Bohémiens. Mais le jeune homme, prenant goût à cet essai de royauté, rentra secrètement en Bohême, et y fut accueilli comme un bras de plus contre Sigismond. Cette démarche réveilla les méfiances de l'Empereur, et l'engagea à traiter directement avec Ziska. Il lui envoya des ambassadeurs avec des offres magnifiques, dans l'espoir de le séduire, de le tromper peut-être, et de recouvrer la couronne de Bohême, sinon par les armes, du moins par l'intrigue. Il lui offrait le gouvernement du royaume s'il voulait se ranger à son parti et ramener les rebelles. « *Étrange réduction*, dit, à ce sujet, un historien catholique, *qu'un empereur d'une si haute réputation en Italie, en Allemagne, en France, par toute l'Europe, fût contraint de s'abaisser pour recouvrer son royaume, devant un petit gentilhomme, un aveugle, un profane, un sacrilège et un scélérat!* »

On dit que Ziska fut ébloui et enivré de ces offres, et qu'il se dirigea aussitôt vers la Moravie avec Coribut et ceux de Prague, comme pour combattre, mais en effet pour traiter de plus près avec Sigismond. Ce peut bien être là une calomnie de plus sur un héros dont les vues ont été si calomniées d'ailleurs.

Quoi qu'il en soit, il semble que la Providence n'ait pas voulu le lancer sur la pente dangereuse de l'ambition personnelle, et qu'elle l'ait soustrait à cette lutte plus funeste que celle des combats, afin de laisser aux Taborités un souvenir sacré, et à la Bohême un nom illustre. Il mourut de la peste qui était dans son armée, aux confins de la Bohême et de la Moravie, le 11 octobre 1424. Les uns disent qu'en mourant il ordonna à ses gens de livrer son corps aux corbeaux, aimant mieux passer dans les oiseaux du ciel que dans les vers du sépulcre; d'autres, qu'il leur commanda de l'écorcher, et de faire un tambour de sa peau, leur prédisant que le son de ce tambour suffirait pour jeter l'épouvante dans les rangs ennemis; et que là où serait la peau de Ziska, là aussi serait la victoire [1]. Notre auteur met cette version au rang des fables, et j'avais regret à cette circonstance si poétique et si conforme à l'esprit du temps, lorsque je me suis rappelé que Frédéric le Grand assurait, en vers et en prose, dans une lettre à Voltaire, avoir pris ce trésor à Prague, et l'avoir emporté à Berlin. M. Lenfant est mort lorsque Frédéric n'était encore que prince royal, c'est-à-dire longtemps avant ses premières conquêtes en Saxe et en Bohême. Nous pouvons donc croire que cette relique conduisit encore les Taborites à la victoire sous le grand Procope, et qu'elle fut respectée jusqu'au moment où elle fut reléguée parmi les curiosités d'un musée national. La massue de Ziska a joué son rôle longtemps après lui. L'empereur Ferdinand Ier vit cette grande masse de fer pendue auprès d'un tombeau, et pensant que ce devait être la sépulture de quelque héros, il ordonna à ses courtisans de lui lire l'épitaphe. Personne ne fut assez hardi pour le faire, et il lut lui-même le nom de Ziska. *Fi, fi!* dit l'Empereur en reculant, *cette mauvaise bête, toute morte qu'elle est depuis un siècle, fait encore peur aux vivants!* Là-dessus, il sortit de l'église, et fit atteler

1. *Ses amis*, dit Krantzius, *firent ce qu'il leur avait ordonné et trouvèrent ce qu'il leur avait promis.*

pour aller coucher à une lieue de la ville, quoiqu'il eût résolu d'y passer la nuit. On voyait encore cette massue redoutable en 1619, lorsque Ferdinand II vainquit Frédéric V, électeur palatin, que les Bohémiens avaient élu roi. Mais, en s'en retournant, les Impériaux enlevèrent la massue, et rayèrent l'épitaphe.

Si Ziska fut écorché, du moins son corps ne fut donc pas privé des honneurs de la sépulture. Les Taborites le transportèrent dans la cathédrale de Czaslaw, et cette ville, qui avait toujours été fidèle aux principes purs ne voulut pas s'en dessaisir. L'épitaphe qu'en 1619 les Impériaux effacèrent, a été conservée par les historiens :

« Ci-gît *Jean Ziska*, qui ne le céda à aucun général
« dans l'art militaire, vigoureux vainqueur de l'orgueil
« et de l'avarice des ecclésiastiques, ardent défenseur de
« sa patrie. Ce que fit en faveur de la république romaine
« Appius Claudius l'aveugle, par ses conseils, et Marcus
« Furius Camillus par sa valeur, je l'ai fait en faveur de
« la Bohême. Je n'ai jamais manqué à la fortune, et elle
« ne m'a jamais manqué. Tout aveugle que j'étais, j'ai
« toujours bien vu les occasions d'agir. J'ai vaincu onze
« fois en bataille rangée. J'ai pris en main la cause des
« malheureux et des indigents, contre des prêtres gras et
« sensuels; et j'ai éprouvé le secours de Dieu dans cette
« entreprise. Si leur haine et leur envie ne s'y étaient
« opposées, j'aurais été mis au rang des plus illustres
« personnages. Cependant malgré le pape, mes os repo-
« sent dans ce lieu sacré. »

A Jean Ziska, Grégoire son oncle.

Rien n'est plus profondément vrai que cette épitaphe. Æneas Sylvius l'a justifiée en qualifiant Ziska de *monstrum detestabile*, *crudele*, *horrendum*, *importu-*

num, etc. Et il y a aujourd'hui des personnes qui demandent si Ziska a jamais existé! C'est ainsi qu'on écrit et qu'on connaît par conséquent l'histoire.

Ziska était représenté en relief sur son tombeau avec ces mots :

« *L'an 1424, le jeudi, veille de la Saint-Gal, mou-*
« *rut Jean Ziska du Calice, chef des républiques qui*
« *souffrent pour le nom de Dieu.* »

Chaque secte, chaque nuance de l'esprit hussite inscrivit son distique dans ce temple en l'honneur de Ziska. Évidemment celui qu'on vient de lire ne fut pas tracé par une main calixtine.

« Non loin du tombeau, dit notre auteur, il y a un autel où Jean Huss et Ziska sont représentés l'un auprès de l'autre. Sous l'effigie de Jean Ziska, on lisait ces vers latins... », que je donnerai en français, et qui me semblent émanés de la secte picarde qui croyait au retour des morts sur la terre, ou, pour mieux dire, à la transmission de la vie[1] :

« *Huss est revenu du ciel. Si Ziska son vengeur en*
« *revient, Rome impie, prends garde à toi!* »

Jean Ziska était, selon eux, Jean Huss ressuscité, et Procope fut regardé comme le possesseur de l'âme de Ziska. Dans la Bible, on voit l'esprit des prophètes passer, en partie ou en totalité, dans celui de leurs continuateurs et de leurs adeptes.

Sous la figure de Jean Huss on lisait :

« *Huss, ton vengeur gît ici. Sigismond lui-même a*
« *plié sous lui; et comme on voit en plusieurs lieux*

1. Cette secte, très-mélangée, avait été influencée par la croyance des Millénaires. Mais après Ziska on verra que les Taborites ont cru au retour immédiat des âmes dans de nouveaux corps.

« *les bustes des héros, ainsi Czaslaw conservera éter-*
« *nellement la mémoire de Ziska.* »

Ceci pourrait avoir été inscrit par quelques-uns de ces seigneurs catholiques avec lesquels, malgré leurs trahisons, Ziska avait cru devoir jusqu'au bout conserver des ménagements et une apparence d'amitié. Le misérable Rosenberg, qui l'aidait dans l'occasion à brûler les *vieux Picards*, était de ce nombre; et sans avoir ni foi politique, ni croyance religieuse, changeant suivant l'occasion, il fallait bien au moins qu'il rendît justice à la valeur célèbre de Ziska.

Plus loin encore une épitaphe bizarre, moitié païenne, moitié picarde :

« *Ci-gît Ziska, vaillant en guerre, la gloire de sa*
« *patrie, l'honneur de Mars. Il a précipité dans le*
« *Styx, avec sa foudre vengeresse, les moines, cette*
« *peste criminelle. — Il reviendra encore pour punir*
« *les bonnets carrés.* »

Derrière l'autel, il y avait une longue et large pierre avec ces mots :

« *Cette pierre fut la table de Ziska lorsqu'il pre-*
« *nait le corps et le sang du Seigneur.* » Ceci est du pur calixtin.

Enfin sous la massue : « *Jean Ziska repose sous ce*
« *marbre; il fut la terreur des tonsurés de Rome.*
« *Hélas! il fut le vengeur de la mort, en poursuivant*
« *à outrance les ennemis du calice et en massacrant*
« *les moines. Cette massue toute teinte de leur sang,*
« *en sera un témoignage éternel.* »

Ce distique sanguinaire est franchement taborite.

J'ai transcrit toutes ces épitaphes, parce qu'elles semblent m'expliquer le respect et l'amour que Ziska le Calixtin inspirait à des esprits travaillés de tant d'idées contradictoires. Un hérétique de la fin du quinzième siècle ajouta son hommage aux précédents :

« *Ci-gît le défenseur du calice et de la vraie foi, le*
« *fléau des moines et du prélat romain, le vaillant*
« *défenseur de la Bohême, la terreur de l'empire*
« *d'Allemagne, ce général borgne à qui Trocznora*
« *donna naissance, et qui en portait les armes.* »

De toutes ces oraisons funèbres je préfère, pour la justesse de l'appréciation historique et pour la profondeur du sentiment religieux, celle qui l'appelle tout simplement le *chef des républiques qui souffrent pour le nom de Dieu*, et je l'attribuerais volontiers au plus pur, au plus fort, au plus brave et au plus instruit des Taborites, à Procope le Grand.

Puisque nous examinons les jugements du passé sur Ziska, nous citerons celui de Cochlée, l'historien le plus passionné contre lui :

« Si l'on considère ses exploits, on peut non-seulement « l'égaler, mais même le préférer aux plus grands capi« taines. En est-il aucun qui ait livré plus de combats et « remporté plus de victoires que lui, tout aveugle qu'il « était? Ce fut lui qui enseigna l'art militaire aux Bohé« miens. Il fut l'inventeur de ces remparts qu'ils se fai« saient avec des chariots et dont ils se servirent si heu« reusement et pendant sa vie et après sa mort. Comme « les Taborites n'avaient point encore de cavalerie, il « trouva moyen de leur en donner en démontant la cava« lerie ennemie, pour soutenir l'infanterie retranchée « avec des chariots, etc. »

Cette guerre aux chariots a excité l'admiration de tous les historiens. Par leur moyen les Taborites, marchant en un seul corps, soldats, munitions, armes et bagages, étaient toujours prêts à se former en retranchements mobiles, en fortifications vivantes, pour ainsi dire. Ils avaient trouvé le secret de se passer de citadelles, en faisant eux-mêmes de leurs camps instantanément, et suivant toutes les combinaisons que leur dictait le génie stratégique de Ziska, leurs places de guerre au premier endroit venu. Ils avaient, pour s'entendre et pour former leurs plans d'attaque ou de défense, des moyens ignorés de l'ennemi et connus d'eux seuls. Ces moyens étaient des lettres, des signes ou des figures qui aidaient chaque soldat à reconnaître le chariot auquel il appartenait, et chaque conducteur de chariot à prendre et à retrouver sa place dans le combat.

A la massue et au fléau ferré des paysans, Ziska ajouta la lance ou *framée* des anciens Germains, et le bouclier. La lance était longue, légère, et si maniable, qu'on s'en servait également comme d'une pique ou d'un javelot. Le bouclier était également léger et portatif, bien qu'il fût de la hauteur de l'homme. Il était en bois peint, et portait l'effigie du calice, avec de belles sentences exprimant la pensée dominante de chaque secte. On le fixait en terre avec des crocs destinés à cet usage, et l'on combattait derrière avec l'arc et l'arbalète. Sans doute le bois de ces légers boucliers était d'une extrême dureté et à l'épreuve des traits de l'ennemi. Toutes ces manières de combattre étaient devenues si étrangères aux Allemands, qu'ils étaient frappés d'épouvante et ne savaient aucun moyen d'en triompher.

Le redoutable aveugle était toujours monté sur son char auprès du principal drapeau. Il avait des guides actifs et intelligents qui lui expliquaient l'ordre de bataille et la situation des lieux ; et quoiqu'il ne tirât plus l'épée, il conduisait toutes choses avec la promptitude, la prudence, la présence d'esprit, la prévoyance et la pénétration d'un grand général. Sa mémoire était si fidèle, qu'il n'avait qu'à entendre le nom du lieu où il se trouvait, pour s'en retracer l'aspect, tel qu'il l'avait vu en y passant plusieurs années auparavant, jusqu'au moindre détail, jusqu'à un ruisseau, jusqu'à un rocher. Sur le plus simple exposé d'ailleurs, il se représentait si bien la scène, les vallons, les montagnes et les forêts, qu'il ne fit jamais une faute, et ne commanda jamais une manœuvre qui ne fût facile et prompte à exécuter. La lorgnette de Napoléon, qui décida du destin de tant de batailles, méritait bien de devenir célèbre, et de rester l'attribut de ses portraits et de ses statues; mais la cécité divinatoire de Ziska a quelque chose de plus fatal, de plus merveilleux et de plus formidable encore. On représente la Justice avec un bandeau sur les yeux. Ziska, ce ministre de la justice de Dieu, selon les Taborites, et de la justice humaine de son siècle en réalité, devait comme l'antique Némésis, être aveugle et insensible aux spectacles d'horreur et aux scènes de désespoir. C'était une sorte d'être abstrait dont la main n'agissait plus et ne se souillait plus dans le sang des victimes, mais dont le nom gouvernait tout et dont l'inspiration faisait tout agir[1].

Il sut toujours se faire aimer des siens, et ses soldats l'adorèrent pour sa douceur, son désintéressement, son calme, son affabilité. Ils ne lui parlèrent jamais qu'en l'appelant frère Jean ; et il ne se servit jamais avec eux que du nom de *frères*. « Il était de moyenne taille, avait « le corps robuste et ramassé, la poitrine large, la tête « grosse, les cheveux ras et châtains, de longues mous« taches, la bouche grande et le nez aquilin. » *Il portait toujours la moustache et le costume polonais*, ce qui

1. « Il est mort avec cette gloire d'être sorti vainqueur de plusieurs batailles et de n'avoir jamais été vaincu. » *Fulgose.*

9

pouvait être une particularité dans un pays où l'on avait dû prendre les habitudes allemandes, et ce qui n'était probablement qu'un retour ou un attachement marqué à l'antique costume slave. On vit longtemps à Tabor un portrait qui avait été fait d'après lui de son vivant, et qui pouvait être une belle chose, car le temps d'Albert Durer approchait. Ziska était représenté tenant d'une main sa massue, de l'autre la tête d'un moine tonsuré. Un ange, debout devant lui, lui présentait le calice. Des peintures analogues étaient répandues dans toute la Bohême. Sur les portes des villes, sur les murailles, sur les boucliers, partout on voyait des calices grossiers présentés à la foule avide par des anges [1]. Je m'imagine que ces figures, quelque barbarement peintes qu'elles fussent, devaient avoir un grand caractère, et qu'Albert Durer les vit et en fut frappé. Quelques-unes des gravures sur bois de ce maître semblent être des symboles hussitiques. On y voit le calice simple et austère dans la main de l'ange, et le calice chargé d'ornements, de perles et de pierreries dans celle de la grande prostituée, symbole de l'église romaine. Les cieux pleuvent du sang, les ministres ailés de la colère divine y courent sur les nuages. Dans le fond on aperçoit d'affreux supplices, des hommes nus entraînés au sommet d'une montagne et jetés en bas sur les piques et les fourches des soldats. Albert Durer avait embrassé le parti de la réforme. Quoique en véritable artiste de nos jours, et grâce à son talent, il fût bien avec tous les partis, peut-être dans le secret de son âme, toutes ses allégories apocalyptiques avaient-elles leur sens dans des événements plus récents. Peut-être ces victimes qu'on chasse et qu'on précipite du haut des montagnes

1. C'est ce qui donna lieu à un distique latin dont voici le sens : « La Bohême peint tant de coupes, qu'il semble qu'elle n'ait plus d'autre dieu que Bacchus. »

sont-elles des Taborites immolés par les mineurs de Cuttemberg[1]. Un personnage empanaché et d'une grande taille se dessine dans le lointain, assistant aux supplices comme Hérode ou Pilate. C'est peut-être Sigismond ou Rosenberg. Ailleurs, on voit des prélats et des monarques qui font torturer, brûler et aveugler des martyrs, peut-être Jean Huss, Jérôme de Prague, Jean de Crasa, Martin Loquis et tant d'autres. Je sais qu'on donne à ces planches célèbres des noms tirés de l'histoire de la primitive Église, de l'ancien martyrologe et de l'Apocalypse de saint Jean; mais de saint Jean aux persécutions des hérétiques du quinzième siècle, il y a plus près dans le cerveau d'un de ces hérétiques joannites que de l'Apocalypse aux martyrs de Dioclétien. Il est certain que les hérésies du moyen âge et de la renaissance ont expliqué admirablement les mystérieuses prophéties de Jean, et qu'aucune autre application satisfaisante ne peut se trouver hors de là : toute l'émotion, toute la poésie de ces révolutions religieuses roule sur l'Apocalypse; toutes les prédications en furent inspirées, tous les symboles en furent mis au jour et célébrés avec enthousiasme.

« La mort de Ziska mit une grande désolation dans son « armée. On n'entendait que lamentations et murmures « contre la fortune qui avait condamné à la mort un « homme immortel. Les Taborites, après avoir mis tout « à feu et à sang dans les lieux où il était mort comme « pour sacrifier à ses mânes, et lui avoir rendu les hon« neurs funèbres, se partagèrent en trois bandes. » La première retint le nom de *Taborite*, et choisit pour chef Procope le Grand, que Ziska avait institué l'héritier de ses œuvres; la deuxième garda le nom d'*Orébite*, et mit

1. Ce sont peut-être aussi des Taborites qui se vengent des catholiques et sacrifient aux mânes de leurs proches. Il n'y a pas jusqu'à la longue framée bohémienne qui ne se retrouve dans ces compositions.

à sa tête Procope le Petit, surnommé ainsi seulement pour le distinguer par l'antithèse que présentait sa stature, car ce fut aussi un grand guerrier ; la troisième bande prit le nom d'*Orpheline*, pour désigner son deuil, et nomma plusieurs chefs pour témoigner qu'elle n'en trouvait pas un seul en particulier qui fût digne de succéder à Ziska. Ces Orphelins se tinrent toujours dans leurs chariots, dont ils se faisaient un camp, ou plutôt une ville portative. Ils s'imposèrent la loi de ne jamais demeurer ailleurs, et de n'entrer dans les villes que pour les besoins de la guerre et l'approvisionnement de l'armée. « Ce partage n'empêcha pas que les trois corps ne « s'unissent étroitement quand il s'agissait de la cause « commune. Ils appelaient la Bohême *la terre de pro-* « *mission*, et les Allemands, soit *Philistins*, soit *Idu-* « *méens*, soit *Moabites*, soit *Amalécites*, distinguant « par ces noms ceux des diverses provinces. Les Orphe- « lins et les Orébites tirèrent du côté de la Lusace et de la « Silésie, brûlant et massacrant tout. Procope le Rasé, à « la tête des Taborites et de ceux de Prague, marcha « vers l'Autriche par la Moravie. » Nous l'y suivrons ; car c'est sous les Procope que les Taborites firent les plus grandes choses, et rendirent la Bohême la terreur des nations environnantes, de tout le corps germanique et de l'église romaine. C'est sous leur conduite que les Bohémiens furent regardés, non plus comme des hommes, mais comme des démons et des fantômes invincibles. « De sorte qu'il ne s'agissait plus d'anathématiser, mais « d'exorciser cet antre diabolique, cette demeure de Sa- « tan. » Mais avant de nous engager dans cette nouvelle campagne, nous avons à vous raconter, Mesdames, les aventures de la comtesse de Rudolstadt.

FIN DE JEAN ZISKA.

GABRIEL

A ALBERT GRZYMALA.

(Souvenir d'un frère absent.)

NOTICE

J'ai écrit *Gabriel* à Marseille, en revenant d'Espagne, mes enfants jouant autour de moi dans une chambre d'auberge. — Le bruit des enfants ne gêne pas. Ils vivent, par leurs jeux mêmes, dans un milieu fictif, où la rêverie peut les suivre sans être refroidie par la réalité. Eux aussi d'ailleurs appartiennent au monde de l'idéal, par la simplicité de leurs pensées.

Gabriel appartient, lui, par sa forme et par sa donnée, à la fantaisie pure. Il est rare que la fantaisie des artistes ait un lien direct avec leur situation. Du moins, elle n'a pas de simultanéité avec les préoccupations de leur vie extérieure. L'artiste a précisément besoin de sortir, par une invention quelconque, du monde positif qui l'inquiète, l'oppresse, l'ennuie ou le navre. Quiconque ne sait pas cela, n'est guère artiste lui-même.

GEORGE SAND

Nohant, 21 septembre 1854.

PERSONNAGES.

LE PRINCE JULES DE BRAMANTE.
GABRIEL DE BRAMANTE, son petit-fils.
LE COMTE ASTOLPHE DE BRAMANTE.
ANTONIO.
MENRIQUE.
SETTIMIA, mère d'Astolphe.
LA FAUSTINA.
PERINNE, revendeuse à la toilette.
LE PRÉCEPTEUR de Gabriel.
MARC, vieux sevriteur.
FRÈRE COME, cordelier, confesseur de Settimia.
BARBE, vieille demoiselle de compagnie de Settimia.
GIGLIO.
UN MAITRE DE TAVERNE.
BANDITS, ÉTUDIANTS, SBIRES, JEUNES GENS ET COURTISANES.

GABRIEL

PROLOGUE.

Au château de Bramante.

SCÈNE PREMIÈRE.

LE PRINCE, LE PRÉCEPTEUR, MARC.

(Le prince est en manteau de voyage, assis sur un fauteuil. Le précepteur est debout devant lui. Marc lui sert du vin.)

LE PRÉCEPTEUR.

Votre altesse est-elle toujours aussi fatiguée?

LE PRINCE.

Non. Ce vieux vin est ami du vieux sang. Je me trouve vraiment mieux.

LE PRÉCEPTEUR.

C'est un long et pénible voyage que votre altesse vient de faire... et avec une rapidité...

LE PRINCE.

A quatre-vingts ans passés, c'est en effet fort pénible. Il fut un temps où cela ne m'eût guère embarrassé. Je traversais l'Italie d'un bout à l'autre pour la moindre affaire, pour une amourette, pour une fantaisie; et maintenant il me faut des raisons d'une bien haute importance pour entreprendre, en litière, la moitié du trajet que je faisais alors à cheval... Il y a dix ans que je suis venu ici pour la dernière fois, n'est-ce pas, Marc?

MARC, *très-intimidé.*

Oh! oui, monseigneur.

LE PRINCE.

Tu étais encore vert alors! Au fait, tu n'as guère que soixante ans. Tu es encore jeune, toi!

MARC.

Oui, monseigneur.

LE PRINCE, *se retournant vers le précepteur.*

Toujours aussi bête, à ce qu'il paraît? (*Haut.*) Maintenant laisse-nous, mon bon Marc, laisse ici ce flacon.

MARC.

Oh! oui, monseigneur. (*Il hésite à sortir.*)

LE PRINCE, *avec une bonté affectée.*

Va, mon ami...

MARC.

Monseigneur... est-ce que je n'avertirai pas le seigneur Gabriel de l'arrivée de votre altesse?

LE PRINCE, *avec emportement.*

Ne vous l'ai-je pas positivement défendu?

LE PRÉCEPTEUR.

Vous savez bien que son altesse veut surprendre monseigneur Gabriel.

LE PRINCE.

Vous seul ici m'avez vu arriver. Mes gens sont incapables d'une indiscrétion. S'il y a une indiscrétion commise, je vous en rends responsable.

(*Marc sort tout tremblant.*)

SCÈNE II.

LE PRINCE, LE PRÉCEPTEUR.

LE PRINCE.

C'est un homme sûr, n'est-ce pas?

LE PRÉCEPTEUR.

Comme moi-même, monseigneur.

LE PRINCE.

Et... il est le seul, après vous et la nourrice de Gabriel, qui ait jamais su...

LE PRÉCEPTEUR.

Lui, la nourrice et moi, nous sommes les seules personnes au monde, après votre altesse, qui ayons aujourd'hui connaissance de cet important secret.

LE PRINCE.

Important! Oui, vous avez raison; terrible, effrayant secret, et dont mon âme est quelquefois tourmentée comme d'un remords. Et dites-moi, monsieur l'abbé, jamais aucune indiscrétion...

LE PRÉCEPTEUR.

Pas la moindre, monseigneur.

LE PRINCE.

Et jamais aucun doute ne s'est élevé dans l'esprit des personnes qui le voient journellement?

LE PRÉCEPTEUR.

Jamais aucun, monseigneur.

LE PRINCE.

Ainsi, vous n'avez pas flatté ma fantaisie dans vos lettres? Tout cela est l'exacte vérité?

LE PRÉCEPTEUR.

Votre altesse touche au moment de s'en convaincre par elle-même.

LE PRINCE.

C'est vrai !... Et j'approche de ce moment avec une émotion inconcevable.

LE PRÉCEPTEUR.

Votre cœur paternel aura sujet de se réjouir.

LE PRINCE.

Mon cœur paternel !... L'abbé, laissons ces mots-là aux gens qui ont bonne grâce à s'en servir. Ceux-là, s'ils savaient par quel mensonge hardi, insensé presque, il m'a fallu acheter le repos et la considération de mes vieux jours, chargeraient ma tête d'une lourde accusation, je le sais ! Ne leur empruntons donc pas le langage d'une tendresse étroite et banale. Mon affection pour les enfants de ma race a été un sentiment plus grave et plus fort.

LE PRÉCEPTEUR.

Un sentiment passionné !

LE PRINCE.

Ne me flattez pas, on pourrait aussi bien l'appeler criminel ; je sais la valeur des mots, et n'y attache aucune importance. Au-dessus des vulgaires devoirs et des puérils soucis de la paternité bourgeoise, il y a les devoirs courageux, les ambitions dévorantes de la paternité patricienne. Je les ai remplis avec une audace désespérée. Puisse l'avenir ne pas flétrir ma mémoire, et ne pas abaisser l'orgueil de mon nom devant des questions de procédure ou des cas de conscience !

LE PRÉCEPTEUR.

Le sort a secondé merveilleusement jusqu'ici vos desseins.

LE PRINCE, *après un instant de silence.*

Vous m'avez écrit qu'il était d'une belle figure ?

LE PRÉCEPTEUR.

Admirable ! C'est la vivante image de son père.

LE PRINCE.

J'espère que son caractère a plus d'énergie!

LE PRÉCEPTEUR.

Je l'ai mandé souvent à votre altesse, une incroyable énergie!

LE PRINCE.

Son pauvre père! C'était un esprit timide... une âme timorée. Bon Julien! quelle peine j'eus à le décider à garder ce secret à son confesseur au lit de mort! Je ne doute pas que ce fardeau n'ait avancé le terme de sa vie...

LE PRÉCEPTEUR.

Plutôt la douleur que lui causa la mort prématurée de sa belle et jeune épouse...

LE PRINCE.

Je vous ai défendu de m'adoucir les choses; monsieur l'abbé, je suis de ces hommes qui peuvent supporter toute la vérité. Je sais que j'ai fait saigner des cœurs, et que ceci en fera saigner encore! N'importe, ce qui est fait est fait... Il entre dans sa dix-septième année; il doit être d'une assez jolie taille?

LE PRÉCEPTEUR.

Il a plus de cinq pieds, monseigneur, et il grandit toujours et rapidement.

LE PRINCE, *avec une joie très-marquée.*

En vérité! Le destin nous aide en effet! Et la figure, est-elle déjà un peu mâle? Déjà! Je voudrais me faire illusion à moi-même... Non, ne me dites plus rien; je le verrai bien... Parlez-moi seulement du moral, de l'éducation.

LE PRÉCEPTEUR.

Tout ce que votre altesse a ordonné a été ponctuellement exécuté, et tout a réussi comme par miracle.

LE PRINCE.

Sois louée, ô fortune!... si vous n'exagérez rien, monsieur l'abbé. Ainsi rien n'a été épargné pour façonner son esprit, pour l'orner de toutes les connaissances qu'un prince doit posséder pour faire honneur à son nom et à sa condition?

LE PRÉCEPTEUR.

Votre altesse est douée d'une profonde érudition. Elle pourra interroger elle-même mon noble élève, et voir que ses études ont été fortes et vraiment viriles.

LE PRINCE.

Le latin, le grec, j'espère?

LE PRÉCEPTEUR.

Il possède le latin comme vous-même, j'ose le dire, monseigneur; et le grec... comme...

(Il sourit avec aisance.)

LE PRINCE, *riant de bonne grâce.*

Comme vous, l'abbé? A merveille, je vous en remercie, et vous accorde la supériorité sur ce point. Et l'histoire, la philosophie, les lettres?

LE PRÉCEPTEUR.

Je puis répondre *oui* avec assurance; tout l'honneur en revient à la haute intelligence de l'élève. Ses progrès ont été rapides jusqu'au prodige.

LE PRINCE.

Il aime l'étude? Il a des goûts sérieux?

LE PRÉCEPTEUR.

Il aime l'étude, et il aime aussi les violents exercices, la chasse, les armes, la course. En lui l'adresse, la persévérance et le courage suppléent à la force physique. Il a des goûts sérieux, mais il a aussi les goûts de son âge: les beaux chevaux, les riches habits, les armes étincelantes.

LE PRINCE.

S'il en est ainsi, tout est au mieux, et vous avez parfaitement saisi mes intentions. Maintenant, encore un mot. Vous avez su donner à ses idées cette tendance particulière, originale... Vous savez ce que je veux dire?

LE PRÉCEPTEUR.

Oui, monseigneur. Dès sa plus tendre enfance (votre altesse avait donné elle-même à son imagination cette première impulsion), il a été pénétré de la grandeur du rôle masculin, et de l'abjection du rôle féminin dans la nature et dans la société. Les premiers tableaux qui ont frappé ses regards, les premiers traits de l'histoire qui ont éveillé ses idées, lui ont montré la faiblesse et l'asservissement d'un sexe, la liberté et la puissance de l'autre. Vous pouvez voir sur ces panneaux les fresques que j'ai fait exécuter par vos ordres : ici l'enlèvement des Sabines, sur cet autre la trahison de Tarpéia ; puis le crime et le châtiment des filles de Danaüs; là une vente de femmes esclaves en Orient; ailleurs, ce sont des reines répudiées, des amantes méprisées ou trahies, des veuves indoues immolées sur les bûchers de leurs époux; partout la femme esclave, propriété, conquête, n'essayant de secouer ses fers que pour encourir une peine plus rude encore, et ne réussissant à les briser que par le mensonge, la trahison, les crimes lâches et inutiles.

LE PRINCE.

Et quels sentiments ont éveillés en lui ces exemples continuels ?

LE PRÉCEPTEUR.

Un mélange d'horreur et de compassion, de sympathie et de haine...

LE PRINCE.

De sympathie, dites-vous? A-t-il jamais vu aucune femme? A-t-il jamais pu échanger quelques paroles avec des personnes d'un autre sexe que... le sien?...

LE PRÉCEPTEUR.

Quelques paroles, sans doute; quelques idées, jamais. Il n'a vu que de loin les filles de la campagne, et il éprouve une insurmontable répugnance à leur parler.

LE PRINCE.

Et vraiment vous croyez être sûr qu'il ne se doute pas lui-même de la vérité?

LE PRÉCEPTEUR.

Son éducation a été si chaste, ses pensées sont si pures, une telle ignorance a enveloppé pour lui la vérité d'un voile si impénétrable, qu'il ne soupçonne rien, et n'apprendra que de la bouche de votre altesse ce qu'il doit apprendre. Mais je dois vous prévenir que ce sera un coup bien rude, une douleur bien vive, bien exaltée peut-être... De telles causes devaient amener de tels effets...

LE PRINCE.

Sans doute... cela est bon. Vous le préparerez par un entretien, ainsi que nous en sommes convenus.

LE PRÉCEPTEUR.

Monseigneur, j'entends le galop d'un cheval... C'est lui. Si vous voulez le voir par cette fenêtre,... il approche.

LE PRINCE, *se levant avec vivacité et regardant par la fenêtre en se cachant avec le rideau.*

Quoi! ce jeune homme monté sur un cheval noir, rapide comme la tempête?

LE PRÉCEPTEUR, *avec orgueil.*

Oui, monseigneur.

LE PRINCE.

La poussière qu'il soulève me dérobe ses traits... Cette belle chevelure, cette taille élégante... Oui, ce doit être un joli cavalier... bien posé sur son cheval; de la grâce, de l'adresse, de la force même... Eh bien! va-t-il donc sauter la barrière, ce jeune fou?

LE PRÉCEPTEUR.

Toujours, monseigneur.

LE PRINCE.

Bravissimo! Je n'aurais pas fait mieux à vingt-cinq ans. L'abbé, si le reste de l'éducation a aussi bien réussi, je vous en fais mon compliment et je vous en récompenserai de manière à vous satisfaire, soyez-en certain. Maintenant j'entre dans l'appartement que vous m'avez destiné. Derrière cette cloison, j'entendrai votre entretien avec lui. J'ai besoin d'être préparé moi-même à le voir, de le connaître un peu avant de m'adresser à lui. Je suis ému, je ne vous le cache pas, monsieur l'abbé. Ceci est une circonstance grave dans ma vie et dans celle de cet enfant. Tout va être décidé dans un instant. De sa première impression dépend l'honneur de toute une famille. L'honneur! mot vide et tout-puissant!...

LE PRÉCEPTEUR.

La victoire vous restera comme toujours, monseigneur. Son âme romanesque, dont je n'ai pu façonner absolument à votre guise tous les instincts, se révoltera peut-être au premier choc; mais l'horreur de l'esclavage, la soif d'indépendance, d'agitation et de gloire triompheront de tous les scrupules.

LE PRINCE.

Puissiez-vous deviner juste! Je l'entends... son pas est délibéré!... J'entre ici... Je vous donne une heure... plus ou moins, selon...

LE PRÉCEPTEUR.

Monseigneur, vous entendrez tout. Quand vous voudrez qu'il paraisse devant vous, laissez tomber un meuble; je comprendrai.

LE PRINCE.

Soit! (*Il entre dans l'appartement voisin.*)

SCÈNE III.

LE PRÉCEPTEUR, GABRIEL.

(*Gabriel en habit de chasse à la mode du temps, cheveux longs, bouclés, en désordre, le fouet à la main. Il se jette sur une chaise, essoufflé, et s'essuie le front.*)

GABRIEL.

Ouf! je n'en puis plus.

LE PRÉCEPTEUR.

Vous êtes pâle, en effet, monsieur. Auriez-vous éprouvé quelque accident?

GABRIEL.

Non, mais mon cheval a failli me renverser. Trois fois il s'est dérobé au milieu de la course. C'est une chose étrange et qui ne m'est pas encore arrivée depuis que je le monte. Mon écuyer dit que c'est d'un mauvais présage. A mon sens, cela présage que mon cheval devient ombrageux.

LE PRÉCEPTEUR.

Vous semblez ému... Vous dites que vous avez failli être renversé?

GABRIEL.

Oui, en vérité. J'ai failli l'être à la troisième fois, et à ce moment j'ai été effrayé.

LE PRÉCEPTEUR.

Effrayé? vous, si bon cavalier?

GABRIEL.

Eh bien, j'ai eu peur, si vous l'aimez mieux.

LE PRÉCEPTEUR.

Parlez moins haut, monsieur, l'on pourrait vous entendre.

GABRIEL.

Eh! que m'importe? Ai-je coutume d'observer mes paroles et de déguiser ma pensée? Quelle honte y a-t-il?

LE PRÉCEPTEUR.

Un homme ne doit jamais avoir peur.

GABRIEL.

Autant voudrait dire, mon cher abbé, qu'un homme ne doit jamais avoir froid, ou ne doit jamais être malade. Je crois seulement qu'un homme ne doit jamais laisser voir à son ennemi qu'il a peur.

LE PRÉCEPTEUR.

Il y a dans l'homme une disposition naturelle à affronter le danger, et c'est ce qui le distingue de la femme très-particulièrement.

GABRIEL.

La femme! la femme, je ne sais à quel propos vous me parlez toujours de la femme. Quant à moi, je ne sens pas que mon âme ait un sexe, comme vous tâchez souvent de me le démontrer. Je ne sens en moi une faculté absolue pour quoi que ce soit : par exemple, je ne me sens pas brave d'une manière absolue, ni poltron non plus d'une manière absolue. Il y a des jours où, sous l'ardent soleil de midi, quand mon front est en feu, quand mon cheval est enivré, comme moi, de la course, je franchirais, seulement pour me divertir, les plus affreux précipices de nos montagnes. Il est des soirs où le bruit d'une croisée agitée par la brise me fait frissonner, et où je ne passerais pas sans lumière le seuil de la chapelle pour toutes les gloires du monde. Croyez-moi, nous sommes tous sous l'impression du moment, et l'homme qui se vanterait devant moi de n'avoir jamais eu peur me semblerait un grand fanfaron, de même qu'une femme pourrait dire devant moi qu'elle a des jours de courage sans que j'en fusse étonné. Quand je n'étais encore qu'un enfant, je m'exposais souvent au danger plus volontiers qu'aujourd'hui : c'est que je n'avais pas conscience du danger.

LE PRÉCEPTEUR.

Mon cher Gabriel, vous êtes très-ergoteur aujourd'hui... Mais laissons cela. J'ai à vous entretenir...

GABRIEL.

Non, non! je veux achever mon ergotage et vous prendre par vos propres arguments... Je sais bien pourquoi vous voulez détourner la conversation...

LE PRÉCEPTEUR.

Je ne vous comprends pas.

GABRIEL.

Oui-da! vous souvenez-vous de ce ruisseau que vous ne vouliez pas passer parce que le pont de branches entrelacées ne tenait presque plus à rien? et moi j'étais au milieu, pourtant! Vous ne voulûtes pas quitter la rive, et à votre prière je revins sur mes pas. Vous aviez donc peur?

LE PRÉCEPTEUR.

Je ne me rappelle pas cela.

GABRIEL.

Oh! que si!

LE PRÉCEPTEUR.

J'avais peur pour vous, sans doute.

GABRIEL.

Non, puisque j'étais déjà à moitié passé. Il y avait autant de danger pour moi à revenir qu'à continuer.

LE PRÉCEPTEUR.

Et vous en voulez conclure...

GABRIEL.

Que, puisque moi, enfant de dix ans, n'ayant pas conscience du danger, j'étais plus téméraire que vous, homme sage et prévoyant, il en résulte que la bravoure absolue n'est pas le partage exclusif de l'homme, mais plutôt celui de l'enfant, et, qui sait? peut-être aussi celui de la femme.

LE PRÉCEPTEUR.

Où avez-vous pris toutes ces idées? Jamais je ne vous ai vu si raisonneur.

GABRIEL.

Oh! bien, oui! je ne vous dis pas tout ce qui me passe par la tête.

LE PRÉCEPTEUR, *inquiet.*

Quoi donc, par exemple?

GABRIEL.

Bah! je ne sais quoi! Je me sens aujourd'hui dans une disposition singulière. J'ai envie de me moquer de tout.

LE PRÉCEPTEUR.

Et qui vous a mis ainsi en gaieté?

GABRIEL.

Au contraire, je suis triste! Tenez, j'ai fait un rêve bizarre qui m'a préoccupé et comme poursuivi tout le jour.

LE PRÉCEPTEUR.

Quel enfantillage! et ce rêve...

GABRIEL.

J'ai rêvé que j'étais femme.

LE PRÉCEPTEUR.

En vérité, cela est étrange... Et d'où vous est venue cette imagination?

GABRIEL.

D'où viennent les rêves? Ce serait à vous de me l'expliquer, mon cher professeur.

LE PRÉCEPTEUR.

Et ce rêve vous était sans doute désagréable?

GABRIEL.

Pas le moins du monde ; car, dans mon rêve, je n'étais pas un habitant de cette terre. J'avais des ailes, et je m'élevais à travers les mondes, vers je ne sais quel monde idéal. Des voix sublimes chantaient autour de moi ; je ne voyais personne ; mais des nuages légers et brillants, qui passaient dans l'éther, reflétaient ma figure, et j'étais une jeune fille vêtue d'une longue robe flottante et couronnée de fleurs.

LE PRÉCEPTEUR.

Alors vous étiez un ange, et non pas une femme.

GABRIEL.

J'étais une femme ; car tout à coup mes ailes se sont engourdies, l'éther s'est fermé sur ma tête, comme une voûte de cristal impénétrable, et je suis tombé, tombé... et j'avais au cou une lourde chaîne dont le poids m'entraînait vers l'abîme ; et alors je me suis éveillé, accablé de tristesse, de lassitude et d'effroi... Tenez, n'en parlons plus. Qu'avez-vous à m'enseigner aujourd'hui ?

LE PRÉCEPTEUR.

J'ai une conversation sérieuse à vous demander, une importante nouvelle à vous apprendre, et je réclamerai toute votre attention.

GABRIEL.

Une nouvelle ! ce sera donc la première de ma vie, car j'entends dire les mêmes choses depuis que j'existe. Est-ce une lettre de mon grand-père ?

LE PRÉCEPTEUR.

Mieux que cela.

GABRIEL.

Un présent ? Peu m'importe. Je ne suis plus un enfant pour me réjouir d'une nouvelle arme ou d'un nouvel habit. Je ne conçois pas que mon grand-père ne songe à moi que pour s'occuper de ma toilette ou de mes plaisirs.

LE PRÉCEPTEUR.

Vous aimez pourtant la parure, un peu trop même.

GABRIEL.

C'est vrai; mais je voudrais que mon grand-père me considérât comme un jeune homme, et m'admît à l'honneur insigne de faire sa connaissance.

LE PRÉCEPTEUR.

Eh bien, mon cher monsieur, cet honneur ne tardera pas à vous être accordé.

GABRIEL.

C'est ce qu'on me dit tous les ans.

LE PRÉCEPTEUR.

Et c'est ce qui arrivera demain.

GABRIEL, *avec une satisfaction sérieuse.*

Ah! enfin!

LE PRÉCEPTEUR.

Cette nouvelle comble tous vos vœux?

GABRIEL.

Oui, j'ai beaucoup de choses à dire à mon noble parent, beaucoup de questions à lui faire, et probablement de reproches à lui adresser.

LE PRÉCEPTEUR, *effrayé.*

Des reproches?

GABRIEL.

Oui, pour la solitude où il me tient depuis que je suis au monde. Or, j'en suis las, et je veux connaître ce monde dont on me parle tant, ces hommes qu'on me vante, ces femmes qu'on rabaisse, ces biens qu'on estime, ces plaisirs qu'on recherche... Je veux tout connaître, tout sentir, tout posséder, tout braver! Ah! cela vous étonne; mais, écoutez : on peut élever des faucons en cage et leur faire perdre le souvenir ou l'instinct de la liberté : un jeune homme est un oiseau doué de plus de mémoire et de réflexion.

LE PRÉCEPTEUR.

Votre illustre parent vous fera connaître ses intentions, vous lui manifesterez vos désirs. Ma tâche envers vous est terminée, mon cher élève, et je désire que Son Altesse n'ait pas lieu de la trouver mal remplie.

GABRIEL.

Grand merci! Si je montre quelque bon sens, tout l'honneur en reviendra à mon cher précepteur; si mon grand-père trouve que je ne suis qu'un sot, mon précepteur s'en lavera les mains en disant qu'il n'a pu rien tirer de ma pauvre cervelle.

LE PRÉCEPTEUR.

Espiègle! m'écouterez-vous enfin?

GABRIEL.

Écouter quoi? J'ai cru que vous m'aviez tout dit.

LE PRÉCEPTEUR.

Je n'ai pas commencé.

GABRIEL.

Cela sera-t-il bien long?

LE PRÉCEPTEUR.

Non, à moins que vous ne m'interrompiez sans cesse.

GABRIEL.

Je suis muet.

LE PRÉCEPTEUR.

Je vous ai souvent expliqué ce que c'est qu'un majorat, et comment la succession d'une principauté avec les titres, les droits, priviléges, honneurs et richesses y attachés... *(Gabriel bâille en se cachant.)* Vous ne m'écoutez pas?

GABRIEL.

Pardonnez-moi.

LE PRÉCEPTEUR.

Je vous ai dit...

GABRIEL.

Oh! pour Dieu, l'abbé, ne recommencez pas. Je puis achever la phrase, je la sais par cœur : « Et richesses y attachés, peuvent passer alternativement, dans les familles, de la branche aînée à la branche cadette, et repasser de la branche cadette à la branche aînée, réciproquement, par la loi de transmission d'héritage, à l'aîné des enfants mâles d'une des branches, quand la branche collatérale ne se trouve plus représentée que par des filles. » Est-ce là tout ce que vous aviez de nouveau et d'intéressant à me dire! Vraiment, si vous ne m'aviez jamais appris rien de mieux, j'aimerais autant ne rien savoir du tout.

LE PRÉCEPTEUR.

Ayez un peu de patience, songez qu'il m'en faut souvent beaucoup avec vous.

GABRIEL.

C'est vrai, mon ami, pardonnez-moi. Je suis mal disposé aujourd'hui.

LE PRÉCEPTEUR.

Je m'en aperçois. Peut être vaudrait-il mieux remettre la conversation à demain ou à ce soir.

(*Léger bruit dans le cabinet.*)

GABRIEL.

Qui est là-dedans?

LE PRÉCEPTEUR.

Vous le saurez si vous voulez m'entendre.

GABRIEL, *vivement.*

Lui! mon grand-père, peut-être?

LE PRÉCEPTEUR.

Peut-être.

GABRIEL, *courant vers la porte.*

Comment, peut-être! et vous me faites languir!...
(*Il essaie d'ouvrir. La porte est fermée en dedans.*)
Quoi! il est ici, et on me le cache!

LE PRÉCEPTEUR.

Arrêtez, il repose.

GABRIEL.

Non! il a remué, il a fait du bruit.

LE PRÉCEPTEUR.

Il est fatigué, souffrant; vous ne pouvez pas le voir.

GABRIEL.

Pourquoi s'enferme-t-il pour moi? Je serais entré sans bruit; je l'aurais veillé avec amour durant son sommeil; j'aurais contemplé ses traits vénérables. Tenez, l'abbé; je l'ai toujours pressenti, il ne m'aime pas. Je suis seul au monde, moi : j'ai un seul protecteur, un seul parent, et je ne suis pas connu, je ne suis pas aimé de lui!

LE PRÉCEPTEUR.

Chassez, mon cher élève, ces tristes et coupables pensées. Votre illustre aïeul ne vous a pas donné ces preuves banales d'affection qui sont d'usage dans les classes obscures...

GABRIEL.

Plût au ciel que je fusse né dans ces classes! Je ne serais pas un étranger, un inconnu pour le chef de ma famille.

LE PRÉCEPTEUR.

Gabriel, vous apprendrez aujourd'hui un grand secret qui vous expliquera tout ce qui vous a semblé énigmatique jusqu'à présent; je ne vous cache pas que vous touchez à l'heure la plus solennelle et la plus redoutable qui ait encore sonné pour vous. Vous verrez quelle immense, quelle incroyable sollicitude s'est étendue sur vous depuis depuis l'instant de votre naissance jusqu'à ce jour. Armez-vous de courage. Vous avez une grande résolution à prendre, une grande destinée à accepter aujourd'hui. Quand vous aurez appris ce que vous ignorez, vous ne direz pas que vous n'êtes pas aimé. Vous savez, du moins, que votre naissance fut attendue comme une faveur céleste, comme un miracle. Votre père était malade, et l'on avait presque perdu l'espoir de lui voir donner le jour à un héritier de son titre et de ses richesses. Déjà la branche cadette des Bramante triomphait dans l'espoir de succéder au glorieux titre que vous porterez un jour...

GABRIEL.

Oh! je sais tout cela. En outre, j'ai deviné beaucoup de choses que vous ne me disiez pas. Sans doute, la jalousie divisait les deux frères Julien et Octave, mon père et mon oncle; peut-être aussi mon grand-père nourrissait-il dans son âme une secrète préférence pour son fils aîné... Je vins au monde. Grande joie pour tous, excepté pour moi, qui ne fus pas gratifié par le ciel d'un caractère à la hauteur de ces graves circonstances.

LE PRÉCEPTEUR.

Que dites-vous?

GABRIEL.

Je dis que cette transmission d'héritage de mâle en mâle est une loi fâcheuse, injuste peut-être. Ce continuel déplacement de possession entre les diverses branches d'une famille ne peut qu'allumer le feu de la jalousie, aigrir les ressentiments, susciter la haine entre les proches parents, forcer les pères à détester leurs filles, faire rougir les mères d'avoir donné le jour à des enfants de leur sexe!... Que sais-je! L'ambition et la cupidité doivent pousser de fortes racines dans une famille ainsi assemblée comme une meute affamée autour de la curée du majorat, et l'histoire m'a appris qu'il en peut résulter des crimes qui font l'horreur et la honte de l'humanité. Eh bien, qu'avez-vous à me regarder ainsi, mon cher maître? vous voilà tout troublé! Ne m'avez-vous pas nourri de l'histoire des grands hommes et des lâches? Ne m'avez-vous pas toujours montré l'héroïsme et la franchise aux prises avec la perfidie et la bassesse? Êtes-vous étonné qu'il m'en soit resté quelque notion de justice, quelque amour de la vérité?

LE PRÉCEPTEUR, *baissant la voix.*

Gabriel, vous avez raison; mais, pour l'amour du ciel, soyez moins tranchant et moins hardi en présence de votre aïeul. (*On remue avec impatience dans le cabinet.*)

GABRIEL, *à voix haute.*

Tenez, l'abbé, j'ai meilleure opinion de mon grand-père; je voudrais qu'il m'entendît. Peut-être sa présence va m'intimider; je serais bien aise pourtant qu'il pût lire dans mon âme, et voir qu'il se trompe, depuis deux ans, en m'envoyant toujours des jouets d'enfant.

LE PRÉCEPTEUR.

Je le répète, vous ne pouvez comprendre encore quelle a été sa tendresse pour vous. Ne soyez point ingrat envers le ciel; vous pouviez naître déshérité de tous ces biens dont la fortune vous a comblé, de tout cet amour qui veille sur vous mystérieusement et assidûment...

GABRIEL.

Sans doute je pouvais naître femme, et alors adieu la fortune et l'amour de mes parents! J'eusse été une créature maudite, et, à l'heure qu'il est, j'expierais sans doute au fond d'un cloître le crime de ma naissance. Mais ce n'est pas mon grand-père qui m'a fait la grâce et l'honneur d'appartenir à la race mâle.

LE PRÉCEPTEUR, *de plus en plus troublé.*

Gabriel, vous ne savez pas de quoi vous parlez.

GABRIEL.

Il serait plaisant que j'eusse à remercier mon grand-père de ce que je suis son petit-fils! C'est à lui plutôt de me remercier d'être né tel qu'il me souhaitait; car il haïssait... du moins il n'aimait pas son fils Octave, et il eût été mortifié de laisser son titre aux enfants de celui-ci. Oh! j'ai compris depuis longtemps malgré vous: vous n'êtes pas un grand diplomate, mon bon abbé; vous êtes trop honnête homme pour cela...

LE PRÉCEPTEUR, *à voix basse.*

Gabriel, je vous conjure...

(*On laisse tomber un meuble avec fracas dans le cabinet.*)

GABRIEL.

Tenez! pour le coup, le prince est éveillé. Je vais le voir enfin, je vais savoir ses desseins; je veux entrer chez lui.

(*Il va résolûment vers la porte, le prince la lui ouvre et paraît sur le seuil. Gabriel, intimidé, s'arrête. Le prince lui prend la main et l'emmène dans le cabinet, dont il referme sur lui la porte avec violence.*)

SCÈNE IV.

LE PRÉCEPTEUR, *seul.*

Le vieillard est irrité, l'enfant en pleine révolte, moi couvert de confusion. Le vieux Jules est vindicatif, et la vengeance est si facile aux hommes puissants! Pourtant son humeur bizarre et ses décisions imprévues peuvent me faire tout à coup un mérite de ce qui maintenant lui semble une faute. Puis, il est homme d'esprit avant tout, et l'intelligence lui tient lieu de justice; il comprendra que toute la faute est à lui, et que son système bizarre ne pouvait amener que de bizarres résultats. Mais quelle guêpe furieuse a donc piqué aujourd'hui la langue de mon élève? je ne l'avais jamais vu ainsi. Je me perdrais en de vaines prévisions sur l'avenir de cette étrange créature : son avenir est insaisissable comme la nature de son esprit... Pouvais-je donc être un magicien plus savant que la nature, et détruire l'œuvre divine dans un cerveau humain? Je l'eusse pu peut-être par le mensonge et la corruption; mais cet enfant l'a dit, j'étais trop honnête pour remplir dignement la tâche difficile dont j'étais chargé. Je n'ai pu lui cacher la véritable moralité des faits, et ce qui devait servir à fausser son jugement n'a servi qu'à le diriger...

(*Il écoute les voix qui se font entendre dans le cabinet.*)

On parle haut... la voix du vieillard est âpre et sèche, celle de l'enfant tremblante de colère... Quoi! il ose braver celui que nul n'a bravé impunément! O Dieu! fais qu'il ne devienne pas un objet de haine pour cet homme impitoyable! (*Il écoute encore.*)

Le vieillard menace, l'enfant résiste... Cet enfant est noble et généreux; oui, c'est une belle âme, et il aurait fallu la corrompre et l'avilir, car le besoin de justice et de sincérité sera son supplice dans la situation impossible où on le jette. Hélas! ambition, tourment des princes, quels infâmes conseils ne leur donnes-tu pas, et quelles consolations ne peux-tu pas leur donner aussi!... Oui, l'ambition, la vanité, peuvent l'emporter dans l'âme de Gabriel, et le fortifier contre le désespoir...

(*Il écoute.*)

Le prince parle avec véhémence... Il vient par ici... Affronterai-je sa colère?... Oui, pour en préserver Gabriel... Faites, ô Dieu, qu'elle retombe sur moi seul... L'orage semble se calmer; c'est maintenant Gabriel qui parle avec assurance... Gabriel! étrange et malheureuse créature, unique sur la terre!... mon ouvrage, c'est-à-dire mon orgueil et mon remords!... mon supplice aussi! O Dieu! vous seul savez quels tourments j'endure depuis deux ans... Vieillard insensé! toi qui n'as jamais senti battre ton cœur que pour la vile chimère de la fausse gloire, tu n'as pas soupçonné ce que je pouvais souffrir, moi! Dieu, vous m'avez donné une grande force, je vous remercie de ce que mon épreuve est finie. Me punirez-vous pour l'avoir acceptée? Non! car à ma place un autre peut-être en eût odieusement abusé... et j'ai du moins préservé tant que je l'ai pu l'être que je ne pouvais pas sauver.

SCÈNE V.

LE PRINCE, GABRIEL, LE PRÉCEPTEUR.

GABRIEL, *avec exaspération.*

Laissez-moi, j'en ai assez entendu; pas un mot de plus, ou j'attente à ma vie. Oui, c'est le châtiment que je devrais vous infliger pour ruiner les folles espérances de votre haine insatiable et de votre orgueil insensé.

LE PRÉCEPTEUR.

Mon cher enfant, au nom du ciel, modérez-vous... Songez à qui vous parlez.

GABRIEL.

Je parle à celui dont je suis à jamais l'esclave et la victime! O honte! honte et malédiction sur le jour où je suis né!

LE PRINCE.

La concupiscence parle-t-elle déjà tellement à vos sens que l'idée d'une éternelle chasteté vous exaspère à ce point?

GABRIEL.

Tais-toi, vieillard! Tes lèvres vont se dessécher si tu prononces des mots dont tu ne comprends pas le sens auguste et sacré. Ne m'attribue pas des pensées qui n'ont jamais souillé mon âme. Tu m'as bien assez outragé en me rendant, au sortir du sein maternel, l'instrument de la haine, le complice de l'imposture et de la fraude. Faut-il que je vive sous le poids d'un mensonge éternel, d'un vol que les lois puniraient avec la dernière ignominie!

LE PRÉCEPTEUR.

Gabriel! Gabriel! vous parlez à votre aïeul!...

LE PRINCE.

Laissez-le exprimer sa douleur et donner un libre cours à son exaltation. C'est un véritable accès de démence dont je n'ai pas à m'occuper. Je ne vous dis plus qu'un mot, Gabriel : entre le sort brillant d'un prince et l'éternelle captivité du cloître, choisissez! Vous êtes encore libre. Vous pouvez faire triompher mes ennemis, avilir le nom que vous portez, souiller la mémoire de ceux qui vous ont donné le jour, déshonorer mes cheveux blancs... Si telle est votre résolution, songez que l'infamie et la misère retomberont sur vous le premier, et voyez si la satisfaction des plus grossiers instincts peut compenser l'horreur d'une telle chute.

GABRIEL.

Assez, assez, vous dis-je! Les motifs que vous attribuez à ma douleur sont dignes de votre imagination, mais non de la mienne...

(*Il s'assied et cache sa tête dans ses mains.*)

LE PRÉCEPTEUR, *bas au prince.*

Monseigneur, il faudrait en effet le laisser à lui-même quelques instants; il ne se connaît plus.

LE PRINCE, *de même.*

Vous avez raison. Venez avec moi, monsieur l'abbé.

LE PRÉCEPTEUR, *bas.*

Votre altesse est fort irritée contre moi?

LE PRINCE, *de même.*

Au contraire. Vous avez atteint le but mieux que je ne l'aurais fait moi-même. Ce caractère m'offre plus de garantie de discrétion que je n'eusse osé l'espérer.

LE PRÉCEPTEUR, *à part.*

Cœur de pierre! (*Ils sortent.*)

SCÈNE VI.

GABRIEL, *seul.*

Le voilà donc, cet horrible secret que j'avais deviné! Ils ont enfin osé me le révéler en face! Impudent vieillard! Comment n'es-tu pas rentré sous terre, quand tu m'as vu, pour te punir et te confondre, affecter tant d'ignorance et d'étonnement! Les insensés! comment pouvaient-ils croire que j'étais encore la dupe de leur insolent artifice? Admirable ruse, en effet! M'inspirer l'horreur de ma condition, afin de me fouler aux pieds ensuite, et de me dire : Voilà pourtant ce que vous êtes... voilà où nous allons vous reléguer si vous n'acceptez pas la complicité de notre crime! Et l'abbé! l'abbé lui-même que je croyais si honnête et si simple, il le savait! Marc le sait peut-être aussi! Combien d'autres peuvent le savoir? Je n'oserai plus lever les yeux sur personne. Ah! quelquefois encore je voulais en douter. O mon rêve! mon rêve de cette nuit, mes ailes!... ma chaîne!

(*Il pleure amèrement. S'essuyant les yeux.*)

Mais le fourbe s'est pris dans son propre piége, il m'a livré enfin le point le plus sensible de sa haine. Je vous punirai, ô imposteurs! je vous ferai partager mes souffrances; je vous ferai connaître l'inquiétude, et l'insomnie, et la peur de la honte... Je suspendrai le châtiment à un cheveu, et je le ferai planer sur ta tête blanche, ô vieux Jules! jusqu'à ton dernier soupir. Tu m'avais soigneusement caché l'existence de ce jeune homme! ce sera là ma consolation, la réparation de l'iniquité à laquelle on m'associe! Pauvre parent! pauvre victime, toi aussi! Errant, vagabond, criblé de dettes, plongé dans la débauche, disent-ils, avili, dépravé, perdu, hélas! peut-être. La misère dégrade ceux qu'on élève dans le besoin des honneurs et dans la soif des richesses. Et le cruel vieillard s'en réjouit! Il triomphe de voir son petit-fils dans l'abjection, parce que le père de cet infortuné a osé contrarier ses volontés absolues, qui sait? dévoiler quelqu'une de ses turpitudes, peut-être! Eh bien! je te tendrai la main, moi qui suis dans le fond de mon âme plus avili et plus malheureux que toi encore; je m'efforcerai de te retirer du bourbier, et de purifier ton âme par une amitié sainte. Si je n'y réussis pas, je comblerai du moins par mes richesses l'abîme de ta misère, je te restituerai ainsi l'héritage qui t'appartient; et, si je ne puis te rendre ce vain titre que tu regrettes peut-être, et que je rougis de porter à ta place, je m'efforcerai du moins de détourner sur toi la faveur des rois, dont tous les hommes sont jaloux. Mais quel nom porte-t-il? Et où le trouverai-je? Je le saurai : je dissimulerai, je tromperai, moi aussi! Et quand la confiance et l'amitié auront rétabli l'égalité entre lui et moi, ils le sauront!... Leur inquiétude sera poignante. Puisque tu m'insultes, ô vieux Jules! puisque tu crois que la chasteté m'est si pénible, ton supplice sera d'ignorer à quel point mon âme est plus chaste et ma volonté plus ferme que tu ne peux le concevoir!...

Allons! du courage! Mon Dieu! mon Dieu! vous êtes le père de l'orphelin, l'appui du faible, le défenseur de l'opprimé!

FIN DU PROLOGUE.

PREMIÈRE PARTIE.

Une taverne.

SCÈNE PREMIÈRE.

GABRIEL, MARC, GROUPES *attablés;* L'HOTE, *allant et venant; puis* LE COMTE ASTOLPHE DE BRAMANTE.

GABRIEL, *s'asseyant à une table.*

Marc! prends place ici, en face de moi; assis, vite!

MARC, *hésitant à s'asseoir.*

Monseigneur... ici?...

GABRIEL.

Dépêche! tous ces lourdauds nous regardent. Sois un peu moins empesé... Nous ne sommes point ici dans le château de mon grand-père. Demande du vin.

(*Marc frappe sur la table. L'hôte s'approche.*)

L'HOTE.

Quel vin servirai-je à vos excellences?

MARC, *à Gabriel.*

Quel vin servira-t-on à Votre Excellence?

GABRIEL, *à l'hôte.*

Belle question! pardieu! du meilleur.

(*L'hôte s'éloigne. A Marc.*)

Ah çà! ne saurais-tu prendre des manières plus dégagées? Oublies-tu où nous sommes, et veux-tu me compromettre?

MARC.

Je ferai mon possible... Mais en vérité je n'ai pas l'habitude... Êtes-vous bien sûr que ce soit ici?...

GABRIEL.

Très-sûr.. Ah! le local a mauvais air, j'en conviens;

mais c'est la manière de voir les choses qui fait tout. Allons, vieil ami, un peu d'aplomb.

MARC.

Je souffre de vous voir ici!... Si quelqu'un allait vous reconnaître...

GABRIEL.

Eh bien! cela ferait le meilleur effet du monde.

GROUPE D'ÉTUDIANTS. — UN ÉTUDIANT.

Gageons que ce jeune vaurien vient ici avec son oncle pour le griser et lui avouer ses dettes entre deux vins.

AUTRE ÉTUDIANT.

Cela? c'est un garçon rangé. Rien qu'aux plis de sa fraise on voit que c'est un pédant.

UN AUTRE.

Lequel des deux?

DEUXIÈME ÉTUDIANT.

L'un et l'autre.

MARC, *frappant sur la table.*

Eh bien! ce vin?

GABRIEL.

A merveille! frappe plus fort.

GROUPE DE SPADASSINS. — PREMIER SPADASSIN.

Ces gens-là sont bien pressés! Est-ce que la gorge brûle à ce vieux fou?

SECOND SPADASSIN.

Ils sont mis proprement.

TROISIÈME SPADASSIN.

Heim! un vieillard et un enfant! quelle heure est-il?

PREMIER SPADASSIN.

Occupe l'hôte, afin qu'il ne les serve pas trop vite. Pour peu qu'ils vident deux flacons, nous gagnerons bien minuit.

DEUXIÈME SPADASSIN.

Ils sont bien armés.

TROISIÈME SPADASSIN.

Bah! l'un sans barbe, l'autre sans dents.

(*Astolphe entre.*)

PREMIER SPADASSIN.

Ouf! voilà ce ferrailleur d'Astolphe. Quand serons-nous débarrassés de lui?

QUATRIÈME SPADASSIN.

Quand nous voudrons.

DEUXIÈME SPADASSIN.

Il est seul ce soir.

QUATRIÈME SPADASSIN.

Attention!

(*Il montre les étudiants, qui se lèvent.*)

LE GROUPE D'ÉTUDIANTS. — PREMIER ÉTUDIANT.

Voilà le roi des tapageurs, Astolphe. Invitons-le à vider un flacon avec nous; sa gaieté nous réveillera.

DEUXIÈME ÉTUDIANT.

Ma foi, non. Il se fait tard; les rues sont mal fréquentées.

PREMIER ÉTUDIANT.

N'as-tu pas ta rapière?

DEUXIÈME ÉTUDIANT.

Ah! je suis las de ces sottises-là. C'est l'affaire des sbires, et non la nôtre, de faire la guerre aux voleurs toutes les nuits.

TROISIÈME ÉTUDIANT.

Et puis je n'aime guère ton Astolphe. Il a beau être gueux et débauché, il ne peut oublier qu'il est gentilhomme, et de temps en temps il lui prend, comme mal gré lui, des airs de seigneurie qui me donnent envie de le souffleter.

DEUXIÈME ÉTUDIANT.

Et ces deux cuistres qui boivent là tristement dans un coin me font l'effet de barons allemands mal déguisés.

PREMIER ÉTUDIANT.

Décidément le cabaret est mal composé ce soir. Partons. (*Ils paient l'hôte et sortent. Les spadassins suivent tous leurs mouvements. Gabriel est occupé à examiner Astolphe, qui s'est jeté sur un banc d'un air farouche, les coudes appuyés sur la table, sans demander à boire et sans regarder personne.*)

MARC, *bas à Gabriel.*

C'est un beau jeune homme; mais quelle mauvaise tenue! Voyez, sa fraise est déchirée et son pourpoint couvert de taches.

GABRIEL.

C'est la faute de son valet de chambre. Quel noble front! Ah! si j'avais ces traits mâles et ces larges mains!...

PREMIER SPADASSIN, *regardant par la fenêtre.*

Ils sont loin... Si ces deux benêts qui restent là sans vider leurs verres pouvaient partir aussi...

DEUXIÈME SPADASSIN.

Lui chercher querelle ici? L'hôte est poltron.

TROISIÈME SPADASSIN.

Raison de plus.

DEUXIÈME SPADASSIN.

Il criera.

QUATRIÈME SPADASSIN.

On le fera taire.

(*Minuit sonne.*)

(*Astolphe frappe du poing sur la table. Les sbires l'observent alternativement avec Gabriel, qui ne regarde qu'Astolphe.*)

MARC, *bas à Gabriel.*

Il y a là des gens de mauvaise mine qui vous regardent beaucoup.

GABRIEL.

C'est la gaucherie avec laquelle tu tiens ton verre qui les divertit.

MARC, *buvant.*

Ce vin est détestable, et je crains qu'il ne me porte à la tête.

(*Long silence.*)

PREMIER SPADASSIN.

Le vieux s'endort.

DEUXIÈME SPADASSIN.

Il n'est pas ivre.

TROISIÈME SPADASSIN.

Mais il a une bonne dose d'hivers dans le ventre. Va voir un peu si Mezzani n'est pas par là dans la rue; c'est son heure. Ce jeune gars qui ouvre là-bas de si grands yeux a un surtout de velours noir qui n'annonce pas des poches percées.

(*Le deuxième spadassin va à la porte.*)

L'HOTE, *à Astolphe.*

Eh bien! seigneur Astolphe, quel vin aurai-je l'honneur de vous servir?

ASTOLPHE.

Va-t'en à tous les diables!

TROISIÈME SPADASSIN, *à l'hôte à demi-voix, sans qu'Astolphe le remarque.*

Ce seigneur vous a demandé trois fois du malvoisie.

L'HOTE.

En vérité?

(*Il sort en courant. Le premier spadassin fait un signe au troisième, qui met un banc en travers de la porte comme par hasard. Le deuxième rentre avec un cinquième compagnon.*)

LE PREMIER SPADASSIN.

Mezzani?

MEZZANI, *bas.*

C'est entendu. D'une pierre deux coups... Le moment est bon. La ronde vient de passer. J'entame la querelle. (*Haut.*)

Quel est donc le malappris qui se permet de bâiller de la sorte?

ASTOLPHE.

Il n'y a de malappris ici que vous, mon maître. (*Il recommence à bâiller, en étendant les bras avec affectation.*)

MEZZANI.

Seigneur mal peigné, prenez garde à vos manières.

ASTOLPHE, *s'étendant comme pour dormir.*

Tais-toi, bravache, j'ai sommeil.

PREMIER SPADASSIN, *lui lançant son verre.*

Astolphe, à ta santé!

ASTOLPHE.

A la bonne heure; il me manquait d'avoir cassé quelque cruche ou battu quelque chien aujourd'hui.

(*Il s'élance au milieu d'eux en poussant sa table au-devant de lui avec rapidité. Il renverse la table des spadassins, leurs bouteilles et leurs flambeaux. Le combat s'engage.*)

MEZZANI, *tenant Astolphe à la gorge.*

Eh! vous autres, lourdauds, tombez donc sur l'enfant.

PREMIER SPADASSIN, *courant sur Gabriel.*

Il tremble.

(*Marc se jette au-devant, il est renversé. Gabriel tue le spadassin d'un coup de pistolet à bout portant. Un autre s'élance vers lui. Marc se relève. Ils se battent. Gabriel est pâle et silencieux, mais il se bat avec sang-froid.*)

ASTOLPHE, *qui s'est dégagé des mains de Mezzani, se rapproche de Gabriel en continuant à se battre.*

Bien, mon jeune lion! courage, mon beau jeune homme!... (*Il traverse Mezzani de son épée.*)

MEZZANI, *tombant.*

A moi, camarades! je suis mort...

L'HOTE *crie en dehors.*

Au secours! au meurtre! on s'égorge dans ma maison! (*Le combat continue.*)

DEUXIÈME SPADASSIN.

Mezzani mort... Sanche mourant... trois contre trois... Bonsoir!

(*Il s'enfuit vers la porte; les deux autres veulent en faire autant. Astolphe se met en travers de la porte.*)

ASTOLPHE.

Non pas, non pas. Mort aux mauvaises bêtes! A toi! don Gibet; à toi, Coupe-bourse!...

(*Il en accule deux dans un coin, blesse l'un qui demande grâce. Marc poursuit l'autre qui cherche à fuir. Gabriel désarme le troisième, et lui met le poignard sur la gorge.*)

LE SPADASSIN, *à Gabriel.*

Grâce, mon jeune maître, grâce! Vois, la fenêtre est ouverte, je puis me sauver... ne me perds pas! C'était mon premier crime, ce sera le dernier... Ne me fais pas douter de la miséricorde de Dieu! Laisse-moi!... pitié!...

GABRIEL.

Misérable! que Dieu t'entende et te punisse doublement si tu blasphèmes!... Va!

LE SPADASSIN, *montant sur la fenêtre.*

Je m'appelle Giglio... Je te dois la vie!...

(*Il s'élance et disparaît. La garde entre et s'empare des deux autres, qui essayaient de fuir.*)

ASTOLPHE.

Bon! à votre affaire, messieurs les sbires! Vous arrivez, selon l'habitude, quand on n'a plus besoin de vous! Enlevez-nous ces deux cadavres; et vous, monsieur l'hôte, faites relever les tables. (*A Gabriel, qui se lave les mains avec empressement.*) Voilà de la coquetterie; ces souillures étaient glorieuses, mon jeune brave!

GABRIEL, *très-pâle et près de défaillir.*

J'ai horreur du sang.

ASTOLPHE.

Vrai Dieu! il n'y paraît guère quand vous vous battez! Laissez-moi serrer cette petite main blanche qui combat comme celle d'Achille.

GABRIEL, *s'essuyant les mains avec un mouchoir de soie richement brodé.*

De grand cœur, seigneur Astolphe, le plus téméraire des hommes! (*Il lui serre la main.*)

MARC, *à Gabriel.*

Monseigneur, n'êtes-vous pas blessé?

ASTOLPHE.

Monseigneur? En effet, vous avez tout l'air d'un prince. Eh bien, puisque vous connaissez mon nom, vous savez que je suis de bonne maison, et que vous pouvez, sans déroger, me compter parmi vos amis. (*Se retournant vers les sbires, qui ont interrogé l'hôte et qui s'approchent pour le saisir.*) Eh bien! à qui en avez-vous maintenant, chers oiseaux de nuit?

LE CHEF DES SBIRES.

Seigneur Astolphe, vous allez attendre en prison que la justice ait éclairci cette affaire. (*A Gabriel.*) Monsieur, veuillez aussi nous suivre.

ASTOLPHE, *riant.*

Comment! éclairci? Il me semble qu'elle est assez claire comme cela. Des assassins tombent sur nous; ils étaient cinq contre trois, et parce qu'ils comptaient sur la faiblesse d'un vieillard et d'un enfant... Mais ce sont de braves compagnons... Ce jeune homme... Tiens, sbire, tu devrais te prosterner. En attendant, voilà pour boire... Laisse-nous tranquilles... (*Il fouille dans sa poche.*) Ah! j'oubliais que j'ai perdu ce soir mon dernier écu... Mais demain... si je te retrouve dans quelque coupe-gorge comme celui-ci, je te paierai double aubaine... entends-tu? Monsieur est un prince... le prince de... neveu du cardinal de... (*A l'oreille du sbire.*) Le bâtard du dernier pape... (*A Gabriel.*) Glissez-leur trois écus, et dites-leur votre nom.

GABRIEL, *leur jetant sa bourse.*

Le prince Gabriel de Bramante.

ASTOLPHE.

Bramante! mon cousin germain! Par Bacchus et par le diable! il n'y a pas de bâtard dans notre famille...

LE CHEF DES SBIRES, *recevant la bourse de Gabriel et regardant l'hôte avec hésitation.*

En indemnisant l'hôte pour les meubles brisés et le vin répandu... cela peut s'arranger... Quand les assassins seront en jugement, vos seigneuries comparaîtront.

ASTOLPHE.

A tous les diables! c'est assez d'avoir la peine de les larder... Je ne veux plus entendre parler d'eux. (*Bas à Gabriel.*) Quelque chose à l'hôte, et ce sera fini.

GABRIEL, *tirant une autre bourse.*

Faut-il donc acheter la police et les témoins, comme si nous étions des malfaiteurs!

ASTOLPHE.

Oui, c'est assez l'usage dans ce pays-ci.

L'HÔTE, *refusant l'argent de Gabriel.*

Non, monseigneur, je suis bien tranquille sur le dommage que ma maison a souffert. Je sais que votre altesse me le paiera généreusement, et je ne suis pas pressé. Mais il faut que justice se fasse. Je veux que ce tapageur d'Astolphe soit arrêté et demeure en prison jusqu'à ce qu'il m'ait payé la dépense qu'il fait chez moi depuis six mois. D'ailleurs je suis las du bruit et des rixes qu'il apporte ici tous les soirs avec ses méchants compagnons. Il a réussi à déconsidérer ma maison... C'est lui qui entame toujours les querelles, et je suis sûr que la scène de ce soir a été provoquée par lui...

UN DES SPADASSINS, *garrotté.*

Oui, oui; nous étions là bien tranquilles...

ASTOLPHE, *d'une voix tonnante.*

Voulez-vous bien rentrer sous terre, abominable vermine? (*A l'hôte.*) Ah! ah! déconsidérer la maison de monsieur! (*Riant aux éclats.*) Entacher la réputation du coupe-gorge de monsieur! Un repaire d'assassins... une caverne de bandits...

L'HÔTE.

Et qu'y veniez-vous faire, monsieur, dans cette caverne de bandits?

ASTOLPHE.

Ce que la police ne fait pas, purger la terre de quelques coupe-jarrets.

LE CHEF DES SBIRES.

Seigneur Astolphe, la police fait son devoir.

ASTOLPHE.

Bien dit, mon maître : à preuve que sans notre courage et nos armes nous étions assassinés là tout à l'heure.

L'HÔTE.

C'est ce qu'il faut savoir. C'est à la justice d'en connaître. Messieurs, faites votre devoir, ou je porte plainte.

LE CHEF DES SBIRES, *d'un air digne.*

La police sait ce qu'elle a à faire. Seigneur Astolphe, marchez avec nous.

L'HÔTE.

Je n'ai rien à dire contre ces nobles seigneurs.

(*Montrant Gabriel et Marc.*)

GABRIEL, *aux sbires.*

Messieurs, je vous suis. Si votre devoir est d'arrêter le seigneur Astolphe, mon devoir est de me remettre également entre les mains de la justice. Je suis complice de sa faute, si c'est une faute que de défendre sa vie contre des brigands. Un des cadavres qui gisaient ici tout à l'heure a péri de ma main.

ASTOLPHE.

Bravo cousin !

L'HÔTE.

Vous, son cousin ? fi donc ! Voyez l'insolence ! un misérable qui ne paie pas ses dettes !

GABRIEL.

Taisez-vous, monsieur, les dettes de mon cousin seront payées. Mon intendant passera chez vous demain matin.

L'HÔTE, *s'inclinant.*

Il suffit, monseigneur.

ASTOLPHE.

Vous avez tort, cousin, cette dette-ci devrait être payée en coups de bâton. J'en ai bien d'autres auxquelles vous eussiez dû donner la préférence.

GABRIEL.

Toutes seront payées.

ASTOLPHE.

Je crois rêver... Est-ce que j'aurais fait mes prières ce matin ? ou ma bonne femme de mère aurait-elle payé une messe à mon intention ?

LE CHEF DES SBIRES.

En ce cas les affaires peuvent s'arranger...

GABRIEL.

Non, monsieur, la justice ne doit pas transiger ; conduisez-nous en prison... Gardez l'argent, et traitez-nous bien.

LE CHEF DES SBIRES.

Passez, monseigneur.

MARC, *à Gabriel.*

Y songez-vous? en prison, vous, monseigneur?

GABRIEL.

Oui, je veux connaître un peu de tout.

MARC.

Bonté divine! que dira monseigneur votre grand-père?

GABRIEL.

Il dira que je me conduis comme un homme.

SCÈNE II.

En prison.

GABRIEL, ASTOLPHE, LE CHEF DES SBIRES, MARC. (*Astolphe dort étendu sur un grabat. Marc est assoupi sur un banc au fond. Gabriel se promène à pas lents, et chaque fois qu'il passe devant Astolphe, il ralentit encore sa marche et le regarde.*)

GABRIEL.

Il dort comme s'il n'avait jamais connu d'autre domicile! Il n'éprouve pas, comme moi, une horrible répugnance pour ces murs souillés de blasphèmes, pour cette couche où des assassins et des parricides ont reposé leur tête maudite. Sans doute, ce n'est pas la première nuit qu'il passe en prison! Étrangement calme! et pourtant il a ôté la vie à son semblable, il y a une heure! son semblable! un bandit? Oui, son semblable. L'éducation et la fortune eussent peut-être fait de ce bandit un brave officier, un grand capitaine. Qui peut savoir cela, et qui s'en inquiète? celui-là seul à qui l'éducation et le caprice de l'orgueil ont créé une destinée si contraire au vœu de la nature : moi! Moi aussi, je viens de tuer un homme... un homme qu'un caprice analogue eût pu, au sortir du berceau, ensevelir sous une robe et jeter à jamais dans la vie timide et calme du cloître! (*Regardant Astolphe.*) Il est étrange que l'instant qui nous a rapprochés pour la première fois ait fait de chacun de nous un meurtrier! Sombre présage! mais dont je suis le seul à me préoccuper, comme si, en effet, mon âme était d'une nature différente... Non, je n'accepterai pas cette idée d'infériorité! les hommes seuls l'ont créée, Dieu la réprouve. Ayons le même stoïcisme que ceux-là, qui dorment après une scène de meurtre et de carnage.

(*Il se jette sur un autre lit.*)

ASTOLPHE, *rêvant.*

Ah! perfide Faustina! tu vas souper avec Alberto, parce qu'il m'a gagné mon argent!... Je te... méprise... (*Il s'éveille et s'assied sur son lit.*) Voilà un sot rêve! et un réveil plus sot encore! la prison! Eh! compagnons?... Point de réponse; il paraît que tout le monde dort. Bonne nuit! (*Il se recouche et se rendort.*)

GABRIEL, *se soulevant, le regarde.*

Faustina! Sans doute c'est le nom de sa maîtresse. Il rêve à sa maîtresse; et moi, je ne puis songer qu'à cet homme dont les traits se sont hideusement contractés quand ma balle l'a frappé... Je ne l'ai pas vu mourir... il me semble qu'il râlait encore sourdement quand les sbires l'ont emporté... J'ai détourné les yeux... je n'aurais pas eu le courage de regarder une seconde fois cette bouche sanglante, cette tête fracassée!... Je n'aurais pas cru la mort si horrible. L'existence de ce bandit est-elle donc moins précieuse que la mienne? La mienne! n'est-elle pas à jamais misérable? n'est-elle pas criminelle aussi? Mon Dieu! pardonnez-moi. J'ai accordé la vie à l'autre... je n'aurais pas eu le courage de la lui ôter... Et lui!... qui dort là si profondément, il n'eût pas fait grâce; il n'en voulait laisser échapper aucun! Était-ce courage? était-ce férocité?

ASTOLPHE, *rêvant.*

A moi! à l'aide! on m'assassine... (*Il s'agite sur son lit.*) Infâmes! six contre un!... Je perds tout mon sang!... Dieu, Dieu!

(*Il s'éveille en poussant des cris. Marc s'éveille en sursaut et court au hasard; Astolphe se lève égaré et le prend à la gorge. Tous deux crient et luttent ensemble. Gabriel se jette au milieu d'eux.*)

GABRIEL.

Arrêtez, Astolphe! revenez à vous: c'est un rêve!... Vous maltraitez mon vieux serviteur.

(*Il le secoue et l'éveille.*)

ASTOLPHE *va tomber sur son lit et s'essuie le front.*

C'est un affreux cauchemar en effet! Oui, je vous reconnais bien maintenant! Je suis couvert d'une sueur glacée. J'ai bu ce soir du vin détestable. Ne faites pas attention à moi.

(*Il s'étend pour dormir. Gabriel jette son manteau sur Astolphe et va se rasseoir sur son lit.*)

GABRIEL.

Ah! ils rêvent donc aussi, les autres!... Ils connaissent donc le trouble, l'égarement, la crainte... du moins en songe! Ce lourd sommeil n'est que le fait d'une organisation plus grossière... ou plus robuste; ce n'est pas le résultat d'une âme plus ferme, d'une imagination plus calme. Je ne sais pourquoi cet orage qui a passé sur lui m'a rendu une sorte de sérénité ; il me semble qu'à présent je pourrai dormir... Mon Dieu, je n'ai pas d'autre ami que vous !... Depuis le jour fatal où ce secret funeste m'a été dévoilé, je ne me suis jamais endormi sans remettre mon âme entre vos mains, et sans vous demander la justice et la vérité !... Vous me devez plus de secours et de protection qu'à tout autre, car je suis une étrange victime !... (*Il s'endort.*)

ASTOLPHE, *se relevant.*

Impossible de dormir en paix ; d'épouvantables images assiégent mon cerveau. Il vaudra mieux me tenir éveillé ou boire une bouteille de ce vin que le charitable sbire, ému jusqu'aux larmes par la jeunesse et par les écus de mon petit cousin, a glissée par là... (*Il cherche sous les bancs, et se trouve près du lit de Gabriel.*) Cet enfant dort du sommeil des anges ! Ma foi ! c'est bien, à son âge, de dormir après une petite aventure comme celle de ce soir. Il a, pardieu ! tué son homme plus lestement que moi ! et avec un petit air tranquille... C'est le sang du vieux Jules qui coule dans ces fines veines bleues, sous cette peau si blanche !... Un beau garçon, vraiment ! élevé comme une demoiselle, au fond d'un vieux château, par un vieux pédant hérissé de grec et de latin ; du moins c'est ce qu'on m'a dit... Il paraît que cette éducation-là en vaut bien une autre. Ah çà ! vais-je m'attendrir comme le cabaretier et comme le sbire parce qu'il a promis de payer mes dettes ? Oh, non pas ! je garderai mon franc-parler avec lui. Pourtant je sens que je l'aime, ce garçon-là ; j'aime la bravoure dans une organisation délicate. Beau mérite, à moi, d'être intrépide avec des muscles de paysan ! Il est capable de ne boire que de l'eau, lui ! Si je le croyais, j'en boirais aussi, ne fût-ce que pour avoir ce sommeil angélique ! mais, comme il n'y en pas ici... (*Il prend la bouteille et la quitte.*) Eh bien! qu'ai-je donc à le regarder ainsi comme malgré moi? avec ses quinze ou seize ans, et son menton lisse comme celui d'une femme, il me fait illusion... Je voudrais avoir une maîtresse qui lui ressemblât. Mais une femme n'aura jamais ce genre de beauté, cette candeur mêlée à la force, ou du moins au sentiment de la force... Cette joue rosée est celle d'une femme, mais ce front large et pur est celui d'un homme. (*Il remplit son verre et s'assied, en se retournant à chaque instant pour regarder Gabriel. Il boit.*) La Faustina est une jolie fille... mais il y a toujours dans cette créature, malgré ses minauderies, une impudence indélébile... Son rire surtout me crispe les nerfs. Un rire de courtisane! J'ai rêvé qu'elle soupait avec Alberto; elle en est, mille tonnerres! bien capable. (*Regardant Gabriel.*) Si je l'avais vue une seule fois dormir ainsi, j'en serais véritablement amoureux. Mais elle est laide quand elle dort! on dirait qu'il y a dans son âme quelque chose de vil ou de farouche qui disparaît à son gré quand elle parle ou quand elle chante, mais qui se montre quand sa volonté est enchaînée par le sommeil... Pouah! ce vin est couleur de sang... il me rappelle mon cauchemar... Décidément je me dégoûte du vin, je me dégoûte des femmes, je me dégoûte du jeu... Il est vrai que je n'ai plus soif, que ma poche est vide, et que je suis en prison. Mais je m'ennuie profondément de la vie que je mène; et puis, ma mère l'a dit, Dieu fera un miracle et je deviendrai un saint. Oh! qu'est-ce que je vois? c'est très-édifiant! mon petit cousin porte un reliquaire; si je pouvais écarter tout doucement le col de sa chemise, couper le ruban et voler l'amulette pour le lui faire chercher à son réveil...

(*Il s'approche doucement du lit de Gabriel et avance la main. Gabriel s'éveille brusquement et tire son poignard de son sein.*)

GABRIEL.

Que me voulez-vous? ne me touchez pas pas, monsieur, ou vous êtes mort!

ASTOLPHE.

Malepeste! que vous avez le réveil farouche, mon beau cousin! Vous avez failli me percer la main.

GABRIEL, *sèchement et sautant à bas de son lit.*

Mais aussi, que me vouliez-vous? Quelle fantaisie vous prend de m'éveiller en sursaut? C'est une fort sotte plaisanterie.

ASTOLPHE.

Oh! oh! cousin! ne nous fâchons pas. Il est possible que je sois un sot plaisant, mais je n'aime pas beaucoup à me l'entendre dire. Croyez-moi, ne nous brouillons pas avant de nous connaître. Si vous voulez que je vous le dise, la relique que vous avez au cou me divertissait... J'ai eu tort peut-être; mais ne me demandez pas d'excuses, je ne vous en ferai pas.

GABRIEL.

Si ce colifichet vous fait envie, je suis prêt à vous le donner. Mon père en mourant me le mit au cou, et longtemps il m'a été précieux; mais, depuis quelque temps, je n'y tiens plus guère. Le voulez-vous?

ASTOLPHE.

Non! Que voulez-vous que j'en fasse? Mais savez-vous que ce n'est pas bien, ce que vous dites là? La mémoire d'un père devrait vous être sacrée.

GABRIEL.

C'est possible! mais une idée!... Chacun a les siennes!

ASTOLPHE.

Eh bien, moi, qui ne suis qu'un mauvais sujet, je ne voudrais pas parler ainsi. J'étais bien jeune aussi quand je perdis mon père; mais tout ce qui me vient de lui m'est précieux.

GABRIEL.

Je le crois bien!

ASTOLPHE.

Je vois que vous ne songez ni à ce que vous me dites ni à ce que je vous réponds. Vous êtes préoccupé? à votre aise! fatigué peut-être! Buvez un gobelet de vin. Il n'est pas trop mauvais pour du vin de prison.

GABRIEL.

Je ne bois jamais de vin.

ASTOLPHE.

J'en étais sûr! à ce régime-là votre barbe ne poussera jamais, mon cher enfant.

GABRIEL.

C'est fort possible; la barbe ne fait pas l'homme.

ASTOLPHE.

Elle y contribue du moins beaucoup; cependant vous êtes en droit de parler comme vous faites. Vous avez le menton comme le creux de ma main, et vous êtes, je crois, plus brave que moi.

GABRIEL.

Vous croyez?

ASTOLPHE.

Drôle de garçon! c'est égal, un peu de barbe vous ira bien. Vous verrez que les femmes vous regarderont d'un autre œil.

GABRIEL, *haussant les épaules.*

Les femmes?

ASTOLPHE.

Oui. Est-ce que vous n'aimez pas non plus les femmes?

GABRIEL.

Je ne peux pas les souffrir.

ASTOLPHE, *riant.*

Ah! ah! qu'il est original! Alors qu'est-ce que vous aimez? le grec, la rhétorique, la géométrie, quoi?

GABRIEL.

Rien de tout cela. J'aime mon cheval, le grand air, la musique, la poésie, la solitude, la liberté avant tout.

ASTOLPHE.

Mais c'est très-joli, tout cela! Cependant je vous aurais cru tant soit peu philosophe.

GABRIEL.

Je le suis un peu.

ASTOLPHE.

Mais j'espère que vous n'êtes pas égoïste?

GABRIEL.

Je n'en sais rien.

ASTOLPHE.

Quoi! n'aimez-vous personne? N'avez-vous pas un seul ami?

GABRIEL.

Pas encore; mais je désire vous avoir pour ami.

ASTOLPHE.

Moi! c'est très-obligeant de votre part; mais savez-vous si j'en suis digne?

GABRIEL.

Je désire que vous le soyez. Il me semble que vous ne pourrez pas être autrement d'après ce que je me propose d'être pour vous.

ASTOLPHE.

Oh! doucement, doucement, mon cousin. Vous avez parlé de payer mes dettes; j'ai répondu : Faites, si cela vous amuse; mais maintenant, je vous dis : Pas d'airs de protection, s'il vous plaît, et surtout pas de sermons. Je ne tiens pas énormément à payer mes dettes; et si vous les payez, je ne promets nullement de n'en pas faire d'autres. Cela regarde mes créanciers. Je sais bien que, pour l'honneur de la famille, il vaudrait mieux que je fusse un garçon rangé, que je ne hantasse point les tavernes et les mauvais lieux, ou du moins que je me livrasse à mes vices en secret...

GABRIEL.

Ainsi vous croyez que c'est pour l'honneur de la famille que je m'offre à vous rendre service?

ASTOLPHE.

Cela peut être; on fait beaucoup de choses dans notre famille par amour-propre.

GABRIEL.

Et encore plus par rancune.

ASTOLPHE.

Comment cela?

GABRIEL.

Oui; on se hait dans notre famille, et c'est fort triste.

ASTOLPHE.

Moi, je ne hais personne, je vous le déclare. Le ciel vous a fait riche et raisonnable; il m'a fait pauvre et prodigue: il s'est montré trop partial peut-être. Il eût mieux fait de donner au sang des Octave un peu de l'économie et de la prudence des Jules, au sang des Jules un peu de l'insouciance et de la gaieté des Octave. Mais enfin, si vous êtes, comme vous le paraissez, mélancolique et orgueilleux, j'aime encore mieux mon enjouement et ma bonhomie que votre ennui et vos richesses. Vous voyez que je n'ai pas sujet de vous haïr, car je n'ai pas sujet de vous envier.

GABRIEL.

Écoutez, Astolphe; vous vous trompez sur mon compte. Je suis mélancolique par nature, il est vrai; mais je ne suis point orgueilleux. Si j'avais eu des dispositions à l'être, l'exemple de mes parents m'en aurait guéri. Je vous ai semblé un peu philosophe; je le suis assez pour haïr et renier cette chimère qui met l'isolement, la haine et le malheur à la place de l'union, des sympathies et du bonheur domestique.

ASTOLPHE.

C'est bien parler. A ce compte, j'accepte votre amitié. Mais ne vous ferez-vous pas un mauvais parti avec le vieux prince mon grand-oncle, si vous me fréquentez?

GABRIEL.

Très-certainement cela arrivera.

ASTOLPHE.

En ce cas, restons-en là, croyez-moi. Je vous remercie de vos bonnes intentions : comptez que vous aurez en moi un parent plein d'estime, toujours disposé à vous rendre service, et désireux d'en trouver l'occasion; mais ne troublez pas votre vie par une amitié romanesque où tout le profit et la joie seraient de mon côté, où toutes les luttes et tous les chagrins retomberaient sur vous. Je ne ne le veux pas.

GABRIEL.

Et moi, je le veux, Astolphe; écoutez-moi. Il y a huit jours j'étais encore un enfant : élevé au fond d'un vieux manoir avec un gouverneur, une bibliothèque, des faucons et des chiens, je ne savais rien de l'histoire de notre famille et des haines qui ont divisé nos pères; j'ignorais jusqu'à votre nom, jusqu'à votre existence. On m'avait élevé ainsi pour m'empêcher, je suppose, d'avoir une idée ou un sentiment à moi; et l'on crut m'inoculer tout à coup la haine et l'orgueil héréditaires, en m'apprenant, dans une grave conférence, que j'étais, moi enfant, le chef, l'espoir, le soutien d'une illustre famille, dont vous étiez, vous, l'ennemi, le fardeau, la honte.

ASTOLPHE.

Il a dit cela, le vieux Jules? O lâche insolence de la richesse!

GABRIEL.

Laissez en paix ce vieillard; il est assez puni par la tristesse, la crainte et l'ennui qui rongent ses derniers jours. Quand on m'eut appris toutes ces choses, quand on m'eut bien dit que, par droit de naissance, je devais éternellement avoir mon pied sur votre tête, me réjouir de votre abaissement et me glorifier de votre abjection, je fis seller mon cheval, j'ordonnai à mon vieux serviteur de me suivre, et, prenant avec moi les sommes que mon grand-père avait destinées à mes voyages dans les diverses cours où il voulait m'envoyer apprendre le métier d'ambitieux, je suis venu vous trouver afin de dépenser cet argent avec vous en voyages d'instruction ou en plaisirs de jeune homme, comme vous l'entendrez. Je me suis dit que ma franchise vous convaincrait et lèverait tout vain scrupule de votre part; que vous comprendriez le besoin que j'éprouve d'aimer et d'être aimé; que vous partageriez avec moi en frère; qu'enfin vous ne me forceriez pas à me jeter dans la vie des orgueilleux, en vous montrant orgueilleux vous-même, et en repoussant un cœur sincère qui vous cherche et vous implore.

ASTOLPHE, *l'embrassant avec effusion.*

Ma foi! tu es un noble enfant; il y a plus de fermeté, de sagesse et de droiture dans ta jeune tête qu'il n'y en a jamais eu dans toute notre famille. Eh bien, je le veux: nous serons frères, et nous nous moquerons des vieilles querelles de nos pères. Nous courrons le monde ensemble, nous nous ferons de mutuelles concessions, afin d'être toujours d'accord : je me ferai un peu moins fou, tu te feras un peu moins sage. Ton grand-père ne peut pas te déshériter : tu le laisseras gronder, et nous nous chérirons à sa barbe. Toute la vengeance que je veux tirer de sa haine, c'est de t'aimer de toute mon âme.

GABRIEL, *lui serrant la main.*

Merci, Astolphe; vous m'ôtez un grand poids de la poitrine.

ASTOLPHE.

C'est donc pour me rencontrer que tu avais été ce soir à la taverne?

GABRIEL.

On m'avait dit que vous étiez là tous les soirs.

ASTOLPHE.

Cher Gabriel! et tu as failli être assassiné dans ce tripot! et je l'eusse été, moi, peut-être, sans ton secours! Ah! je ne t'exposerai plus jamais à ces ignobles périls; je sens que pour toi j'aurai la prudence que je n'avais pas pour moi-même. Ma vie me semblera plus précieuse unie à la tienne.

GABRIEL, *s'approchant de la grille de la fenêtre.*

Tiens! le jour est levé: regarde, Astolphe, comme le soleil rougit les flots en sortant de leur sein. Puisse notre amitié être aussi pure, aussi belle que le jour dont cette aurore est le brillant présage!

(*Le geôlier et le chef des sbires entrent.*)

LE CHEF DES SBIRES.

Messeigneurs, en apprenant vos noms, le chef de la police a ordonné que vous fussiez mis en liberté sur-le-champ.

ASTOLPHE.

Tant mieux, la liberté est toujours agréable: elle est comme le bon vin, on n'attend pas pour en boire que la soif soit venue.

GABRIEL.

Allons! vieux Marc, éveille-toi. Notre captivité est déjà terminée.

MARC, *bas à Gabriel.*

Eh quoi! mon cher maître, vous allez sortir bras dessus bras dessous avec le seigneur Astolphe?... Que dira Son Altesse si on vient à lui redire...

GABRIEL.

Son Altesse aura bien d'autres sujets de s'étonner. Je le lui ai promis : je me comporterai en homme!

DEUXIÈME PARTIE.

Dans la maison d'Astolphe.

SCÈNE PREMIÈRE.

ASTOLPHE, LA FAUSTINA.

(*Astolphe, en costume de fantaisie très-riche, achève sa toilette devant un grand miroir. La Faustina, très-parée, entre sur la pointe du pied et le regarde. Astolphe essaie plusieurs coiffures tour à tour avec beaucoup d'attention.*)

LA FAUSTINA, *à part.*

Jamais femme mit-elle autant de soin à sa toilette et de plaisir à se contempler? Le fat!

ASTOLPHE, *qui voit Faustina dans la glace. A part.*

Bon! je te vois fort bien, fléau de ma bourse, ennemi de mon salut? Ah! tu reviens me trouver! Je vais te faire un peu damner à mon tour.

(*Il jette sa toque avec une affectation d'impatience et arrange sa chevelure minutieusement.*)

FAUSTINA, *s'assied et le regarde. Toujours à part.*

Courage! admire-toi, beau damoiseau! Et qu'on dise que les femmes sont coquettes! Il ne daignera pas se retourner!

ASTOLPHE, *à part.*

Je gage qu'on s'impatiente. Oh! je n'aurai pas fini de si tôt. *(Il recommence à essayer ses toques.)*

FAUSTINA, *à part.*

Encore!... Le fait est qu'il est beau, bien plus beau qu'Antonio; et on dira ce qu'on voudra, rien ne fait tant d'honneur que d'être au bras d'un beau cavalier. Cela vous pare mieux que tous les joyaux du monde. Quel dommage que tous ces Alcibiades soient si vite ruinés! En voilà un qui n'a plus le moyen de donner une agrafe de ceinture ou un nœud d'épaule à une femme!

ASTOLPHE, *feignant de se parler à lui-même.*

Peut-on poser ainsi une plume sur une barrette! Ces gens-là s'imaginent toujours coiffer des étudiants de Pavie!

(Il arrache la plume et la jette par terre. Faustina la ramasse.)

FAUSTINA, *à part.*

Une plume magnifique! et le costumier la lui fera payer. Mais où prend-il assez d'argent pour louer de si riches habits? *(Regardant autour d'elle.)* Eh mais! je n'y avais pas fait attention! Comme cet appartement est changé! Quel luxe! C'est un palais aujourd'hui. Des glaces! des tableaux!

(Regardant le sofa où elle est assise.)

Un meuble de velours tout neuf, avec des crépines d'or fin! Aurait-il fait un héritage? Ah! mon Dieu, et moi qui depuis huit jours... Faut-il que je sois aveugle! Un si beau garçon!...

(Elle tire de sa poche un petit miroir et arrange sa coiffure.)

ASTOLPHE, *à part.*

Oh! c'est bien inutile! Je suis dans le chemin de la vertu.

FAUSTINA, *se levant et allant à lui.*

A votre aise, infidèle! Quand donc le beau Narcisse daignera-t-il détourner la tête de son miroir?

ASTOLPHE, *sans se retourner.*

Ah! c'est toi, petite?

FAUSTINA.

Quittez ce ton protecteur, et regardez-moi.

ASTOLPHE, *sans se retourner.*

Que me veux-tu? Je suis pressé.

FAUSTINA, *le tirant par le bras.*

Mais, vraiment, vous ne reconnaissez pas ma voix, Astolphe? Votre miroir vous absorbe!

ASTOLPHE, *se retourne lentement et la regarde d'un air indifférent.*

Eh bien, qu'y a-t-il? Je vous regarde. Vous n'êtes pas mal mise. Où passez-vous la nuit?

FAUSTINA, *à part.*

Du dépit? La jalousie le rendra moins fier. Payons d'assurance. (*Haut.*) Je soupe chez Ludovic.

ASTOLPHE.

J'en suis bien aise; c'est là aussi que je vais tout à l'heure.

FAUSTINA.

Je ne m'étonne plus de ce riche déguisement. Ce sera une fête magnifique. Les plus belles filles de la ville y sont conviées; chaque cavalier amène sa maîtresse. Et tu vois que mon costume n'est pas de mauvais goût.

ASTOLPHE.

Un peu mesquin! C'est du goût d'Antonio? Ah! je ne reconnais pas là sa libéralité accoutumée. Il paraît, ma pauvre Faustina, qu'il commence à se dégoûter de toi?

FAUSTINA.

C'est moi plutôt qui commence à me dégoûter de lui.

ASTOLPHE, *essayant des gants.*

Pauvre garçon!

FAUSTINA.

Vous le plaignez?

ASTOLPHE.

Beaucoup, il est en veine de malheur. Son oncle est mort la semaine passée, et ce matin à la chasse le sanglier a éventré le meilleur de ses chiens.

FAUSTINA.

C'est juste comme moi : ma camériste a cassé ce matin mon magot de porcelaine du Japon, mon perroquet s'est empoisonné avant-hier, et je ne t'ai pas vu de la semaine.

ASTOLPHE, *feignant d'avoir mal entendu.*

Qu'est-ce que tu dis de Célimène? J'ai dîné chez elle hier. Et toi, où dînes-tu demain?

FAUSTINA.

Avec toi.

ASTOLPHE.

Tu crois?

FAUSTINA.

C'est une fantaisie que j'ai.

ASTOLPHE.

Moi, j'en ai une autre.

FAUSTINA.

Laquelle?

ASTOLPHE.

C'est de m'en aller à la campagne avec une créature charmante dont j'ai fait la conquête ces jours-ci.

FAUSTINA.

Ah! ah! Eufémia, sans doute?

ASTOLPHE.

Fi donc!

FAUSTINA.

Célimène?

ASTOLPHE.

Ah bah!

FAUSTINA.

Francesca?

ASTOLPHE.

Grand merci!

FAUSTINA.

Mais qui donc? Je ne la connais pas.

ASTOLPHE.

Personne ne la connaît encore ici. C'est une ingénue qui arrive de son village. Belle comme les amours, timide comme une biche, sage et fidèle comme...

FAUSTINA.

Comme toi?

ASTOLPHE.

Oui, comme moi; et c'est beaucoup dire, car je suis à elle pour la vie.

FAUSTINA.

Je t'en félicite... Et nous la verrons ce soir, j'espère?

ASTOLPHE.

Je ne crois pas... Peut-être cependant. (*A part.*) Oh! la bonne idée! (*Haut.*) Oui, j'ai envie de la mener chez Ludovic. Ce brave artiste me saura gré de lui montrer ce chef-d'œuvre de la nature, et il voudra faire tout de suite sa statue... Mais je n'y consentirai pas; je suis jaloux de mon trésor.

FAUSTINA.

Prends garde que celui-là ne s'en aille comme ton argent s'en est allé. En ce cas, adieu; je venais te proposer d'être mon cavalier pour ce soir. C'est un mauvais tour que je voulais jouer à Antonio. Mais puisque tu as une dame, je vais trouver Menrique, qui fait des folies pour moi.

ASTOLPHE, *un peu ému.*

Menrique? (*Se remettant aussitôt.*) Tu ne saurais mieux faire. Au revoir, donc!

FAUSTINA, *à part, en sortant.*

Bah! il est plus ruiné que jamais. Il aura engagé le dernier morceau de son patrimoine pour sa nouvelle passion. Dans huit jours, le seigneur sera en prison et la fille dans la rue. (*Elle sort.*)

SCÈNE II.

ASTOLPHE, *seul.*

Avec Menrique! à qui j'ai eu la sottise d'avouer que j'avais pris cette fille presque au sérieux... Je n'aurais qu'un mot à dire pour la retenir... (*Il va vers la porte, et revient.*) Oh! non, pas de lâcheté. Gabriel me mépriserait, et il aurait raison. Bon Gabriel! le charmant caractère! l'aimable compagnon! comme il cède à tous mes caprices, lui qui n'en a aucun, lui si sage, si pur! Il me voit sans humeur et sans pédanterie continuer cette folle vie. Il ne me fait jamais de reproche, et je n'ai qu'à manifester une fantaisie pour qu'aussitôt il aille au-devant de mes désirs en me procurant argent, équipage, maîtresse, luxe de toute espèce. Je voudrais du moins qu'il prît sa part de mes plaisirs; mais je crains bien que tout cela ne l'amuse pas, et que l'enjouement qu'il me montre parfois ne soit l'héroïsme de l'amitié. Oh! si j'en étais sûr, je me corrigerais sur l'heure; j'achèterais des livres, je me plongerais dans les auteurs classiques; j'irais à confesse; je ne sais pas ce que ne ferais pas pour lui!... Mais il est bien longtemps à sa toilette. (*Il va frapper à la porte de l'appartement de Gabriel.*) Eh bien, ami, es-tu prêt? Pas encore. Laisse-moi entrer, je suis seul. Non? Allons! comme tu voudras. (*Il revient.*) Il s'enferme vraiment comme une demoiselle. Il veut que je le voie dans tout l'éclat de son costume. Je suis sûr qu'il sera charmant en fille; la Faustina ne l'a pas vu, elle y sera prise, et toutes en crèveront de jalousie. Il a eu pourtant bien de la peine à se décider à cette folie. Cher Gabriel! c'est moi qui suis un enfant, et lui un homme, un sage, plein d'indulgence et de dévouement! (*Il se frotte les mains.*) Ah! je vais me divertir aux dépens de la Faustina! Mais quelle impudente créature! Antonio la semaine dernière, Menrique aujourd'hui! Comme les pas de la femme sont rapides dans la carrière du vice! Nous autres, nous savons, nous pouvons toujours nous arrêter; mais elles, rien ne les retient sur cette pente fatale, et quand nous croyons la leur faire remonter, nous ne faisons que hâter leur chute au fond de l'abîme. Mes compagnons ont raison; moi qui passe pour le plus mauvais sujet de la ville, je suis le moins roué de tous. J'ai des instincts de sentimentalité, je rêve des amours romanesques, et, quand je presse dans mes bras une vile créature, je voudrais m'imaginer que je l'aime. Antonio a dû bien se moquer de moi avec cette misérable folle! J'aurais dû la retenir ce soir, et m'en aller avec Gabriel déguisé et avec elle, en chantant le couplet: *Deux femmes valent mieux qu'une.* J'aurais donné du dépit à Antonio par Faustina, à Faustina par Gabriel... Allons! il est peut-être temps encore... Elle a menti, elle n'aurait pas osé aller trouver ainsi Menrique... Elle n'est pas si effrontée! En attendant que Gabriel ait fini de se déguiser, je puis courir chez elle; c'est tout près d'ici. (*Il s'enveloppe de son manteau.*) Une femme peut-elle descendre assez bas pour n'être plus pour nous qu'un objet dont notre vanité fait parade comme d'un meuble ou d'un habit ! (*Il sort.*)

SCÈNE III.

GABRIEL, *en habit de femme très-élégant, sort lentement de sa chambre;* PÉRINNE *le suit d'un air curieux et avide.*

GABRIEL.

C'est assez, dame Périnne, je n'ai plus besoin de vous. Voici pour la peine que vous avez prise.

(*Il lui donne de l'argent.*)

PÉRINNE.

Monseigneur, c'est trop de bonté. Votre Seigneurie plaira à toutes les femmes, jeunes et vieilles, riches et pauvres; car, outre que le ciel a tout fait pour elle, elle est d'une magnificence...

GABRIEL.

C'est bien, c'est bien, dame Périnne. Bonsoir !

PÉRINNE, *mettant l'argent dans sa poche.*

C'est vraiment trop! Votre Altesse ne m'a pas permis de l'aider... je n'ai fait qu'attacher la ceinture et les bracelets. Si j'osais donner un dernier conseil à Votre Excellence, je lui dirais que son collier de dentelle monte trop haut; elle a le cou blanc et rond comme celui d'une femme, les épaules feraient bon effet sous ce voile transparent.

(*Elle veut arranger le fichu, Gabriel la repousse.*)

GABRIEL.

Assez, vous dis-je; il ne faut pas qu'un divertissement devienne une occupation si sérieuse. Je me trouve bien ainsi.

PÉRINNE.

Je le crois bien ! Je connais plus d'une grande dame

qui voudrait avoir la fine ceinture et la peau d'albâtre de Votre Altesse !

(*Gabriel fait un mouvement d'impatience. Périnne fait de grandes révérences ridicules. A part, en se retirant :*)

Je n'y comprends rien. Il est fait au tour ; mais quelle pudeur farouche ! Ce doit être un huguenot !

SCÈNE IV.

GABRIEL, *seul, s'approchant de la glace.*

Que je souffre sous ce vêtement ! Tout me gêne et m'étouffe. Ce corset est un supplice, et je me sens d'une gaucherie !... je n'ai pas encore osé me regarder. L'œil curieux de cette vieille me glaçait de crainte !... Pourtant, sans elle, je n'aurais jamais su m'habiller. (*Il se place devant le miroir et jette un cri de surprise.* Mon Dieu ! est-ce moi ? Elle disait que je ferais une belle fille... Est-ce vrai ? (*Il se regarde longtemps en silence.*) Ces femmes-là donnent des louanges pour qu'on les paie... Astolphe ne me trouvera-t-il pas gauche et ridicule ? Ce costume est indécent... Ces manches sont trop courtes !... Ah ! j'ai des gants !... (*Il met ses gants et les tire au-dessus des coudes.*) Quelle étrange fantaisie que la sienne ! elle lui paraît toute simple, à lui !... Et moi, insensé qui, malgré ma répugnance à prendre de tels vêtements, n'ai pu résister au désir imprudent de faire cette expérience !... Quel effet vais-je produire sur lui ? Je dois être sans grâce !... (*Il essaie de faire quelques pas devant la glace.*) Il me semble que ce n'est pas si difficile, pourtant. (*Il essaie de faire jouer son éventail et le brise.*) Oh ! pour ceci, je n'y comprends rien. Mais, est-ce qu'une femme ne pourrait pas plaire sans ces minauderies ?

(*Il reste absorbé devant la glace.*)

SCÈNE V.

GABRIEL, *devant la glace;* ASTOLPHE *rentre doucement.*

ASTOLPHE, *à part.*

La malheureuse m'avait menti ! elle ira avec Antonio! Je ne voudrais pas que Gabriel sût que j'ai fait cette sottise ! (*Après avoir fermé la porte avec précaution, il se retourne et aperçoit Gabriel qui lui tourne le dos.*) Que vois-je! quelle est cette belle fille?... Tiens ! Gabriel !... je ne te reconnaissais pas, sur l'honneur ! (*Gabriel très-confus, rougit et perd contenance.*) Ah ! mon Dieu! mais c'est un rêve ! que tu es *belle!*... Gabriel, est-ce toi?... As-tu une sœur jumelle? ce n'est pas possible... mon enfant!..., ma chère!...

GABRIEL, *très-effrayé.*

Qu'as-tu donc, Astolphe? tu me regardes d'une manière étrange.

ASTOLPHE.

Mais comment veux-tu que je ne sois pas troublé? Regarde-toi. Ne te prends-tu pas toi-même pour une fille?

GABRIEL, *ému.*

Cette Périnne m'a donc bien déguisé ?

ASTOLPHE.

Périnne est une fée. D'un coup de baguette elle t'a métamorphosé en femme. C'est un prodige, et, si je t'avais vu ainsi la première fois, je ne me serais jamais douté de ton sexe... Tiens! je serais tombé amoureux à en perdre la tête.

GABRIEL, *vivement.*

En vérité, Astolphe?

ASTOLPHE.

Aussi vrai que je suis à jamais ton frère et ton ami, tu

serais à l'heure même ma maîtresse et ma femme si... Comme tu rougis, Gabriel! mais sais-tu que tu rougis comme une jeune fille?... Tu n'as pas mis de fard, j'espère? (*Il lui touche les joues.*) Non! Tu trembles?

GABRIEL.

J'ai froid ainsi, je ne suis pas habitué à ces étoffes légères.

ASTOLPHE.

Froid! tes mains sont brûlantes!... Tu n'es pas malade?... Que tu es enfant, mon petit Gabriel! ce déguisement te déconcerte. Si je ne savais que tu es philosophe, je croirais que tu es dévot, et que tu penses faire un gros péché... Oh! comme nous allons nous amuser! tous les hommes seront amoureux de toi, et les femmes voudront, par dépit, t'arracher les yeux. Ils sont si beaux ainsi, vos yeux noirs! Je ne sais où j'en suis. Tu me fais une telle illusion, que je n'ose plus te tutoyer!... Ah! Gabriel! pourquoi n'y a-t-il pas une femme qui te ressemble?

GABRIEL.

Tu es fou, Astolphe; tu ne penses qu'aux femmes.

ASTOLPHE.

Et à quoi diable veux-tu que je pense à mon âge? Je ne conçois point que tu n'y penses pas encore, toi!

GABRIEL.

Pourtant tu me disais encore ce matin que tu les détestais.

ASTOLPHE.

Sans doute, je déteste toutes celles que je connais; car je ne connais que des filles de mauvaise vie.

GABRIEL.

Pourquoi ne cherches-tu pas une fille honnête et douce? une personne que tu puisses épouser, c'est-à-dire aimer toujours?

ASTOLPHE.

Des filles honnêtes ! ah ! oui, j'en connais ; mais, rien qu'à les voir passer pour aller à l'église, je bâille. Que veux-tu que je fasse d'une petite sotte qui ne sait que broder et faire le signe de la croix ? Il en est de coquettes et d'éveillées qui, tout en prenant de l'eau bénite, vous lancent un coup d'œil dévorant. Celles-là sont pires que nos courtisanes ; car elles sont de nature vaniteuse, par conséquent vénale ; dépravée, par conséquent hypocrite ; et mieux vaut la Faustina, qui vous dit effrontément : Je vais chez Menrique ou chez Antonio, que la femme réputée honnête qui vous jure un amour éternel, et qui vous a trompé la veille en attendant qu'elle vous trompe le lendemain.

GABRIEL.

Puisque tu méprises tant ce sexe, tu ne peux l'aimer !

ASTOLPHE.

Mais je l'aime par besoin. J'ai soif d'aimer, moi ! J'ai dans l'imagination, j'ai dans le cœur une femme idéale ! Et c'est une femme qui te ressemble, Gabriel. Un être intelligent et simple, droit et fin, courageux et timide, généreux et fier. Je vois cette femme dans mes rêves, et je la vois grande, blanche, blonde, comme te voilà avec ces beaux yeux noirs et cette chevelure soyeuse et parfumée. Ne te moque pas de moi, ami ; laisse-moi déraisonner, nous sommes en carnaval. Chacun revêt l'effigie de ce qu'il désire être ou désire posséder : le valet s'habille en maître, l'imbécile en docteur ; moi je t'habille en femme. Pauvre que je suis, je me crée un trésor imaginaire, et je te contemple d'un œil à demi triste, à demi enivré. Je sais bien que demain tes jolis pieds disparaîtront dans des bottes, et que ta main secouera rudement et fraternellement la mienne. En attendant, si je m'en croyais, je la baiserais, cette main si douce... Vraiment ta main n'est pas plus grande que celle d'une femme, et ton bras... Laisse-moi baiser ton gant!... ton bras est d'une rondeur miraculeuse... Allons, ma chère belle, vous êtes d'une vertu farouche!... Tiens! tu joues ton rôle comme un ange : tu remontes tes gants, tu frémis, tu perds contenance! À merveille! Voyons, marche un peu, fais de petits pas.

GABRIEL, *essayant de rire.*

Tu me feras marcher et parler le moins possible; car j'ai une grosse voix, et je dois avoir aussi une bien mauvaise grâce.

ASTOLPHE.

Ta voix est pleine, mais douce; peu de femmes l'ont aussi agréable; et, quant à ta démarche, je t'assure qu'elle est d'une gaucherie adorable. Je te fais passer pour une ingénue; ne t'inquiète donc pas de tes manières.

GABRIEL.

Mais certainement ta femme idéale en a de meilleures?

ASTOLPHE.

Eh bien! pas du tout. En te voyant, je reconnais que cette gaucherie est un attrait plus puissant que toute la science des coquettes. Ton costume est charmant! Est-ce la Périnne qui l'a choisi?

GABRIEL.

Non! elle m'avait apporté l'autre jour un attirail de bohémienne; je lui ai fait faire exprès pour moi cette robe de soie blanche.

ASTOLPHE.

Et tu seras plus paré, avec cette simple toilette et ces perles, que toutes les femmes bigarrées et empanachées qui s'apprêtent à te disputer la palme. Mais qui a posé sur ton front cette couronne de roses blanches? Sais-tu que tu ressembles aux anges de marbre de nos cathédrales? Qui t'a donné l'idée de ce costume si simple et si recherché en même temps?

GABRIEL.

Un rêve que j'ai fait... il y a quelque temps.

ASTOLPHE.

Ah! ah! tu rêves aux anges, toi? Eh bien! ne t'éveille pas, car tu ne trouveras dans la vie réelle que des femmes! Mon pauvre Gabriel, continue, si tu peux, à ne point aimer. Quelle femme serait digne de toi? Il me semble que le jour où tu aimeras je serai triste, je serai jaloux.

GABRIEL.

Eh! mais, ne devrais-je pas être jaloux des femmes après lesquelles tu cours?

ASTOLPHE.

Oh! pour cela, tu aurais grand tort! il n'y a pas de quoi! On frappe en bas!... Vite à ton rôle.

(*Il écoute les voix qui se font entendre sur l'escalier.*)

Vive Dieu! c'est Antonio avec la Faustina. Ils viennent nous chercher. Mets vite ton masque!... ton manteau!... un manteau de satin rose doublé de cygne! c'est charmant!... Allons, cher Gabriel! à présent que je ne vois plus ton visage ni tes bras, je me rappelle que tu es mon camarade... Viens!... égaie-toi un peu. Allons, vive la joie! (*Ils sortent.*)

SCÈNE VI.

Chez Ludovic. — Un boudoir à demi éclairé, donnant sur une galerie très-riche, et au fond un salon étincelant.

GABRIEL, *déguisé en femme, est assis sur un sofa;* ASTOLPHE *entre, donnant le bras à la* FAUSTINA.

FAUSTINA, *d'un ton aigre.*

Un boudoir? Oh! qu'il est joli! mais nous sommes trop d'une ici.

GABRIEL, *froidement.*

Madame a raison, et je lui cède la place. (*Il se lève.*

FAUSTINA.

Il paraît que vous n'êtes pas jalouse!

ASTOLPHE.

Elle aurait grand tort.! Je le lui ai dit, elle peut être bien tranquille.

GABRIEL.

Je ne suis ni très-jalouse ni très-tranquille; mais je baisse pavillon devant madame.

FAUSTINA.

Je vous prie de rester, madame...

ASTOLPHE.

Je te prie de l'appeller mademoiselle, et non pas madame.

FAUSTINA, *riant aux éclats.*

Ah bien! oui, mademoiselle! Tu serais un grand sot, mon pauvre Astolphe!...

ASTOLPHE.

Ris tant que tu voudras; si je pouvais t'appeler mademoiselle, je t'aimerais peut-être encore.

FAUSTINA.

Et j'en serais bien fâchée, car ce serait un amour à

périr d'ennui. (*A Gabriel.*) Est-ce que cela vous amuse, l'amour platonique? (*A part.*)

Vraiment, elle rougit comme si elle était tout à fait innocente. Où diable Astolphe l'a-t-il pêchée?

ASTOLPHE.

Faustina, tu crois à ma parole d'honneur?

FAUSTINA.

Mais, oui.

ASTOLPHE.

Eh bien, je te jure sur mon honneur (non pas sur le tien) qu'elle n'est pas ma maîtresse, et que je la respecte comme ma sœur.

FAUSTINA.

Tu comptes donc en faire ta femme? En ce cas, tu es un grand sot de l'amener ici; car elle y apprendra beaucoup de choses qu'elle est censée ne pas savoir.

ASTOLPHE.

Au contraire, elle y prendra l'horreur du vice en vous voyant, toi et tes semblables.

FAUSTINA.

C'est sans doute pour lui inspirer cette horreur bien profondément que tu m'amenais ici avec des intentions fort peu vertueuses? Madame... ou mademoiselle... vous pouvez m'en croire, il ne comptait pas vous trouver sur ce sofa. Je n'ai pas de parole d'honneur, moi, mais monsieur votre fiancé en a une; faites-la-lui donner!... qu'il ose dire pourquoi il m'amène ici! Or, vous pouvez rester; c'est une leçon de vertu qu'Astolphe veut vous donner.

GABRIEL, *à Astolphe.*

Je ne saurais souffrir plus longtemps l'impudence de pareils discours; je me retire.

ASTOLPHE, *bas.*

Comme tu joues bien la comédie! On dirait que tu es une jeune *lady* bien prude.

GABRIEL, *bas à Astolphe.*

Je t'assure que je ne joue pas la comédie. Tout ceci me répugne, laisse-moi m'en aller. Reste; ne te dérange pas de tes plaisirs pour moi.

ASTOLPHE.

Non, par tous les diables! Je veux châtier l'impertinence de cette pécore! (*Haut.*) Fausta, va-t'en, laisse-nous. J'avais envie de me venger d'Antonio; mais j'ai vu ma fiancée; je ne songe plus qu'à elle. Grand merci pour l'intention; bonsoir.

FAUSTINA, *avec fureur.*

Tu mériterais que je foulasse aux pieds la couronne de fleurs de cette prétendue fiancée, déjà veuve sans doute de plus de maris que tu n'as trahi de femmes.

(*Elle s'approche de Gabriel d'un air menaçant.*)

ASTOLPHE, *la repoussant.*

Fausta! si tu avais le malheur de toucher à un de ses cheveux, je t'attacherais les mains derrière le dos, j'appellerais mon valet de chambre, et je te ferais raser la tête.

(*Faustina tombe sur le canapé, en proie à des convulsions. Gabriel s'approche d'elle.*)

GABRIEL.

Astolphe, c'est mal de traiter ainsi une femme. Vois comme elle souffre!

ASTOLPHE.

C'est de colère, et non de douleur. Sois tranquille, elle est habituée à cette maladie.

GABRIEL.

Astolphe, cette colère est la pire de toutes les souffrances. Tu l'as provoquée, tu n'as plus le droit de la réprimer avec dureté. Dis-lui un mot de consolation. Tu l'avais amenée ici pour le plaisir, et non pour l'outrage.

(*La Faustina feint de s'évanouir.*)

Madame, remettez-vous; tout ceci est une plaisanterie. Je ne suis point une femme; je suis le cousin d'Astolphe.

ASTOLPHE.

Mon bon Gabriel, tu es vraiment fou!

FAUSTINA, *reprenant lentement ses esprits.*

Vraiment! vous êtes le prince de Bramante? ce n'est pas possible!... Mais si fait, je vous reconnais. Je vous ai vu passer à cheval l'autre jour, et vous montez à cheval mieux qu'Astolphe, mieux qu'Antonio lui-même, qui pourtant m'avait plu rien que pour cela.

ASTOLPHE.

Eh bien! voici une déclaration. J'espère que tu comprends, Gabriel, et que tu sauras profiter de tes avantages. Ah çà! Faustina, tu es une bonne fille, ne va pas trahir le secret de notre mascarade. Tu en as été dupe. Tâche de n'être pas la seule, ce serait honteux pour toi.

FAUSTINA.

Je m'en garderai bien! je veux qu'Antonio soit mystifié, et le plus cruellement possible; car il est déjà éperdument amoureux de monsieur. (*A Gabriel.*) Bon! je l'aperçois qui vous lorgne du fond du salon. Je vais vous embrasser pour le confirmer dans son erreur.

GABRIEL, *reculant devant l'embrassade.*

Grand merci! je ne vais pas sur les brisées de mon cousin.

FAUSTINA.

Oh! qu'il est vertueux! Est-ce qu'il est dévot? Eh bien, ceci me plaît à la folie. Mon Dieu, qu'il est joli! Astolphe, tu es encore amoureux de moi, car tu ne me l'avais pas présenté; tu savais bien qu'on ne peut le voir impunément. Est-ce que ces beaux cheveux sont à vous? et quelles mains! c'est un amour!

ASTOLPHE, *à Faustina.*

Bon! tâche de le débaucher. Il est trop sage, vois-tu! (*A Gabriel.*) Eh bien! voyons! Elle est belle, et tu es assez beau pour ne pas craindre qu'on t'aime pour ton argent. Je vous laisse ensemble.

GABRIEL, *s'attachant à Astolphe.*

Non, Astolphe, ce serait inutilement; je ne sais pas ce que c'est que d'offenser une femme, et je ne pourrais pas la mépriser assez pour l'accepter ainsi.

FAUSTINA.

Ne le tourmente pas, Astolphe, je saurai bien l'apprivoiser quand je voudrai. Maintenant songeons à mystifier Antonio. Le voilà, brûlant d'amour et palpitant d'espérance, qui erre autour de cette porte. Qu'il a l'air lourd et souffrant! Allons un peu vers lui.

GABRIEL, *à Astolphe.*

Laisse-moi me retirer. Cette plaisanterie me fatigue. Cette robe me gêne, et ton Antonio me déplaît!

FAUSTINA.

Raison de plus pour te moquer de lui, mon beau chérubin! Oh! Astolphe, si tu avais vu comme Antonio poursuivait ton cousin pendant que tu dansais la tarentelle! Il voulait absolument l'embrasser, et cet ange se défendait avec une pudeur si bien jouée!

ASTOLPHE.

Allons, tu peux bien te laisser embrasser un peu pour rire; qu'est-ce que cela te fait? Ah! Gabriel, je t'en prie, ne nous quitte pas encore. Si tu t'en vas, je m'en vais aussi; et ce serait dommage, j'ai si bonne envie de me divertir!

GABRIEL.

Alors je reste.

FAUSTINA.

L'aimable enfant!

(*Ils sortent. Antonio les accoste dans la galerie. Après quelques mots échangés, Astolphe passe le bras de Gabriel sous celui d'Antonio et les suit avec Faustina en se moquant. Ils s'éloignent.*)

SCÈNE VII.

Toujours chez Ludovic. — Un jardin; illumination dans le fond.

ASTOLPHE, *très-agité;* GABRIEL, *courant après lui.*

GABRIEL, *toujours en femme, avec une grande mantille de dentelle blanche.*

Astolphe, où vas-tu? qu'as-tu? pourquoi sembles-tu me fuir?

ASTOLPHE.

Mais rien, mon enfant; je veux respirer un peu d'air pur, voilà tout. Tout ce bruit, tout ce vin, tous ces parfums échauffés me portent à la tête, et commencent à me causer du dégoût. Si tu veux te retirer, je ne te retiens plus. Je te rejoindrai bientôt.

GABRIEL.

Pourquoi ne pas rentrer tout de suite avec moi?

ASTOLPHE.

J'ai besoin d'être seul ici un instant.

GABRIEL.

Je comprends. Encore quelque femme?

ASTOLPHE.

Eh bien! non; une querelle, puisque tu veux le savoir. Si tu n'étais pas déguisé, tu pourrais me servir de témoin; mais j'ai appelé Menrique.

GABRIEL.

Et tu crois que je te quitterai? Mais avec qui t'es-tu donc pris de querelle?

ASTOLPHE.

Tu le sais le bien : avec Antonio.

GABRIEL.

Alors c'est une plaisanterie, et il faut que je reste

pour lui apprendre que je suis ton cousin, et non pas une femme.

ASTOLPHE.

Il n'en sera que plus furieux d'avoir été mystifié devant tout le monde, et je n'attendrai pas qu'il me provoque, car c'est à lui de me rendre raison.

GABRIEL.

Et de quoi, mon Dieu?

ASTOLPHE.

Il t'a offensé, il m'a offensé aussi. Il t'a embrassé de force devant moi, quand je jouais le rôle de jaloux, et que je lui ordonnais de te laisser tranquille.

GABRIEL.

Mais, puisque tout cela est une comédie inventée par toi, tu n'as pas le droit de prendre la chose au sérieux.

ASTOLPHE.

Si fait, je prends celle-ci au sérieux.

GABRIEL.

S'il a été impertinent, c'est avec moi, et c'est à moi de lui demander raison.

ASTOLPHE, *très-ému, lui prenant le bras*

Toi! jamais tu ne te battras tant que je vivrai! Mon Dieu! si je voyais un homme tirer l'épée contre toi, je deviendrais assassin, je le frapperais par derrière. Ah! Gabriel, tu ne sais pas comme je t'aime, je ne le sais pas moi-même.

GABRIEL, *troublé.*

Tu es très-exalté aujourd'hui, mon bon frère.

ASTOLPHE.

C'est possible. J'ai été pourtant très-sobre au souper. Tu l'as remarqué? Eh bien, je me sens plus ivre que si j'avais bu pendant trois nuits.

GABRIEL.

Cela est étrange! quand tu as provoqué Antonio, tu

étais hors de toi, et j'admirais, moi aussi, comme tu joues bien la comédie.

ASTOLPHE.

Je ne la jouais pas, j'étais furieux ! Je le suis encore. Quand j'y pense, la sueur me coule du front.

GABRIEL.

Il ne t'a pourtant rien dit d'offensant. Il riait; tout le monde riait.

ASTOLPHE.

Excepté toi. Tu paraissais souffrir le martyre.

GABRIEL.

C'était dans mon rôle.

ASTOLPHE.

Tu l'as si bien joué que j'ai pris le mien au sérieux, je te le répète. Tiens, Gabriel, je suis un peu fou cette nuit. Je suis sous l'empire d'une étrange illusion. Je me persuade que tu es une femme, et, quoique je sache le contraire, cette chimère s'est emparée de mon imagination comme ferait la réalité, plus peut-être; car, sous ce costume, j'éprouve pour toi une passion enthousiaste, craintive, jalouse, chaste, comme je n'en éprouverai certainement jamais. Cette fantaisie m'a enivré toute la soirée. Pendant le souper, tous les regards étaient sur toi; tous les hommes partageaient mon illusion, tous voulaient toucher le verre où tu avais posé tes lèvres, ramasser les feuilles de rose échappées à la guirlande qui ceint ton front. C'était un délire! Et moi j'étais ivre d'orgueil, comme si en effet tu eusses été ma fiancée! On dit que Benvenuto, à un souper chez Michel-Ange, conduisit son élève Ascanio, ainsi déguisé, parmi les plus belles filles de Florence, et qu'il eut toute la soirée le prix de la beauté. Il était moins beau que toi, Gabriel, j'en suis certain... Je te regardais à l'éclat des bougies, avec ta robe blanche et tes beaux bras languissants dont tu semblais honteux, et ton sourire mélancolique dont la candeur contrastait avec l'impudence mal replâtrée de toutes ces bacchantes!... J'étais ébloui! O puissance de la beauté et de l'innocence! cette orgie était devenue paisible et presque chaste! Les femmes voulaient imiter ta réserve, les hommes étaient subjugués par un secret instinct de respect; on ne chantait plus les stances d'Arétin, aucune parole obscène n'osait plus frapper ton oreille... J'avais oublié complétement que tu n'es pas une femme... J'étais trompé tout autant que les autres. Et alors ce fat d'Antonio est venu, avec son œil aviné et ses lèvres toutes souillées encore des baisers de Faustina, te demander un baiser que, moi, je n'aurais pas osé prendre... Alors mille furies se sont allumées dans mon sein : je l'aurais tué certainement, si on ne m'eût tenu de force, et je l'ai provoqué... Et à présent que je suis dégrisé, tout en m'étonnant de ma folie, je sens qu'elle serait prête à renaître, si je le voyais encore auprès de toi.

GABRIEL.

Tout cela est l'effet de l'excitation du souper. La morale fait bien de réprouver ces sortes de divertissements. Tu vois qu'ils peuvent allumer en nous des feux impurs, et dont la seule idée nous eût fait frémir de sang-froid. Ce jeu a duré trop longtemps, Astolphe; je vais me retirer et dépouiller ce dangereux travestissement pour ne jamais le reprendre.

ASTOLPHE.

Tu as raison, mon Gabriel. Va, je te rejoindrai bientôt.

GABRIEL.

Je ne m'en irai pourtant pas sans que tu me promettes de renoncer à cette folle querelle et de faire la paix avec Antonio. J'ai chargé la Faustina de le détromper. Tu vois qu'il ne vient pas au rendez-vous, et qu'il se tient pour satisfait.

ASTOLPHE.

Eh bien, j'en suis fâché; j'éprouvais le besoin de me battre avec lui! Il m'a enlevé la Faustina : je n'en ai pas regret; mais il l'a fait pour m'humilier, et tout prétexte m'eût été bon pour le châtier.

GABRIEL.

Celui-là serait ridicule. Et, qui sait? de méchants esprits pourraient y trouver matière à d'odieuses interprétations.

ASTOLPHE.

C'est vrai! Périsse mon ressentiment, périssent mon honneur et ma bravoure, plutôt que cette fleur d'innocence qui revêt ton nom... Je te promets de tourner l'affaire en plaisanterie.

GABRIEL.

Tu m'en donnes ta parole?

ASTOLPHE.

Je te le jure! (*Ils se serrent la main.*)

GABRIEL.

Les voici qui viennent en riant aux éclats. Je m'esquive. (*A part.*) Il est bien temps, mon Dieu! Je suis plus troublé, plus éperdu que lui.

(*Il s'enveloppe dans sa mantille, Astolphe l'aide à s'arranger.*

ASTOLPHE, *le serrant dans ses bras.*

Ah! c'est pourtant dommage que tu sois un garçon! Allons, va-t'en. Tu trouveras ta voiture au bas du perron, par ici!...

(*Gabriel disparaît sous les arbres, Astolphe le suit des yeux et reste absorbé quelques instants. Au bruit des rires d'Antonio et de Faustina, il passe la main sur son front comme au sortir d'un rêve.*)

SCÈNE VIII.

ASTOLPHE, ANTONIO, FAUSTINA, MENRIQUE;
GROUPES DE JEUNES GENS ET DE COURTISANES.

ANTONIO.

Ah! la bonne histoire! J'ai été dupe au delà de la permission; mais, ce qui me console, c'est que je ne suis pas le seul.

MENRIQUE.

Ah! je crois bien, j'ai soupiré tout le temps du souper, et, en ôtant sa robe ce soir, il trouvera un billet doux de moi dans sa poche.

FAUSTINA.

Le bel espiègle rira bien de vous tous.

ANTONIO.

Et de vous toutes!

FAUSTINA.

Excepté de moi. Je l'ai reconnu tout de suite.

ASTOLPHE, *à Antonio.*

Tu ne m'en veux pas trop?

ANTONIO, *lui serrant la main.*

Allons donc! je te dois mille louanges. Tu as joué ton rôle comme un comédien de profession. Othello ne fut jamais mieux rendu.

MENRIQUE.

Mais où est donc passé ce beau garçon? A présent nous pourrons bien l'embrasser sans façon sur les deux joues.

ASTOLPHE.

Il a été se déshabiller, et je ne crois pas qu'il revienne; mais demain je vous invite tous à déjeuner chez moi avec lui.

FAUSTINA.

Nous en sommes ?

ASTOLPHE.

Non, au diable les femmes !

SCÈNE IX.

La chambre de Gabriel dans la maison d'Astolphe. — Gabriel, vêtu en femme et enveloppé de son manteau et de son voile, entre et réveille Marc qui dort sur une chaise.

MARC, GABRIEL.

MARC.

Ah! mille pardons!... Madame demande le seigneur Astolphe. Il n'est pas rentré... C'est ici la chambre du seigneur Gabriel.

GABRIEL, *jetant son voile et son manteau sur une chaise.*

Tu ne me reconnais donc pas, vieux Marc ?

MARC, *se frottant les yeux.*

Bon Dieu ! que vois-je ?... En femme, monseigneur, en femme !

GABRIEL.

Sois tranquille, mon vieux, ce n'est pas pour longtemps.

(*Il arrache sa couronne et dérange avec empressement la symétrie de sa chevelure.*

MARC.

En femme ! J'en suis tout consterné ! Que dirait son altesse ?...

GABRIEL.

Ah ! pour le coup, son altesse trouverait que je ne me conduis pas en homme. Allons, va te coucher, Marc. Tu me retrouveras demain plus garçon que jamais, je t'en réponds! Bonsoir, mon brave. (*Marc sort.*)

GABRIEL, *seul.*

Otons vite la robe de Déjanire, elle me brûle la poitrine, elle m'enivre, elle m'oppresse! Oh! quel trouble, quel égarement, mon Dieu!... Mais comment m'y prendrai-je?... Tous ces lacets, toutes ces épingles... (*Il déchire son fichu de dentelle et l'arrache par lambeaux.*) Astolphe, Astolphe, ton trouble va cesser avec ton illusion. Quand j'aurai quitté ce déguisement pour reprendre l'autre, tu seras désenchanté. Mais moi, retrouverai-je sous mon pourpoint le calme de mon sang et l'innocence de mes pensées?... Sa dernière étreinte me dévorait! Ah! je ne puis défaire ce corsage! Hâtons-nous!... (*Il prend son poignard sur la table et coupe les lacets.*) Maintenant, où ce vieux Marc a-t-il caché mon pourpoint? Mon Dieu! j'entends monter l'escalier, je crois! (*Il court fermer la porte au verrou.*) Il a emporté mon manteau et le voile!... Vieux dormeur! Il ne savait ce qu'il faisait... Et les clefs de mes coffres sont restées dans sa poche, je gage... Rien! pas un vêtement, et Astolphe qui va vouloir causer avec moi en rentrant... Si je ne lui ouvre pas, j'éveillerai ses soupçons! Maudite folie! Ah!... avant qu'il entre ici, je trouverai un manteau dans sa chambre...

Il prend un flambeau, ouvre une petite porte de côté et entre dans la chambre voisine. Un instant de silence, puis un cri.)

ASTOLPHE, *dans la chambre voisine.*

Gabriel, tu es une femme! O mon Dieu!

(*On entend tomber le flambeau. La lumière disparaît. Gabriel rentre éperdu. Astolphe le suit dans les ténèbres et s'arrête au seuil de la porte.*)

ASTOLPHE.

Ne crains rien, ne crains rien! Maintenant je ne franchirai plus cette porte sans ta permission. (*Tombant à genoux.*) O mon Dieu, je vous remercie!

TROISIÈME PARTIE.

Dans un vieux petit castel pauvre et délabré, appartenant à Astolphe et situé au fond des bois; une pièce sombre avec des meubles antiques et fanés.

SCÈNE PREMIÈRE.

SETTIMIA, BARBE, GABRIELLE, FRÈRE COME.

(*Settimia et Barbe travaillent près d'une fenêtre Gabrielle brode au métier, près de l'autre fenêtre; frère Côme va de l'une à l'autre, en se traînant lourdement, et s'arrêtant toujours près de Gabrielle.*)

FRÈRE COME, *à Gabrielle, à demi-voix.*

Eh bien, signora, irez-vous encore à la chasse demain?

GABRIELLE, *de même, d'un ton froid et brusque.*

Pourquoi pas, frère Côme, si mon mari le trouve bon?

FRÈRE COME.

Oh! vous répondez toujours de manière à couper court à toute conversation!

GABRIELLE.

C'est que je n'aime guère les paroles inutiles.

FRÈRE COME.

Eh bien, vous ne me rebuterez pas si aisément, et je trouverai matière à une réflexion sur votre réponse.

(*Gabrielle garde le silence, Côme reprend.*)

C'est qu'à la place d'Astolphe je ne vous verrais pas volontiers galoper, sur un cheval ardent, parmi les marais et les broussailles.

(*Gabrielle garde toujours le silence, Côme reprend en baissant la voix de plus en plus.*)

Oui! si j'avais le bonheur de posséder une femme jeune et belle, je ne voudrais pas qu'elle s'exposât ainsi...

(*Gabrielle se lève.*)

SETTIMIA, *d'une voix sèche et aigre.*

Vous êtes déjà lasse de notre compagnie?

GABRIELLE.

J'ai aperçu Astolphe dans l'allée de marronniers; il m'a fait signe, et je vais le rejoindre.

FRÈRE COME, *bas.*

Vous accompagnerai-je jusque-là?

GABRIELLE, *haut.*

Je veux aller seule.

(*Elle sort. Frère Côme revient vers les autres en ricanant.*)

FRÈRE COME.

Vous l'avez entendue? Vous voyez comme elle me reçoit? Il faudra, Madame, que votre seigneurie me dispense de travailler à l'œuvre de son salut: je suis découragé de ses rebuffades: c'est un petit esprit fort, rempli d'orgueil, je vous l'ai toujours dit.

SETTIMIA.

Votre devoir, mon père, est de ne point vous décourager quand il s'agit de ramener une âme égarée; je n'ai pas besoin de vous le dire.

BARBE *se lève, met ses lunettes sur son nez, et va examiner le métier de Gabrielle.*

J'en étais sûre! pas un point depuis hier! Vous croyez qu'elle travaille? elle ne fait que casser des fils, perdre des aiguilles et gaspiller de la soie. Voyez comme ses écheveaux sont embrouillés!

FRÈRE COME, *regardant le métier.*

Elle n'est pourtant pas maladroite! Voilà une fleur tout à fait jolie et qui ferait bien sur un devant d'autel.

Regardez cette fleur, ma sœur Barbe! vous n'en feriez pas autant peut-être.

BARBE, *aigrement*.

J'en serais bien fâchée. A quoi cela sert-il, toutes ces belles fleurs-là?

FRÈRE COME,

Elle dit que c'est pour faire une doublure de manteau à son mari.

SETTIMIA,

Belle sottise! son mari a bien besoin d'une doublure brodée en soie quand il n'a pas seulement le moyen d'avoir le manteau! Elle ferait mieux de raccommoder le linge de la maison avec nous.

BARBE.

Nous n'y suffisons pas. A quoi nous aide-t-elle? à rien!

SETTIMIA.

Et à quoi est-elle bonne? à rien d'utile. Ah! c'est un grand malheur pour moi qu'une bru semblable! Mais mon fils ne m'a jamais causé que des chagrins.

FRÈRE COME.

Elle paraît du moins aimer beaucoup son mari!... (*Un silence.*) Croyez-vous qu'elle aime beaucoup son mari? (*Silence*). Dites, ma sœur Barbe?

BARBE.

Ne me demandez rien là-dessus. Je ne m'occupe pas de leurs affaires.

SETTIMIA.

Si elle aimait son mari, comme il convient à une femme pieuse et sage, elle s'occuperait un peu plus de ses intérêts, au lieu d'encourager toutes ses fantaisies et de l'aider à faire de la dépense.

FRÈRE COME.

Ils font beaucoup de dépense?

SETTIMIA.

Ils font toute celle qu'ils peuvent faire. A quoi leur servent ces deux chevaux fins qui mangent jour et nuit à l'écurie, et qui n'ont pas la force de labourer ou de traîner le chariot?

BARBE, *ironiquement.*

A chasser! C'est un si beau plaisir que la chasse!

SETTIMIA.

Oui, un plaisir de prince! Mais quand on est ruiné, on ne doit plus se permettre un pareil train.

FRÈRE CÔME.

Elle monte à cheval comme saint Georges.

BARBE.

Fi! frère Côme! ne comparez pas aux saints du paradis une personne qui ne se confesse pas, et qui lit toute sorte de livres.

SETTIMIA, *laissant tomber son ouvrage.*

Comment! toute sorte de livres! Est-ce qu'elle aurait introduit de mauvais livres dans ma maison.

BARBE.

Des livres grecs, des livres latins. Quand ces livres-là ne sont ni les Heures du diocèse, ni le saint Évangile, ni les Pères de l'Église, ce ne peuvent être que des livres païens ou hérétiques! Tenez, en voici un des moins gros que j'ai mis dans ma poche pour vous le montrer.

FRÈRE CÔME, *ouvrant le livre.*

Thucydide! Oh! nous permettons cela dans les colléges... Avec des coupures, on peut lire les auteurs profanes sans danger.

SETTIMIA.

C'est très-bien; mais quand on ne lit que ceux-là, on est bien près de ne pas croire en Dieu. Et n'a-t-elle pas osé soutenir hier à souper que Dante n'était pas un auteur impie?

BARBE.

Elle a fait mieux, elle a osé dire qu'elle ne croyait pas à la damnation des hérétiques.

FRÈRE COME, *d'un ton cafard et dogmatique.*

Elle a dit cela ? Ah ! c'est fort grave ! très-grave !

BARBE.

D'ailleurs, est-ce le fait d'une personne modeste de faire sauter un cheval par-dessus les barrières ?

SETTIMIA.

Dans ma jeunesse, on montait à cheval, mais avec pudeur, et sans passer la jambe sur l'arçon. On suivait la chasse avec un oiseau sur le poing ; mais on allait d'un train prudent et mesuré, et on avait un varlet qui courait à pied tenant le cheval par la bride. C'était noble, c'était décent ; on ne rentrait pas échevelée, et on ne déchirait point ses dentelles à toutes les branches pour faire assaut de course avec les hommes.

FRÈRE COME.

Ah ! dans ce temps-là votre seigneurie avait une belle suite et de riches équipages !

SETTIMIA.

Et je me faisais honneur de ma fortune sans permettre la moindre prodigalité. Mais le ciel m'a donné un fils dissipateur, inconsidéré, méprisant les bons conseils, cédant à tous les mauvais exemples, jetant l'or à pleines mains ; et, pour comble de malheur, quand je le croyais corrigé, quand il semblait plus respectueux et plus tendre pour moi, voici qu'il m'amène une bru que je ne connais pas, que personne ne connaît, qui sort on ne sait d'où, qui n'a aucune fortune, et peut-être encore moins de famille.

FRÈRE COME.

Elle se dit orpheline et fille d'un honnête gentilhomme ?

BARBE.

Qui le sait? On ne l'entend jamais parler de ses parents ni de la maison de son père.

FRÈRE COME.

D'après ses habitudes, elle semblerait avoir été élevée dans l'opulence. C'est quelque fille de grande maison qui a épousé votre fils en secret contre le gré de ses parents. Peut-être elle sera riche un jour.

SETTIMIA.

C'est ce qu'il voulut me faire croire lorsqu'il m'annonça ses projets, et je n'y ai pas apporté d'obstacle; car la fausseté n'était pas au nombre de ses défauts. Mais je vois bien maintenant que cette aventurière l'a entraîné dans la voie du mensonge, car rien ne vient à l'appui de ce qu'il avait annoncé; et, quoique je vive depuis longues années retirée du monde, il me paraît très-difficile que la société ait assez changé pour qu'une pareille aventure se passe sans faire aucun bruit.

FRÈRE COME.

Il m'a semblé souvent qu'elle disait des choses contradictoires. Quand on lui fait des questions, elle se trouble, se coupe dans ses réponses, et finit par s'impatienter, en disant qu'elle n'est pas au tribunal de l'inquisition.

SETTIMIA.

Tout cela finira mal! J'ai eu du malheur toute ma vie, frère Côme! Un époux imprudent, fantasque (Dieu veuille avoir pitié de son âme!) et qui m'a été bien funeste. Il avait bien peu de chose à faire pour rester dans les bonnes grâces de son père. En flattant un peu son orgueil et ne le contrecarrant pas à tout propos, il eût pu l'engager à payer ses dettes et à faire quelque chose pour Astolphe. Mais c'était un caractère bouillant et impétueux comme son fils. Il prit à tâche de se fermer la maison paternelle, et nous portons aujourd'hui la peine de sa folie.

FRÈRE COME, *d'un air cafard et méchant.*

Le cas était grave... très-grave !...

SETTIMIA.

De quel cas voulez-vous parler ?

FRÈRE COME.

Ah ! votre seigneurie doit savoir à quoi s'en tenir. Pour moi, je ne sais que ce qu'on m'en a dit. Je n'avais pas alors l'honneur de confesser votre seigneurie.

(Il ricane grossièrement.)

SETTIMIA.

Frère Côme, vous avez quelquefois une singulière manière de plaisanter; je me vois forcée de vous le dire.

FRÈRE COME.

Moi, je ne vois pas en quoi la plaisanterie pourrait blesser votre seigneurie. Le prince Jules fut un grand pécheur, et votre seigneurie était la plus belle femme de son temps... on voit bien encore que la renommée n'a rien exagéré à ce sujet; et, quant à la vertu de votre seigneurie, elle était ce qu'elle a toujours été. Cela dut allumer dans l'âme vindicative du prince un grand ressentiment, et la conduite de votre beau-père dut détruire dans l'esprit du comte Octave, votre époux, tout respect filial. Quand de tels événements se passent dans les familles, et nous savons, hélas ! qu'ils ne s'y passent que trop souvent, il est difficile qu'elles n'en soient pas bouleversées.

SETTIMIA.

Frère Côme, puisque vous avez ouï parler de cette horrible histoire, sachez que je n'aurais pas eu besoin de l'aide de mon mari pour repousser des tentatives aussi détestables. C'était à moi de me défendre et de m'éloigner. C'est ce que je fis. Mais c'était à lui de paraître tout ignorer, pour empêcher le scandale et pour ne pas amener son père à le déshériter. Qu'en est-il résulté? Astolphe, élevé dans une noble aisance, n'a pu s'habituer à la pauvreté. Il a dévoré en peu d'années son faible patrimoine; et aujourd'hui il vit de privations et d'ennuis au fond de la province, avec une mère qui ne peut que pleurer sur sa folie, et une femme qui ne peut pas contribuer à le rendre sage. Tout cela est triste, fort triste!

FRÈRE COME.

Eh bien, tout cela peut devenir très-beau et très-riant! Que le jeune Gabriel de Bramante meure avant Astolphe, Astolphe hérite du titre et de la fortune de son grand-père.

SETTIMIA.

Ah! tant que le prince vivra, il trouvera un moyen de l'en empêcher. Fallût-il se remarier à son âge, il en ferait la folie; fallût-il supposer un enfant issu de ce mariage, il en aurait l'impudeur.

FRÈRE COME.

Qui le croirait?

SETTIMIA.

Nous sommes dans la misère; il est tout-puissant!

FRÈRE COME.

Mais, savez-vous ce qu'on dit? Une chose dont j'ose à peine vous parler, tant je crains de vous donner une folle espérance.

BARBE.

Quoi donc? Dites, frère Côme!

FRÈRE COME.

Eh bien, on dit que le jeune Gabriel est mort.

SETTIMIA.

Sainte Vierge! serait-il bien possible! Et Astolphe qui

n'en sait rien!... Il ne s'occupe jamais de ce qui devrait l'intéresser le plus au monde.

FRÈRE COME.

Oh! ne nous réjouissons pas encore! Le vieux prince nie formellement le fait. Il dit que son petit-fils voyage à l'étranger, et le prouve par des lettres qu'il en reçoit de temps en temps.

SETTIMIA.

Mais ce sont peut-être des lettres supposées!

FRÈRE COME.

Peut-être! Cependant il n'y a pas assez longtemps que le jeune homme a disparu pour qu'on soit fondé à le soutenir.

BARBE.

Le jeune homme a disparu?

FRÈRE COME.

Il avait été élevé à la campagne, caché à tous les yeux. On pouvait croire qu'étant né d'un père faible et mort prématurément de maladie, il serait rachitique et destiné à une fin semblable. Cependant, lorsqu'il parut à Florence l'an passé, on vit un joli garçon bien constitué, quoique délicat et svelte comme son père, mais frais comme une rose, allègre, hardi, assez mauvais sujet, courant un peu le guilledou, et même avec Astolphe, qui s'était lié avec lui d'amitié, et qui ne le conduisait pas trop maladroitement à encourir la disgrâce du grand-père. (*Settimia fait un geste d'étonnement.*) Oh! nous n'avons pas su tout cela. Astolphe a eu le bon esprit de n'en rien dire, ce qui ferait croire qu'il n'est pas si fou qu'on le croit.

SETTIMIA, *avec fierté.*

Frère Côme, Astolphe n'aurait pas fait un pareil calcul! Astolphe est la franchise même.

FRÈRE COME.

Cependant son mariage vous laisse bien des doutes sur sa véracité. Mais passons.

SETTIMIA.

Oui, oui, racontez-moi ce que vous savez. Qui donc vous a dit tout cela?

FRÈRE COME.

Un des frères de notre couvent, qui arrive de Toscane, et avec qui j'ai causé ce matin.

SETTIMIA.

Voyez un peu! Et nous ne savons rien ici de ce qui se passe, nous autres! Eh bien?

FRÈRE COME.

Le jeune prince, ayant donc fait grand train dans la ville, disparut une belle nuit. Les uns disent qu'il a enlevé une femme; d'autres, qu'il a été enlevé lui-même par ordre de son grand-père, et mis sous clef dans quelque château, en attendant qu'il se corrige de son penchant à la débauche; d'autres enfin pensent que, dans quelque tripot, il aura reçu une estocade qui l'aura envoyé *ad patres*, et que le vieux Jules cache sa mort pour ne pas vous réjouir trop tôt et pour retarder autant que possible le triomphe de la branche cadette. Voilà ce qu'on m'a dit; mais n'y ajoutez pas trop de foi, car tout cela peut être erroné.

SETTIMIA.

Mais il peut y avoir du vrai dans tout cela, et il faut absolument le savoir. Ah! mon Dieu! et Astolphe qui ne se remue pas!... Il faut qu'il parte à l'instant pour Florence.

SCÈNE II.

ASTOLPHE, LES PRÉCÉDENTS.

FRÈRE COME.

Justement, vous arrivez bien à propos; nous parlions de vous.

ASTOLPHE, *sèchement.*

Je vous en suis grandement obligé. Ma mère, comment vous portez-vous aujourd'hui?

SETTIMIA.

Ah! mon fils! je me sens ranimée; et, si je pouvais croire à ce qui a été rapporté au frère Côme, je serais guérie pour toujours.

ASTOLPHE.

Le frère Côme peut être un grand médecin; mais je l'engagerai à se mêler fort peu de notre santé à tous, de nos affaires encore moins.

FRÈRE COME.

Je ne comprends pas...

ASTOLPHE.

Bien. Je me ferai comprendre; mais pas ici.

SETTIMIA, *toute préoccupée et sans faire attention à ce que dit Astolphe.*

Astolphe, écoute donc! Il dit que l'héritier de la branche aînée a disparu, et qu'on le croit mort.

ASTOLPHE.

Cela est faux; il est en Angleterre, où il achève son éducation. J'ai reçu une lettre de lui dernièrement.

SETTIMIA, *avec abattement.*

En vérité?

BARBE.

Hélas!

FRÈRE COME.

Adieu tous nos rêves !

ASTOLPHE.

Pieux sentiments ! charitable oraison funèbre ! Ma mère, si c'est là la piété chrétienne comme l'enseigne le frère Côme, vous me permettrez de faire schisme. Mon cousin est un charmant garçon, plein d'esprit et de cœur. Il m'a rendu des services ; je l'estime, je l'aime ; et, s'il venait à mourir, personne ne le regretterait plus profondément que moi.

FRÈRE COME, *d'un air malin.*

Ceci est fort adroit et fort spirituel !

ASTOLPHE.

Gardez vos éloges pour ceux qui en font cas.

SETTIMIA.

Astolphe, est-il possible ? Tu étais lié avec ce jeune homme, et tu ne nous en avais jamais parlé ?

ASTOLPHE.

Ma mère, ce n'est pas ma faute si je ne puis pas dire toujours ce que je pense. Vous avez autour de vous des gens qui me forcent à refouler mes pensées dans mon sein. Mais aujourd'hui je serai très-franc, et je commence. Il faut que ce capucin sorte d'ici pour n'y jamais reparaître.

SETTIMIA.

Bonté du ciel ! Qu'entends-je ? Mon fils parler de la sorte à mon confesseur !

ASTOLPHE.

Ce n'est pas à lui que je daigne parler, ma mère, c'est à vous... Je vous prie de le chasser à l'heure même.

SETTIMIA.

Jésus, vous l'entendez. Ce fils impie donne des ordres à sa mère !

ASTOLPHE.

Vous avez raison, je ne devais pas m'adresser à vous, Madame. Vous ne savez pas et ne pouvez pas savoir... ce que je ne veux pas dire. Mais cet homme me comprend. *A frère Côme.*) Or donc, je vous parle, puisque j'y suis forcé. Sortez d'ici.

FRÈRE CÔME.

Je vois que vous êtes dans un accès de démence furieuse. Mon devoir est de ne pas vous induire au péché en vous résistant.. Je me retire en toute humilité, et je laisse à Dieu le soin de vous éclairer, au temps et à l'occasion celui de me disculper de tout ce dont il vous plaira de m'accuser.

SETTIMIA.

Je ne souffrirai pas que sous mes yeux, dans ma maison, mon confesseur soit outragé et expulsé de la sorte. C'est vous, Astolphe, qui sortirez de cet appartement et qui n'y rentrerez que pour me demander pardon de vos torts.

ASTOLPHE.

Je vous demanderai pardon, ma mère, et à genoux si vous voulez; mais d'abord je vais jeter ce moine par la fenêtre.

(*Frère Côme, qui avait repris son impudence, pâlit et recule jusqu'à la porte. Settimia tombe sur une chaise prête à défaillir.*)

BARBE, *lui frottant les mains.*

Ave Maria! quel scandale! Seigneur, ayez pitié de nous!...

FRÈRE CÔME.

Jeune homme! que le ciel vous éclaire!

(*Astolphe fait un geste de menace. Frère Côme s'enfuit.*)

SCÈNE III.

SETTIMIA, BARBE, ASTOLPHE.

ASTOLPHE, *s'approchant de sa mère.*

Pour l'amour de moi, ma mère, reprenez vos sens. J'aurais désiré que les choses se passassent moins brusquement, et surtout loin de votre présence. Je me l'étais promis; mais cela n'a pas dépendu de moi : le maintien cafard et impudent de cet homme m'a fait perdre le peu de patience que j'ai. (*Settimia pleure.*)

BARBE.

Et que vous a-t-il donc fait, cet homme, pour vous mettre ainsi en fureur?

ASTOLPHE.

Dame Barbe, ceci ne vous regarde pas. Laissez-moi seul avec ma mère.

BARBE.

Allez-vous donc me chasser de la maison, moi aussi?

ASTOLPHE *lui prend le bras et l'emmène vers la porte.*

Allez dire vos prières, ma bonne femme, et n'augmentez pas, par votre humeur revêche, l'amertume qui règne ici.

(*Barbe sort en grommelant.*)

SCÈNE IV.

ASTOLPHE, SETTIMIA.

SETTIMIA, *sanglotant.*

Maintenant, me direz-vous, enfant dénaturé, pourquoi vous agissez de la sorte?

ASTOLPHE.

Eh bien, ma mère, je vous supplie de ne pas me le

demander. Vous savez que je n'ai que trop d'indulgence dans le caractère, et que ma nature ne me porte ni au soupçon ni à la haine. Aimez-moi, estimez-moi assez pour me croire : j'avais des raisons de la plus haute importance pour ne pas souffrir une heure de plus ce moine ici.

SETTIMIA.

Et il faut que je me soumette à votre jugement intérieur, sans même savoir pourquoi vous me privez de la compagnie d'un saint homme qui depuis dix ans a la direction de ma conscience? Astolphe, ceci passe les limites de la tyrannie.

ASTOLPHE.

Vous voulez que je vous le dise? Eh bien, je vous le dirai pour faire cesser vos regrets et pour vous montrer entre quelles mains vous aviez remis les rênes de votre volonté et les secrets de votre âme. Ce cordelier poursuivait ma femme de ses ignobles supplications.

SETTIMIA.

Votre femme est une impie. Il voulait la ramener au devoir, et c'est moi qui l'avais invité à le faire.

ASTOLPHE.

O ma mère! vous ne comprenez pas, vous ne pouvez pas comprendre... votre âme pure se refuse à de pareils soupçons!... Ce misérable brûlait pour Gabrielle de honteux désirs, et il avait osé le lui dire.

SETTIMIA.

Gabrielle a dit cela? Eh bien, c'est une calomnie. Une pareille chose est impossible. Je n'y crois pas, je n'y croirai jamais.

ASTOLPHE.

Une calomnie de la part de Gabrielle? Vous ne pensez pas ce que vous dites, ma mère!

SETTIMIA.

Je le pense! je le pense si bien que je veux la confondre en présence du frère Côme.

ASTOLPHE.

Vous ne feriez pas une pareille chose, ma mère! non, vous ne le feriez pas!

SETTIMIA.

Je le ferai! nous verrons si elle soutiendra son imposture en face de ce saint homme et en ma présence.

ASTOLPHE.

Son imposture? Est-ce un mauvais rêve que je fais? Est-ce de Gabrielle que ma mère parle ainsi? Que se passe-t-il donc dans le sein de cette famille où j'étais revenu, plein de confiance et de piété, chercher l'estime et le bonheur?

SETTIMIA.

Le bonheur! Pour le goûter, il faut le donner aux autres; et vous et votre femme ne faites que m'abreuver de chagrins.

ASTOLPHE.

Moi! si vous m'accusez, ma mère, je ne puis que baisser la tête et pleurer, quoique en vérité je ne me sente pas coupable; mais Gabrielle! quels peuvent donc être les crimes de cette douce et angélique créature?

SETTIMIA.

Ah! vous voulez que je vous les dise? Eh bien! je le veux, moi aussi; car il y a assez longtemps que je souffre en silence, et que je porte comme une montagne d'ennuis et de dégoûts sur mon cœur. Je la hais, votre Gabrielle; je la hais pour vous avoir poussé et pour vous aider tous les jours à me tromper en se faisant passer pour une fille de bonne maison et une riche héritière, tandis qu'elle n'est qu'une intrigante sans nom, sans fortune, sans famille, sans aveu, et, qui plus est, sans religion! Je la hais, parce qu'elle vous ruine en vous entraînant à de folles dépenses, à la révolte contre moi, à la haine des personnes qui m'entourent et qui me sont chères... Je la hais, parce que vous la préférez à moi; parce qu'entre nous deux, s'il y a la plus légère dissidence, c'est pour elle que vous vous prononcez, au mépris de l'amour et du respect que vous me devez. Je la hais...

ASTOLPHE.

Assez, ma mère; de grâce, n'en dites pas davantage! vous la haïssez parce que je l'aime, c'est en dire assez.

SETTIMIA, *pleurant.*

Eh bien, oui! je la hais parce que vous l'aimez, et vous ne m'aimez plus parce que je la hais. Voilà où nous en sommes. Comment voulez-vous que j'accepte une pareille préférence de votre part? Quoi! l'enfant qui me doit le jour, que j'ai nourri de mon sein et bercé sur mes genoux, le jeune homme que j'ai péniblement élevé, pour qui j'ai supporté toutes les privations, à qui j'ai pardonné toutes les fautes; celui qui m'a condamnée aux insomnies, aux angoisses, aux douleurs de toute espèce, et qui, au moindre mot de repentir et d'affection, a toujours trouvé en moi une inépuisable indulgence, une miséricorde infatigable : celui-là me préfère une inconnue, une fille qui l'excite contre moi, une créature sans cœur qui accapare toutes ses attentions, toutes ses prévenances, et qui se tient tout le jour vis-à-vis de moi dans une attitude superbe, sans daigner apercevoir mes larmes et mes déchirements, sans vouloir répondre à mes plaintes et à mes reproches, impassible dans son orgueil hypocrite, et dont le regard insolemment poli semble me dire à toute heure : — Vous avez beau gronder, vous avez beau gémir, vous avez beau menacer, c'est moi qu'il aime, c'est moi qu'il respecte, c'est moi qu'il craint! Un mot de ma bouche, un regard de mes yeux, le feront tomber à mes genoux et me suivre, fallût-il vous abandonner sur votre lit de mort, fallût-il marcher sur votre corps pour venir à moi! Mon Dieu, mon Dieu! et il s'étonne que je la déteste, et il veut que je l'aime! (*Elle sanglote*).

ASTOLPHE, *qui a écouté sa mère dans un profond silence, les bras croisés sur sa poitrine.*

O jalousie de la femme! soif inextinguible de domination! Est-il possible que tu viennes mêler ta détestable influence aux sentiments les plus purs et les plus sacrés de la nature! Je te croyais exclusivement réservée aux vils tourments des âmes lâches et vindicatives. Je t'avais vue régner dans le langage impur des courtisanes; et, dans les ardeurs brutales de la débauche, j'avais lutté moi-même contre tes instincts féroces qui me rabaissaient à mes propres yeux. Quelquefois aussi, ô jalousie! je t'avais vue de loin avilir la dignité du lien conjugal, et mêler à la joie des saintes amours les discordes honteuses, les ridicules querelles qui dégradent également celui qui les suscite et celui qui les supporte. Mais je n'aurais jamais pensé que dans le sanctuaire auguste de la famille, entre la mère et ses enfants (lien sacré que la Providence semble avoir épuré et ennobli jusque chez la brute), tu osasses venir exercer tes fureurs! O déplorable instinct, funeste besoin de souffrir et de faire souffrir! est-il possible que je te rencontre jusque dans le sein de ma mère! (*Il cache son visage dans ses mains et dévore ses larmes.*)

SETTIMIA *essuie les siennes et se lève.*

Mon fils, la leçon est sévère! Je ne sais pas jusqu'à quel point il sied à un fils de la donner à sa mère; mais, de quelque part qu'elle me vienne, je la recevrai comme une épreuve à laquelle Dieu me condamne. Si je l'ai méritée de vous, elle est assez cruelle pour expier

tous les torts que vous pouvez avoir à me reprocher.
(*Elle veut se retirer.*)

ASTOLPHE, *tâchant de la retenir.*

Pas ainsi, ma mère, ne me quittez pas ainsi. Vous souffrez trop, et moi aussi!

SETTIMIA.

Laissez-moi me retirer dans mon oratoire, Astolphe. J'ai besoin d'être seule et de demander à Dieu si je dois jouer ici le rôle d'une mère outragée ou celui d'une esclave craintive et repentante. (*Elle sort.*)

SCÈNE V.

ASTOLPHE, *seul; puis* GABRIELLE.

ASTOLPHE.

Orgueil! toute femme est ta victime, tout amour est ta proie!... excepté toi, excepté ton amour, ô ma Gabrielle!... ô ma seule joie, ô le seul être généreux et vraiment grand que j'aie rencontré sur la terre!

GABRIELLE, *se jetant à son cou.*

Mon ami, j'ai tout entendu. J'étais là sous la fenêtre, assise sur le banc. Je sais tout ce qui se passe maintenant dans la famille à cause de moi. Je sais que je suis un sujet de scandale, une source de discorde, un objet de haine.

ASTOLPHE.

O ma sœur! ô ma femme! depuis que je t'aime, je croyais qu'il ne m'était plus possible d'être malheureux! Et c'est ma mère!...

GABRIELLE.

Ne l'accuse pas, mon bien-aimé, elle est vieille, elle est femme! Elle ne peut vaincre ses préjugés, elle ne peut réprimer ses instincts. Ne te révolte pas contre des maux inévitables. Je les avais prévus dès le premier jour, et je ne t'aurais fait pressentir, pour rien au monde, ce qui t'arrive aujourd'hui. Le mal éclate toujours assez tôt.

ASTOLPHE.

O Gabrielle ! tu as entendu ses invectives contre toi !... Si toute autre que ma mère eût proféré la centième partie...

GABRIELLE.

Calme-toi ! tout cela ne peut m'offenser ; je saurai le supporter avec résignation et patience. N'ai-je pas dans ton amour une compensation à tous les maux ? et pourvu que tu trouves dans le mien la force de subir toutes les misères attachées à notre situation...

ASTOLPHE.

Je puis tout supporter, excepté de te voir avilie et persécutée.

GABRIELLE.

Ces outrages ne m'atteignent pas. Vois-tu, Astolphe, tu m'as fait redevenir femme, mais je n'ai pas tout à fait renoncé à être homme. Si j'ai repris les vêtements et les occupations de mon sexe, je n'en ai pas moins conservé en moi cet instinct de la grandeur morale et ce calme de la force qu'une éducation mâle a développés et cultivés dans mon sein. Il me semble toujours que je suis quelque chose de plus qu'une femme, et aucune femme ne peut m'inspirer ni aversion, ni ressentiment, ni colère. C'est de l'orgueil peut-être ; mais il me semble que je descendrais au-dessous de moi-même, si je me laissais émouvoir par de misérables querelles de ménage.

ASTOLPHE.

Oh ! garde cet orgueil, il est bien légitime... Être adoré ! tu es plus grand à toi seul que tout ton sexe réuni. Rapportes-en l'honneur à ton éducation si tu veux ; moi, j'en fais honneur à la nature, et je crois qu'il n'était pas besoin d'une destinée bizarre et d'une existence en dehors de toutes les lois pour que tu fusses le chef-d'œuvre de la création divine. Tu naquis douée de toutes les facultés, de toutes les vertus, de toutes les grâces, et l'on te méconnaît! l'on te calomnie!...

GABRIELLE.

Que t'importe? Laisse passer ces orages; nos têtes sont à l'abri sous l'égide sainte de l'amour. Je m'efforcerai d'ailleurs de les conjurer. Peut-être ai-je eu des torts. J'aurais pu montrer plus de condescendance pour des exigences insignifiantes en elles-mêmes. Nos parties de chasse déplaisent, je puis bien m'en abstenir; on blâme nos idées sur la tolérance religieuse, nous pouvons garder le silence à propos; on me trouve trop élégante et trop futile, je puis m'habiller plus simplement et m'assujettir un peu plus aux travaux du ménage.

ASTOLPHE.

Et voilà ce que je ne souffrirai pas. Je serais un misérable si j'oubliais quel sacrifice tu m'as fait en reprenant les habits de ton sexe et en renonçant à cette liberté, à cette vie active, à ces nobles occupations de l'esprit dont tu avais le goût et l'habitude. Renoncer à ton cheval? hélas! c'est le seul exercice qui ait préservé ta santé des altérations que ce changement d'habitudes commençait à me faire craindre. Restreindre ta toilette? elle est déjà si modeste! et un peu de parure relève tant ta beauté! Jeune homme, tu aimais les riches habits, et tu donnais à nos modes fantasques une grâce et une poésie qu'aucun de nous ne pouvait imiter. L'amour du beau, le sentiment de l'élégance est une des conditions de ta vie, Gabrielle: tu étoufferais sous le pesant vertugadin et sous le collet empesé de dame Barbe. Les travaux du ménage gâteraient tes belles mains, dont le contact sur mon front enlève tous les soucis et dissipe tous les nuages. D'ailleurs que ferais-tu de tes nobles pensées et des poétiques élans de ton intelligence au milieu des détails abrutissants et des prévisions égoïstes d'une étroite parcimonie? Ces pauvres femmes les vantent par amour-propre, et vingt fois le jour elles laissent percer le dégoût et l'ennui dont elles sont abreuvées. Quant à renfermer tes sentiments généreux et à te soumettre aux arrêts de l'intolérance, tu l'entreprendrais en vain. Jamais ton cœur ne pourra se refroidir, jamais tu ne pourras abandonner le culte austère de la vérité; et malgré toi les éclairs d'une courageuse indignation viendraient briller au milieu des ténèbres que le fanatisme voudrait étendre sur ton âme. Si d'ailleurs toutes ces épreuves ne sont pas au-dessus de tes forces, je sens, moi, qu'elles dépassent les miennes; je ne pourrais te voir opprimée sans me révolter ouvertement. Tu as bien assez souffert déjà, tu t'es bien assez immolée pour moi.

GABRIELLE.

Je n'ai pas souffert, je n'ai rien immolé; j'ai eu confiance en toi, voilà tout. Tu sais bien que je n'étais pas assez faible d'esprit pour ne pas accepter les petites souffrances que ces nouvelles habitudes dont tu parles pouvaient me causer dans les premiers jours; j'avais des répugnances mieux motivées, des craintes plus graves. Tu les as toutes dissipées; je ne suis pas descendue comme femme au-dessous du rang où, comme homme, ton amitié m'avait placée. Je n'ai pas cessé d'être ton frère et ton ami en devenant ta compagne et ton amante; ne m'as-tu pas fait des concessions, toi aussi? n'as-tu pas changé ta vie pour moi?

ASTOLPHE.

Oh! loue-moi de mes sacrifices! J'ai quitté le désordre dont j'étais harassé, et la débauche qui de plus en plus me faisait horreur, pour un amour sublime, pour des joies idéales ! Et loue-moi aussi pour le respect et la vénération que je te porte ! J'avais en toi le meilleur des amis; un soir Dieu fit un miracle et te changea en une maîtresse adorable : je ne t'en aimai que mieux. N'est-ce pas bien charitable et bien méritoire de ma part ?

GABRIELLE.

Cher Astolphe, je vois que tu es calme : va embrasser et rassurer ta mère, ou laisse-moi lui parler pour nous deux. J'adoucirai son antipathie contre moi, je détruirai ses préventions; ma sincérité la touchera, j'en suis sûre; il est impossible qu'elle ne soit pas aimante et généreuse, elle est ta mère !...

ASTOLPHE.

Cher ange ! oui, je suis calme. Quand je passe un instant près de toi, tout orage s'apaise, et la paix des cieux descend dans mon âme. J'irai trouver ma mère, je ferai acte de respect et de soumission, c'est tout ce qu'elle demande; après quoi nous partirons d'ici; car le mal est sans remède, je le sais, moi ! Je connais ma mère, je connais les femmes, et tu ne les connais pas, toi qui n'es pas à moitié homme et à moitié femme comme tu le crois, mais un ange sous la forme humaine. Tu ferais ici de vains efforts de patience et de vertu, on n'y croirait pas; et, si on y croyait, on te serait d'autant plus hostile qu'on serait plus humilié de ta supériorité. Tu sais bien que le coupable ne pardonne pas à l'innocent les torts qu'il a eus envers lui; c'est une loi fatale de l'orgueil humain, de l'orgueil féminin surtout, qui ne connaît pas les secours du raisonnement et le frein de la force intelligente. Ma mère est orgueilleuse avant tout. Elle fut toujours un modèle des vertus domestiques; tristes vertus, crois-moi, quand elles ne sont inspirées ni par l'amour ni par le dévouement. Pénétrée depuis longtemps de l'importance de son rôle dans la famille et du mérite avec lequel elle s'en est acquittée, elle songe beaucoup plus à maintenir ses prérogatives qu'à donner du bonheur à ceux qui l'entourent. Elle est de ces personnes qui passeront volontiers la nuit à raccommoder vos chausses, et qui d'un mot vous briseront le cœur, pensant que la peine qu'elles ont prise pour vous rendre un service matériel les autorise à vous causer toutes les douleurs de l'âme.

GABRIELLE.

Astolphe! tu juges ta mère avec une bien froide sévérité. Hélas! je vois que les meilleurs d'entre les hommes n'ont pour les femmes ni amour profond ni estime complète. On avait raison quand on m'enseignait si soigneusement dans mon enfance que ce sexe joue sur la terre le rôle le plus abject et le plus malheureux!

ASTOLPHE.

O mon amie! c'est mon amour pour toi qui me donne le courage de juger ma mère avec cette sévérité. Est-ce à toi de m'en faire un reproche? T'ai-je donc autorisée à plaindre si douloureusement la condition où je t'ai rétablie.

GABRIELLE, *l'embrassant avec effusion.*

Oh! non, mon Astolphe, jamais! Aussi je ne pense pas à moi quand je parle avec cette liberté des choses qui ne me regardent pas. Permets-moi pourtant d'insister en faveur de ta mère : ne la plonge pas dans le désespoir, ne la quitte pas à cause de moi.

ASTOLPHE.

Si je ne le fais pas aujourd'hui, elle m'y forcera demain. Tu oublies, ma chère Gabrielle, que tu es vis-à-vis d'elle dans une position délicate, et que tu ne pourras jamais la satisfaire sur ce qu'elle a tant à cœur de connaître : ton passé, ta famille, ton avenir.

GABRIELLE.

Il est vrai. Mon avenir surtout, qui peut le prévoir? dans quel labyrinthe sans issue t'es-tu engagé avec moi!

ASTOLPHE.

Et quel besoin avons-nous d'en sortir? Errons ainsi toute notre vie, sans nous soucier d'atteindre le but de la fortune et des honneurs. Ne faisons-nous pas ensemble ce bizarre et délicieux voyage, qui n'aura pour terme que la mort? N'es-tu pas à moi pour jamais? Eh bien, qu'avons-nous besoin l'un ou l'autre d'être riche et de nous appeler *prince de Bramante?* Mon petit prince, garde ton titre, garde ton héritage, je n'en veux à aucun prix; et si le vieux Jules trouve dans sa tortueuse cervelle quelque nouvelle invention cachée pour t'en dépouiller, console-toi de n'être qu'une femme, pauvre, inconnue au monde, mais riche de mon amour et glorieuse à mes yeux.

GABRIELLE.

Crains-tu que cela ne me suffise pas?

ASTOLPHE, *la pressant dans ses bras.*

Non, en vérité! je n'ai pas cette crainte. Je sens dans mon cœur comme tu m'aimes.

QUATRIÈME PARTIE.

Dans une petite maison de campagne, isolée au fond des montagnes. — Une chambre très-simple, arrangée avec goût; des fleurs, des livres, des instruments de musique.

SCÈNE PREMIÈRE.

GABRIELLE, *seule.*

(*Elle dessine et s'interrompt de temps en temps pour regarder à la fenêtre.*)

Marc reviendra peut-être aujourd'hui. Je voudrais qu'il arrivât avant qu'Astolphe fût de retour de sa promenade. J'aimerais à lui parler seule, à savoir de lui toute la vérité. Notre situation m'inquiète chaque jour davantage, car il me semble qu'Astolphe commence à s'en tourmenter étrangement... Je me trompe peut-être. Mais quel serait le sujet de sa tristesse? Le malheur s'est étendu sur nous insensiblement, d'abord comme une langueur qui s'emparait de nos âmes, et puis comme une maladie qui les faisait délirer, et aujourd'hui comme une agonie qui les consume. Hélas! l'amour est-il donc une flamme si subtile, qu'à la moindre atteinte portée à sa sainteté il nous quitte et remonte aux cieux? Astolphe! Astolphe! tu as eu bien des torts envers moi, et tu as fait bien cruellement saigner ce cœur, qui te fut et qui te sera toujours fidèle! Je t'ai tout pardonné, que Dieu te pardonne! Mais c'est un grand crime d'avoir flétri un tel amour par le soupçon et la méfiance : et tu en portes la peine; car cet amour s'est affaibli par sa violence même, et tu sens chaque jour mourir en toi la flamme que tu as trop attisée par la jalousie. Malheureux ami! c'est en vain que je t'invite à oublier le mal que tu nous as fait à tous doux; tu ne le peux plus! Ton âme a perdu la fleur de sa jeunesse magnanime; un secret remords la contriste sans la préserver de nouvelles fautes. Ah! sans doute il est dans l'amour un sanctuaire dans lequel on ne peut plus rentrer quand on a fait un seul pas hors de son enceinte, et la barrière qui nous séparait du mal ne peut plus être relevée. L'erreur succède à l'erreur, l'outrage à l'outrage, l'amertume grossit comme un torrent dont les digues sont rompues... Quel sera le terme de ses ravages? Mon amour, à moi, peut-il devenir aussi sa proie? Succombera-t-il à la fatigue, aux larmes, aux soucis rongeurs? Il me semble qu'il est encore dans toute sa force, et que la souffrance ne lui a rien fait perdre. Astolphe a été insensé, mais non coupable; ses torts furent presque involontaires, et toujours le repentir les effaça. Mais s'ils devenaient plus graves, s'il venait à m'outrager froidement, à m'imposer cette captivité à laquelle je me dévoue pour accéder à ses prières... pourrais-je le voir des mêmes yeux? pourrais-je l'aimer de la même tendresse?... Est-ce que ses égarements n'ont pas déjà enlevé quelque chose à mon enthousiasme pour lui?... Mais il est impossible qu'Astolphe se refroidisse ou s'égare à ce point! C'est une âme noble, désintéressée, généreuse jusqu'à l'héroïsme. Que ses défauts sont peu de chose au prix de ses vertus!... Hélas! il fut un temps où il n'avait point de défauts!... O Astolphe! que tu m'as fait de mal en détruisant en moi l'idée de ta perfection (*On frappe.*) Qui vient ici? C'est peut-être Marc.

SCÈNE II.

MARC, GABRIELLE.

MARC, *botté et le fouet en main.*

Me voici de retour, signora, un peu fatigué; mais je n'ai pas voulu prendre un instant de repos que je ne vous eusse rendu un compte exact de mon message.

GABRIELLE.

Eh bien, mon vieux ami, comment as-tu laissé mon grand-père?

MARC.

Un peu mieux que je ne l'avais trouvé; mais bien malade encore, et n'ayant pas, je pense, trois mois à vivre.

GABRIELLE.

A-t-il été bien irrité que je n'allasse point moi-même m'informer de ses nouvelles?

MARC.

Un peu. Je lui ai dit, ainsi que cela était convenu, que votre seigneurie s'était démis la cheville à la chasse, et qu'elle était retenue sur son lit avec grand regret...

GABRIELLE.

Et il a demandé sans doute où j'étais?

MARC.

Sans doute, et j'ai répondu que vous étiez toujours à Cosenza. Sur quoi il a répliqué : « Il est à Cosenza cette année comme il était l'année dernière à Palerme, et il était alors à Palerme comme il était l'année précédente à Gênes. » J'ai fait une figure très-étonnée, et, comme il me croit parfaitement bête (c'est son expression), il a été complétement dupe de ma bonne foi. « Comment, m'a-t-il dit, ne sais-tu pas où il va depuis trois ans? — Votre altesse sait bie[illegible] répondu, que je garde pendant ce temps le palais que monseigneur Gabriel occupe à Florence. Aux environs de la Saint-Hubert, sa seigneurie part pour la chasse avec quelques amis, tantôt les uns, tantôt les autres, et elle n'emmène que ses piqueurs et son page. Je voudrais bien l'accompagner, mais elle me dit comme cela : « Tu es trop vieux pour courir le cerf, mon pauvre Marc; tu n'es plus bon qu'à garder la maison. » Et la vérité est... » Alors monseigneur m'a interrompu... « Moi, j'ai ouï dire qu'il n'emmenait aucun de ses domestiques, et qu'il partait toujours seul. Et l'on a remarqué qu'Astolphe Bramante quittait toujours Florence vers le même temps. » Quand j'ai vu le prince si bien informé, j'ai failli me déconcerter; mais il me croit si simple, qu'il n'y a pas pris garde, et il a dit en se tournant vers M. l'abbé Chiavari, votre précepteur : « L'abbé, tout cela ne m'effraie guère. Il est bien évident qu'il y a de l'amour sous jeu; mais ils sont plus embarrassés pour sortir d'affaire que je ne le suis de les voir embarqués dans cette sotte intrigue. »

GABRIELLE.

Et l'abbé, qu'a-t-il répondu?

MARC.

Il a baissé les yeux en soupirant, et il a dit : *La femme...*

GABRIELLE.

Eh bien?

MARC.

...*Sera toujours femme!* Son altesse jouait avec votre petit chien, et semblait rire dans sa barbe blanche, ce qui m'a un peu effrayé; car, lorsque le prince rumine quelque chose de sinistre, il a coutume de sourire et de faire crier ce pauvre Mosca en lui tirant les oreilles.

GABRIELLE.

Et que t'a-t-il chargé de me dire?

MARC.

Il a parlé assez durement...

GABRIELLE.

Redis-le-moi sans rien adoucir.

MARC.

« Tu diras à ton seigneur Gabriel que, quelque plaisir qu'il prenne à la chasse, ou quelque entorse qu'il ait au pied, il ait à venir prendre mes ordres avant huit jours. Il a peu de temps à perdre, s'il veut me retrouver vivant, et s'il veut que je lui fasse conférer légalement son titre et son héritage, qui, après ma mort, pourraient fort bien lui être contestés avec succès. »

GABRIELLE.

Que voulait-il dire? Pense-t-il qu'Astolphe veuille faire du scandale pour rentrer dans ses droits?

MARC.

Il pense que le seigneur Astolphe a fortement la chose en tête; et si j'osais dire à votre seigneurie ce que j'en pense, moi aussi...

GABRIELLE.

Tu n'en penses rien, Marc.

MARC.

Monseigneur veut me fermer la bouche. Il n'en est pas moins de mon devoir de dire ce que je sais. Le seigneur Astolphe a fait venir l'été dernier à Florence la nourrice de votre seigneurie, et lui a offert de l'argent si elle voulait témoigner en justice de ce qu'elle sait et comment les choses se sont passées à la naissance de votre seigneurie...

GABRIELLE.

On t'a trompé, Marc; cela n'est pas.

MARC.

La nourrice me l'a dit elle-même ces jours-ci au château de Bramante, et m'a montré une belle bourse, bien ronde, que le seigneur Astolphe lui a donnée pour se taire du moins sur sa proposition; car elle lui a nié obstinément qu'elle eût nourri un enfant du sexe féminin.

GABRIELLE.

La trahison de cette femme est au plus offrant; car elle a été raconter cela à mon grand-père, sans aucun doute.

MARC.

Je le crains.

GABRIELLE.

Qu'importe? Astolphe a fait sans doute cette démarche pour éprouver la fidélité de mes gens.

MARC.

Quelle que soit l'intention du seigneur Astolphe, je crois qu'il serait temps que votre seigneurie obéît aux intentions de son grand-père; d'autant plus qu'au moment où je quittai le château l'abbé s'est approché de moi furtivement et m'a glissé ceci à l'oreille: « Dis à Gabriel, de la part d'un véritable ami, qu'il ne fasse pas d'imprudence; qu'il vienne trouver son grand-père, et lui obéisse ou feigne de lui obéir aveuglément; ou que, s'il ne se rend point à son ordre, il se cache si bien, qu'il soit à l'abri d'une embûche. Il doit savoir que le cas est grave, que l'honneur de la famille serait compromis par la moindre démarche hasardée, et que dans un cas semblable le prince est capable de tout. » Voilà, mot pour mot, ce que m'a dit votre précepteur; et il vous est sincèrement dévoué, monseigneur.

GABRIELLE.

Je le crois. Je ne négligerai pas cet avertissement. Maintenant, va te reposer, mon bon Marc; tu en as bien besoin.

MARC.

Il est vrai! Peut-être que, quand je me serai reposé, je retrouverai dans ma mémoire encore quelque chose, quelque parole qui ne me revient pas dans ce moment-ci. (*Il se retire. Gabrielle le rappelle.*)

GABRIELLE.

Ecoute, Marc : si mon mari t'interroge, aie bien soin de ne pas lui parler de la nourrice...

MARC.

Oh! je n'ai garde, monseigneur!

GABRIELLE.

Perds donc l'habitude de m'appeler ainsi! Quand nous sommes ici et que je porte ces vêtements de femme, tout ce qui rappelle mon autre sexe irrite Astolphe au dernier point.

MARC.

Eh! mon Dieu, je ne le sais que trop! Mais comment faire? Aussitôt que je prends l'habitude d'appeler votre seigneurie *madame*, voilà que nous partons pour Florence et qu'elle reprend ses habits d'homme. Alors j'ai toujours le *madame* sur les lèvres, et je ne commence à reprendre l'habitude du *monseigneur* que lorsque votre seigneurie reprend sa robe et ses cornettes. (*Il sort.*)

SCÈNE III.

GABRIELLE.

Cette histoire de la nourrice est une calomnie. C'est une nouvelle ruse de mon grand-père pour m'indisposer contre Astolphe. Il aura payé cette femme pour faire à mon pauvre Marc un pareil conte, bien certain que Marc me le rapporterait. Oh! non, Astolphe, non, ce genre de torts, tu ne l'auras jamais envers moi! C'est toi qui m'as empêchée de démasquer la supercherie qui me condamne à te frustrer publiquement des biens que je te restitue en secret, et du titre auquel tu dédaignes de succéder. C'est toi qui m'as défendu, avec toute l'autorité que donne un généreux amour, de proclamer mon sexe et de renoncer aux droits usurpés que l'erreur des lois me confère. Si tu avais eu le moindre regret de ces choses, tu aurais eu la franchise de me le dire; car tu sais que, moi, je n'en aurais eu aucun à te les céder. Dans ce temps-là je ne pensais pas qu'il te serait jamais possible de me faire souffrir. J'avais une confiance aveugle, enthousiaste!... A présent, j'avoue qu'il me serait pénible de renoncer à être homme quand je veux; car je n'ai pas été longtemps heureuse sous cet autre aspect de ma vie, qui est devenu notre tourment mutuel. Mais, s'il le fallait pour te satisfaire, hésiterais-je un moment? Oh! tu ne le crains pas, Astolphe, et tu n'agirais pas en secret pour me forcer à des actes que ton simple désir peut m'imposer librement! Toi, me tendre un piége! toi, tramer des complots contre moi! Oh! non, non, jamais!... Le voici qui revient de la promenade; je ne lui en parlerai même pas, tant j'ai peu besoin d'être rassurée sur son désintéressement et sur sa franchise.

SCÈNE IV.

ASTOLPHE, GABRIELLE.

ASTOLPHE.

Eh bien, ma bonne Gabrielle, ton vieux serviteur est revenu. Je viens de voir son cheval dans la cour. Quelles nouvelles t'a-t-il apportées de Bramante?

GABRIELLE.

Selon lui, notre grand-père se meurt; mais, selon

moi, il en a pour longtemps encore. Ce n'est point un homme à mourir si aisément. Mais désirons-nous donc sa mort? Quels que soient ses torts envers nous deux (et je crois bien que les plus graves ont été envers celui qu'il semblait favoriser au détriment de l'autre), nous ne hâterons point par des vœux impies l'instant suprême où il lui faudra rendre un compte sévère de la destinée de ses enfants. Puisse-t-il trouver là-haut un juge aussi indulgent que nous, n'est-ce pas, Astolphe? Tu ne m'écoutes pas?

ASTOLPHE.

Il est vrai; tu deviens chaque jour plus philosophe, Gabrielle; tu argumentes du soir au matin comme un académicien de la Crusca. Ne saurais-tu être femme, du moins pendant trois mois de l'année?

GABRIELLE, *souriant.*

C'est qu'il y a bien longtemps que ces trois mois-là sont passés, Astolphe. Le premier trimestre eut bien trois mois, mais le second en eut six, et l'an prochain je crains que, malgré nos conventions, le trimestre n'envahisse toute l'année. Donne-moi le temps de m'habituer à être aussi femme qu'il me faut l'être à présent pour te plaire. Jadis tu n'étais pas si difficile avec moi, et je n'ai pas songé assez tôt à me défaire de mon langage d'écolier. Tu aurais dû m'avertir, dès le premier jour où tu m'as aimée, qu'un temps viendrait où il serait nécessaire de me transformer pour conserver ton amour!

ASTOLPHE.

Ce reproche est injuste, Gabrielle! Mais quand il serait vrai, ne me suis-je pas transformé, moi, pour mériter et conserver l'affection de ton cœur?

GABRIELLE.

Il est vrai, mon cher ange, et je ne demande pas mieux que d'avoir tort. J'essaierai de me corriger.

ASTOLPHE *marche d'un air soucieux, puis s'arrête et regarde Gabrielle avec attendrissement.*

Pauvre Gabrielle ! tu me fais bien du mal avec ton éternelle résignation.

GABRIELLE, *lui tendant la main.*

Pourquoi? Elle ne m'est pas aussi pénible que tu le penses.

ASTOLPHE *presse longtemps la main de Gabrielle contre ses lèvres, puis se promène avec agitation.*

Je le sais ! tu es forte, toi ! Nul ne peut blesser en toi la susceptibilité de l'orgueil. Les orages qui bouleversent l'âme d'autrui ne peuvent ternir l'éclat du beau ciel où ta pensée s'épanouit libre et fière ! On chargerait aisément de fers tes bras dont une éducation spartiate n'a pu détruire ni la beauté ni la faiblesse ; mais ton âme est indépendante comme les oiseaux de l'air, comme les flots de l'Océan ; et toutes les forces de l'univers réunies ne la pourraient faire plier, je le sais bien !

GABRIELLE.

Au-dessus de toutes ces forces de la matière, il est une force divine qui m'a toujours enchaînée à toi, c'est l'amour. Mon orgueil ne s'élève pas au-dessus de cette puissance. Tu le sais bien aussi.

ASTOLPHE, *l'arrêtant.*

Oh ! cela est vrai, ma bien-aimée ! Mais n'ai-je rien perdu de cet amour sublime qui ne se croyait le droit de me rien refuser?

GABRIELLE, *avec tendresse.*

Pourquoi l'aurais-tu perdu?

ASTOLPHE.

Tu ne t'en souviens pas, cœur généreux, ô vrai cœur d'homme ! *(Il la presse dans ses bras.)*

GABRIELLE.

Vois, mon ami, tu ne trouves pas de plus grand éloge

à me faire que de m'attribuer les qualités de ton sexe ; et pourtant tu voudrais souvent me rabaisser à la faiblesse du mien ! Sois donc logique !

ASTOLPHE, *l'embrassant.*

Sais-je ce que je veux ? Au diable la logique ! Je t'aime avec passion !

GABRIELLE.

Cher Astolphe !

ASTOLPHE, *se laissant tomber à ses genoux.*

Tu m'aimes donc toujours ?

GABRIELLE.

Tu le sais bien.

ASTOLPHE.

Toujours comme autrefois ?

GABRIELLE.

Non plus comme autrefois, mais autant, mais plus peut-être.

ASTOLPHE.

Pourquoi pas comme autrefois ? Tu ne me refusais rien alors !

GABRIELLE.

Et qu'est-ce que je te refuse à présent ?

ASTOLPHE.

Pourtant il est quelque chose que tu vas me refuser si je me hasarde à te le demander.

GABRIELLE.

Ah ! perfide ! tu veux m'entraîner dans un piége ?

ASTOLPHE.

Eh bien, oui, je le voudrais.

GABRIELLE.

Je t'en supplie, pas de détours avec moi, Astolphe. Quand je te cède, est-ce avec prudence ; est-ce avec des restrictions et des garanties ?

ASTOLPHE.

Oh! je hais les détours, tu le sais. Mon âme était si naïve! Elle était aussi confiante, aussi découverte que la tienne. Mais, hélas! j'ai été si coupable! J'ai appris à douter d'autrui en apprenant à douter de moi-même.

GABRIELLE.

Oublie ce que j'ai oublié, et parle.

ASTOLPHE.

Le moment de retourner à Florence est venu. Consens à n'y point aller. Tu détournes les yeux! Tu gardes le silence? Tu me refuses?

GABRIELLE, *avec tristesse.*

Non, je cède; mais à une condition : tu me diras le motif de ta demande.

ASTOLPHE.

C'est me vendre trop cher la grâce que tu m'accordes; ne me demande pas ce que je rougis d'avouer.

GABRIELLE.

Dois-je essayer de deviner, Astolphe? est-ce toujours le même motif qu'autrefois? (*Astolphe fait un signe de tête affirmatif.*) La jalousie? (*Même signe d'Astolphe.*)

Eh quoi! encore! toujours! Mon Dieu, nous sommes bien malheureux, Astolphe!

ASTOLPHE.

Ah! ne me dis pas cela! cache-moi les larmes qui roulent dans tes yeux, ne me déchire pas le cœur! Je sens que je suis un lâche, et pourtant je n'ai pas la force de renoncer à ce que tu m'accordes avec des yeux humides, avec un cœur brisé! — Pourquoi m'aimes-tu encore, Gabrielle? que ne me méprises-tu! Tant que tu m'aimeras, je serai exigeant, je serai insensé, car je serai tourmenté de la crainte de te perdre. Je sens que je finirai par là, car je sens le mal que je te fais. Mais je suis entraîné sur une pente fatale. J'aime mieux rouler au bas tout de suite, et, dès que tu me mépriseras, je ne souffrirai plus, je n'existerai plus.

GABRIELLE.

O amour! tu n'es donc pas une religion? Tu n'as donc ni révélations, ni lois, ni prophètes? Tu n'as donc pas grandi dans le cœur des hommes avec la science et la liberté? Tu es donc toujours placé sous l'empire de l'aveugle destinée sans que nous ayons découvert en nous-mêmes une force, une volonté, une vertu pour lutter contre tes écueils, pour échapper à tes naufrages? Nous n'obtiendrons donc pas du ciel un divin secours pour te purifier en nous-mêmes, pour t'ennoblir, pour t'élever au-dessus des instincts farouches, pour te préserver de tes propres fureurs et te faire triompher de tes propres délires? Il faudra donc qu'éternellement tu succombes dévoré par les flammes que tu exhales, et que nous changions en poison, par notre orgueil et notre égoïsme, le baume le plus pur et le plus divin qui nous ait été accordé sur la terre?

ASTOLPHE.

Ah! mon amie, ton âme exaltée est toujours en proie aux chimères. Tu rêves un amour idéal comme jadis j'ai rêvé une femme idéale. Mon rêve s'est réalisé, heureux et criminel que je suis! Mais le tien ne se réalisera pas, ma pauvre Gabrielle! Tu ne trouveras jamais un cœur digne du tien; jamais tu n'inspireras un amour qui te satisfasse, car jamais culte ne fut digne de ta divinité. Si les hommes ne connaissent point encore le véritable hommage qui plairait à Dieu, comment veux-tu qu'ils trouvent sur la terre ce grain de pur encens dont le parfum n'est point encore monté vers le ciel? Descends donc de l'empyrée où tu égares ton vol audacieux, et prends patience sous le joug de la vie. Élève tes désirs vers Dieu seul, ou consens à être aimée comme une mortelle.

Jamais tu ne rencontreras un amant qui ne soit pas jaloux de toi, c'est-à-dire avare de toi, méfiant, tourmenté, injuste, despotique.

GABRIELLE.

Crois-tu que je rêve l'amour dans une autre âme que la tienne?

ASTOLPHE.

Tu le devrais, tu le pourrais; c'est ce qui justifie ma jalousie et la rend moins outrageante.

GABRIELLE.

Hélas! en effet, l'amour ne raisonne pas; car je ne puis rêver un amour plus parfait qu'en le plaçant dans ton sein, et je sens que cet amour, dans le cœur d'un autre, ne me toucherait pas.

ASTOLPHE.

Oh! dis-moi cela, dis-moi cela encore! répète-le-moi toujours! Va, méconnais la raison, outrage l'équité, repousse la voix du ciel même si elle s'élève contre moi dans ton âme; pourvu que tu m'aimes, je consens à porter dans une autre vie toutes les peines que tu auras encourues pour avoir eu la folie de m'aimer dans celle-ci.

GABRIELLE.

Non, je ne veux pas t'aimer dans l'ivresse et le blasphème. Je veux t'aimer religieusement et t'associer dans mon âme à l'idée de Dieu, au désir de la perfection. Je veux te guérir, te fortifier contre toi-même et t'élever à la hauteur de mes pensées. Promets-moi d'essayer, et je commence par te céder comme on fait aux enfants malades. Nous n'irons point à Florence, je serai femme toute cette année, et, si tu veux entreprendre le grand œuvre de ta conversion au véritable amour, ma tristesse se changera en un bonheur incomparable.

ASTOLPHE.

Oui, je le veux, ma femme chérie, et je te remercie à

genoux de le vouloir pour moi. Peux-tu douter qu'en ceci je ne sois pas ton esclave encore plus que ton disciple?

GABRIELLE.

Tu me l'avais promis déjà bien des fois; et comme, au lieu de tenir ta parole, tu abandonnais toujours ton âme à de nouveaux orages; comme, au lieu d'être heureux et tranquille avec moi dans cette retraite ignorée de tous où tu venais me cacher à tous les regards, mes concessions ne servaient qu'à augmenter ta jalousie, et la solitude qu'à aggraver ta tristesse, de mon côté je n'étais point heureuse; car je voyais toutes mes peines perdues et tous mes sacrifices tourner à ta perte. Alors je regrettais ces temps de répit où, sous l'habit d'un homme, je puis du moins, grâce à l'or que me verse mon aïeul, t'entourer de nobles délassements et de poétiques distractions...

ASTOLPHE.

Oui, les premiers jours que nous passons à Florence ou à Pise ont toujours pour moi de grands charmes. Je ne suis pas fait pour la solitude et l'oisiveté de la campagne; je ne sais pas, comme toi, m'absorber dans les livres, m'abîmer dans la méditation. Tu le sais bien, en te ramenant ici chaque année, le tyran se condamne à plus de maux que sa victime, et mes torts augmentent en raison de ma souffrance intérieure. Mais, dans le tumulte du monde, quand tu redeviens le beau Gabriel, recherché, admiré, choyé de tous, c'est encore une autre souffrance qui s'empare de moi; souffrance moins lente, moins profonde peut-être, mais violente, mais insupportable. Je ne puis m'habituer à voir les autres hommes te serrer la main ou passer familièrement leur bras sous le tien. Je ne veux pas me persuader qu'alors tu es un homme toi-même, et qu'à l'abri de ta métamorphose tu pourrais dormir sans danger dans leur chambre, comme tu dormis autrefois sous le même toit que moi sans que mon sommeil en fût troublé. Je me souviens alors de l'étrange émotion qui s'empara peu à peu de moi à tes côtés, combien je regrettai que tu ne fusses pas femme, et comment, à force de désirer que tu le devinsses par miracle, j'arrivai à deviner que tu l'étais en réalité. Pourquoi les autres n'auraient-ils pas le même instinct, et comment n'éprouveraient-ils pas en te voyant ce désordre inexprimable que ton déguisement d'homme ne pouvait réprimer en moi? Oh! j'éprouve des tortures inouïes quand Menrique pousse son cheval près du tien, ou quand le brutal Antonio passe sa lourde main sur tes cheveux en disant d'un air qu'il croit plaisant : « J'ai pourtant brûlé d'amour tout un soir pour cette belle chevelure-là! » Alors je m'imagine qu'il a deviné notre secret, et qu'il se plaît insolemment à me tourmenter par ses plates allusions; je sens se rallumer en moi la fureur qui me transporta lorsqu'il voulut t'embrasser à ce souper chez Ludovic; et, si je n'étais retenu par la crainte de me trahir et de te perdre avec moi, je le souffletterais.

GABRIELLE.

Comment peux-tu te laisser émouvoir ainsi, quand tu sais que ces familiarités me déplaisent plus qu'à toi-même, et que je les réprimerais d'une manière tout aussi masculine si elles dépassaient les bornes de la plus stricte chasteté?

ASTOLPHE.

Je le sais et n'en souffre pas moins! et quelquefois je t'accuse d'imprudence; je m'imagine que, pour te venger de mes injustices, tu te fais un jeu de mes tourments; je t'outrage dans ma pensée... et c'est beaucoup quand j'ai la force de ne pas te le laisser voir.

GABRIELLE.

Alors je vois que ta force est épuisée, que tu es près d'éclater, de te couvrir de honte et de ridicule, ou de dévoiler ce dangereux secret; et je me laisse ramener ici, où tu m'aimes pourtant moins, car, dans la tranquille possession d'un objet tant disputé, il semble que ton amour s'engourdisse et s'éteigne comme une flamme sans aliment.

ASTOLPHE.

Je ne puis le nier, Dieu me punit alors d'avoir manqué de foi. Je sens bien que je ne t'aime pas moins : car, au moindre sujet d'inquiétude, mes fureurs se rallument; puis, dans le calme, je suis saisi même à tes côtés d'un affreux ennui. Tu me bénis, et il me semble que tu me hais. La nuit je te serre dans mes bras, et je rêve que c'est un autre qui te possède. Ah! ma bien-aimée, prends pitié de moi; je te confesse mon désespoir, ne me méprise pas; écarte de moi cette malédiction, fais que je t'aime comme tu veux être aimée!

GABRIELLE.

Que ferons-nous donc? Le monde avec moi t'exaspère, la solitude auprès de moi te consume. Veux-tu te distraire pendant quelques jours? veux-tu aller à Florence sans moi?

ASTOLPHE.

Il me semble parfois que cela me fera du bien; mais je sais qu'à peine j'y serai, les plus affreux songes viendront troubler mon sommeil. Le jour je réussirai à porter saintement ton image dans mon âme, la nuit je te verrai ici avec un rival.

GABRIELLE.

Quoi! tu me soupçonnes à ce point? Enferme-moi dans quelque souterrain, charge Marc de me passer mes aliments par un guichet, emporte les clefs, fais murer la porte; peut-être seras-tu tranquille?

ASTOLPHE.

Non! un homme passera, te regardera par le soupirail, et rien qu'à te voir il sera plus heureux que moi qui ne te verrai pas.

GABRIELLE.

Tu vois bien que la jalousie est incurable par ces moyens vulgaires. Plus on lui cède, plus on l'alimente; la volonté seule peut en guérir. Entreprends cette guérison comme on entreprend l'étude de la philosophie. Tâche de moraliser ta passion.

ASTOLPHE.

Mais où donc as-tu pris la force de moraliser la tienne et de la soumettre à ta volonté? Tu n'es pas jalouse de moi; tu ne m'aimes donc que par un effort de ta raison ou de ta vertu?

GABRIELLE.

Juste ciel! où en serions-nous si je te rendais les maux que tu me causes! Pauvre Astolphe! j'ai préservé mon âme de cette tentation, je l'ai quelquefois ressentie, tu le sais! mais ton exemple m'avait fait faire de sérieuses réflexions, et je m'étais juré de ne pas t'imiter. Mais qu'as-tu? comme tu pâlis!

ASTOLPHE, *regardant par la fenêtre.*

Tiens, Gabrielle! qui est-ce qui entre dans la cour? Vois!

GABRIELLE, *avec indifférence.*

J'entends le galop d'un cheval. (*Elle regarde dans la cour.*) Antonio, il me semble! Oui, c'est lui. On dirait qu'il a entendu l'éloge que tu faisais de lui, et il arrive avec l'*à-propos* qui le caractérise.

ASTOLPHE, *agité.*

Tu plaisantes avec beaucoup d'aisance... Mais que vient-il faire ici? Et comment a-t-il découvert notre retraite?

GABRIELLE.

Le sais-je plus que toi?

ASTOLPHE, *de plus en plus agité.*

Mon Dieu! que sais-je!...

GABRIELLE, *d'un ton de reproche.*

Oh! Astolphe!...

ASTOLPHE, *avec une fureur concentrée.*

Ne m'engagiez-vous pas tout à l'heure à aller seul à Florence? Peut-être Antonio est-il arrivé un jour trop tôt. On peut se tromper de jour et d'heure quand on a peu de mémoire et beaucoup d'impatience...

GABRIELLE.

Encore! Oh! Astolphe! déjà tes promesses oubliées! déjà ma soumission récompensée par l'outrage!

ASTOLPHE, *avec amertume.*

Se fâcher bien fort, c'est le seul parti à prendre quand on a fait une gaucherie. Je vous conseille de m'accabler d'injures, je serai peut-être encore assez sot pour vous demander pardon. Cela m'est arrivé tant de fois!

GABRIELLE, *levant la main vers le ciel avec véhémence.*

Oh! mon Dieu! grand Dieu! faites que je ne me lasse pas de tout ceci!

(*Elle sort, Astolphe la suit et l'enferme dans sa chambre, dont il met la clef dans sa poche.*)

SCÈNE V.

MARC, ASTOLPHE.

MARC.

Seigneur Astolphe, le seigneur Antonio demande à vous voir. J'ai eu beau lui dire que vous n'étiez pas ici, que vous n'y étiez jamais venu, que j'avais quitté le service de mon maître... Quels mensonges ne lui ai-je pas débités effrontément!... Il a soutenu qu'il vous avait aperçu dans le parc, que pendant une heure il avait tourné autour des fossés pour trouver le moyen d'entrer;

qu'enfin il était venu chez vous, et qu'il n'en sortirait pas sans vous voir.

ASTOLPHE.

Je vais à sa rencontre; toi, range ce salon, fais-en disparaître tout ce qui appartient à ta maîtresse, et tiens-toi là jusqu'à ce que je t'appelle! (*A part.*) Allons! du courage! je saurai feindre; mais, si je découvre ce que je crains d'apprendre, malheur à toi, Antonio! malheur à nous deux, Gabrielle! (*Il sort.*)

SCÈNE VI.

MARC.

Qu'a-t-il donc? Comme il est agité! Ah! ma pauvre maîtresse n'est point heureuse!

GABRIELLE, *frappant derrière la porte.*

Marc! ouvre-moi! vite! brise cette porte. Je veux sortir.

MARC.

Mon Dieu! qui a donc enfermé votre seigneurie? Heureusement j'ai la double clef dans ma poche... (*Il ouvre.*)

GABRIELLE, *avec un manteau et un chapeau d'homme.*

Tiens! prends cette valise, cours seller mon cheval et le tien. Je veux partir d'ici à l'instant même.

MARC.

Oui, vous ferez bien! Le seigneur Astolphe est un ingrat, il ne songe qu'à votre fortune... Oser vous enfermer!... Oh! quoique je sois bien fatigué, je vous reconduirai avec joie au château de Bramante.

GABRIELLE.

Tais-toi, Marc, pas un mot contre Astolphe; je ne vais pas à Bramante. Obéis-moi, si tu m'aimes; cours péparer les chevaux.

MARC.

Le mien est encore sellé, et le vôtre l'est déjà. Ne deviez-vous pas vous promener dans le parc aujourd'hui? Il n'y a plus qu'à leur passer la bride.

GABRIELLE.

Cours donc! (*Marc sort.*) Vous savez, mon Dieu! que je n'agis point ainsi par ressentiment, et que mon cœur a déjà pardonné; mais, à tout prix, je veux sauver Astolphe de cette maladie furieuse. Je tenterai tous les moyens pour faire triompher l'amour de la jalousie. Tous les remèdes déjà tentés se changeraient en poison; une leçon violente, inattendue, le fera peut-être réfléchir. Plus l'esclave plie, et plus le joug se fait pesant; plus l'homme fait l'emploi d'une force injuste, plus l'injustice lui devient nécessaire! Il faut qu'il apprenne l'effet de la tyrannie sur les âmes fières, et qu'il ne pense pas qu'il est si facile d'abuser d'un noble amour! Le voici qui monte l'escalier avec Antonio. Adieu, Astolphe! puissions-nous nous retrouver dans des jours meilleurs! Tu pleureras durant cette nuit solitaire! Puisse ton bon ange murmurer à ton oreille que je t'aime toujours!

(*Elle referme la porte de sa chambre et en retire la clef; puis elle sort par une des portes du salon, pendant qu'Astolphe entre par l'autre suivi d'Antonio.*)

CINQUIÈME PARTIE.

A Rome, derrière le Colisée. Il commence à faire nuit.

SCÈNE PREMIÈRE.

GABRIEL, *en homme.*

(*Costume noir élégant et sévère, l'épée au côté. Il tient une lettre ouverte.*)

Le pape m'accorde enfin cette audience, et en secret, comme je la lui ai demandée! Mon Dieu! protége-moi, et fais qu'Astolphe du moins soit satisfait de son sort! Je t'abandonne le mien, ô Providence, destinée mystérieuse! (*Six heures sonnent à une église.*) Voici l'heure du rendez-vous avec le saint-père. O Dieu! pardonne-moi cette dernière tromperie. Tu connais la pureté de mes intentions. Ma vie est une vie de mensonge; mais ce n'est pas moi qui l'ai faite ainsi, et mon cœur chérit la vérité!...

(*Il agrafe son manteau, enfonce son chapeau sur ses yeux, et se dirige vers le Colisée. Antonio, qui vient d'en sortir, lui barre le passage.*)

SCÈNE II.

GABRIEL, ANTONIO.

ANTONIO, *masqué.*

Il y a assez longtemps que je cours après vous, que je vous cherche et que je vous guette. Je vous tiens enfin; cette fois, vous ne m'échapperez pas.

(*Gabriel veut passer outre; Antonio l'arrête par le bras.*)

GABRIEL, *se dégageant.*

Laissez-moi, monsieur, je ne suis pas des vôtres.

ANTONIO, *se démasquant.*

Je suis Antonio, votre serviteur et votre ami. J'ai à vous parler; veuillez m'entendre.

GABRIEL.

Cela m'est tout à fait impossible. Une affaire pressante me réclame. Je vous souhaite le bonsoir.

(*Il veut continuer; Antonio l'arrête encore.*)

ANTONIO.

Vous ne me quitterez pas sans me donner un rendez-vous et sans m'apprendre votre demeure. J'ai eu l'honneur de vous dire que je voulais vous parler en particulier.

GABRIEL.

Arrivé depuis une heure à Rome, j'en repars à l'instant même. Adieu.

ANTONIO.

Arrivé à Rome depuis trois mois, vous ne repartirez pas sans m'avoir entendu.

GABRIEL.

Veuillez m'excuser; nous n'avons rien de particulier à nous dire, et je vous répète que je suis pressé de vous quitter.

ANTONIO.

J'ai à vous parler d'Astolphe. Vous m'entendrez.

GABRIEL.

Eh bien, dans un autre moment. Cela ne se peut aujourd'hui.

ANTONIO.

Enseignez-moi donc votre demeure.

GABRIEL.

Je ne le puis.

ANTONIO.

Je la découvrirai.

GABRIEL.

Vous voulez m'entretenir malgré moi?

ANTONIO.

J'y parviendrai. Vous aurez plus tôt fini de m'entendre ici à l'instant même. J'aurai dit en deux mots.

GABRIEL.

Eh bien, voyons ces deux mots; je n'en écouterai pas un de plus.

ANTONIO.

Prince de Bramante, votre altesse est une femme. (*A part.*) C'est cela! payons d'audace!

GABRIEL, *à part.*

Juste ciel! Astolphe l'a dit! (*Haut.*) Que signifie cette sottise? J'espère que c'est une plaisanterie de carnaval?

ANTONIO.

Sottise? le mot est leste! Si vous n'étiez pas une femme, vous n'oseriez pas le répéter.

GABRIEL.

Il ne sait rien! piége grossier! (*Haut.*) Vous êtes un sot, aussi vrai que je suis un homme.

ANTONIO.

Comme je n'en crois rien...

GABRIEL.

Vous ne croyez pas être un sot : je veux vous le prouver. (*Il lui donne un soufflet.*)

ANTONIO.

Halte-là! mon maître! Si ce soufflet est de la main d'une femme, je le punirai par un baiser; mais si vous êtes un homme, vous m'en rendrez raison.

GABRIEL, *mettant l'épée à la main.*

Tout de suite.

ANTONIO *tire son épée.*

Un instant! Je dois vous dire d'abord ce que je pense, il est bon que vous ne vous y mépreniez pas. En mon âme et conscience, depuis le jour où pour la première fois je vous vis habillé en femme à un souper chez Ludovic, je n'ai pas cessé de croire que vous étiez une femme. Votre taille, votre figure, votre réserve, le son de votre voix, vos actions et vos démarches, l'amitié ombrageuse d'Astolphe, qui ressemble évidemment à l'amour et à la jalousie, tout m'a autorisé à penser que vous n'étiez pas déguisé chez Ludovic et que vous l'êtes maintenant...

GABRIEL.

Monsieur, abrégeons; vous êtes fou. Vos commentaires absurdes m'importent peu, nous devons nous battre; je vous attends.

ANTONIO.

Oh! un peu de patience, s'il vous plaît. Quoiqu'il n'y ait guère de chances pour que je succombe, je puis périr dans ce combat; je ne veux pas que vous emportiez de moi l'idée que j'ai voulu faire la cour à un garçon, ceci ne me va nullement. De mon côté, je désire, moi, ne pas conserver l'idée que je me bats avec une femme; car cette idée me donnerait un trop grand désavantage. Pour remédier au premier cas, je vous dirai que j'ai appris dernièrement, par hasard, sur votre famille, des particularités qui expliqueraient fort bien une supposition de sexe pour conserver l'héritage du majorat.

GABRIEL.

C'est trop, monsieur! Vous m'accusez de mensonge et de fraude. Vous insultez mes parents! C'est à vous maintenant de me rendre raison. Défendez-vous.

ANTONIO.

Oui, si vous êtes un homme, je le veux; car, dans ce cas, vous avez en tout temps trop mal reçu mes avances pour que je ne vous doive pas une leçon. Mais, comme je suis incertain sur votre sexe (oui, sur mon honneur! à l'heure où je parle, je le suis encore!), nous nous battrons, s'il vous plaît, l'un et l'autre à poitrine découverte. (*Il commence à déboutonner son pourpoint.*) Veuillez suivre mon exemple.

GABRIEL.

Non, monsieur, il ne me plaît pas d'attraper un rhume pour satisfaire votre impertinente fantaisie. Chercher à vous ôter de tels soupçons par une autre voie que celle des armes serait avouer que ces soupçons ont une sorte de fondement, et vous n'ignorez pas que faire insulte à un homme parce qu'il n'est ni grand ni robuste est une lâcheté insigne. Gardez votre incertitude, si bon vous semble, jusqu'à ce que vous ayez reconnu, à la manière dont je me sers de mon épée, si j'ai le droit de la porter.

ANTONIO, *à part.*

Ceci est le langage d'un homme pourtant!... (*Haut.*) Vous savez que j'ai acquis quelque réputation dans les duels?

GABRIEL.

Le courage fait l'homme, et la réputation ne fait pas le courage.

ANTONIO.

Mais le courage fait la réputation... Êtes-vous bien décidé?... Tenez! vous m'avez donné un soufflet, et des excuses ne s'acceptent jamais en pareil cas... pourtant je recevrai les vôtres si vous voulez m'en faire... car je ne puis m'ôter de l'idée...

GABRIEL.

Des excuses? Prenez garde à ce que vous dites, monsieur, et ne me forcez pas à vous frapper une seconde fois...

ANTONIO.

Oh! oh! c'est trop d'outrecuidance!... En garde!... Votre épée est plus courte que la mienne. Voulez-vous que nous changions?

GABRIEL.

J'aime autant la mienne.

ANTONIO.

Eh bien, nous tirerons au sort...

GABRIEL.

Je vous ai dit que j'étais pressé; défendez-vous donc!

(Il l'attaque.)

ANTONIO, *à part, mais parlant tout haut.*

Si c'est une femme, elle va prendre la fuite!... (*Il se met en garde.*) Non... Poussons-lui quelques bottes légères... Si je lui fais une égratignure, il faudra bien ôter le pourpoint... (*Le combat s'engage.*) Mille diables! c'est là le jeu d'un homme! Il ne s'agit plus de plaisanter. Faites attention à vous, prince! je ne vous ménage plus!

(Ils se battent quelques instants; Antonio tombe grièvement blessé.)

GABRIEL, *relevant son épée.*

Êtes-vous content, monsieur?

ANTONIO.

On le serait à moins! et maintenant il ne m'arrivera plus, je pense, de vous prendre pour une femme!... On vient par ici, sauvez-vous, prince!...

(Il essaie de se relever.)

GABRIEL.

Mais vous êtes très-mal!... Je vous aiderai...

ANTONIO.

Non; ceux qui viennent me porteront secours, et pourraient vous faire un mauvais parti. Adieu! j'eus les premiers torts, je vous pardonne les vôtres. Votre main?

GABRIEL.

La voici.

(*Ils se serrent la main. Le bruit des arrivants se rapproche. Antonio fait signe à Gabriel de s'enfuir. Gabriel hésite un instant et s'éloigne.*)

ANTONIO.

C'est pourtant bien là la main d'une femme! Femme ou diable, il m'a fort mal arrangé!... Mais je ne me soucie pas qu'on sache cette aventure; car le ridicule aussi bien que le dommage est de mon côté. J'aurai assez de force pour gagner mon logis... Voilà pour moi un carnaval fort maussade!...

(*Il se traîne péniblement, et disparaît sous les arcades du Colisée.*)

SCÈNE III.

ASTOLPHE, LE PRÉCEPTEUR.

ASTOLPHE, *en domino, le masque à la main.*

Je me fie à vous; Gabrielle m'a dit cent fois que vous étiez un honnête homme. Si vous me trahissiez... qu'importe? je ne puis pas être plus malheureux que je ne le suis.

LE PRÉCEPTEUR.

Je me dis à peu près la même chose. Si vous me trahissiez indirectement en faisant savoir au prince que je m'entends avec vous, je ne pourrais pas être plus mal avec lui que je ne le suis; car il ne peut pas douter maintenant qu'au lieu de chercher à faire tomber Gabriel dans ses mains, je ne songe à le retrouver que pour le soustraire à ses poursuites.

16.

ASTOLPHE.

Hélas! tandis que nous la cherchons ici, Gabrielle est peut-être déjà tombée en son pouvoir. Vieillard insensé! qu'espère-t-il d'un pareil enlèvement? Cette captivité ne peut rien changer à notre situation réciproque; elle ne peut pas non plus être de longue durée. Espère-t-il donc échapper à la loi commune et vivre au delà du terme assigné par la nature?

LE PRÉCEPTEUR.

Les médecins l'ont condamné il y a déjà six mois. Mais nous touchons à la fin de l'hiver; et s'il résiste aux derniers froids, il pourra bien encore passer l'été.

ASTOLPHE.

Ce qu'il s'agit de savoir, c'est le lieu où Gabrielle est retirée ou captive. Si elle est captive, fiez-vous à moi pour la délivrer promptement.

LE PRÉCEPTEUR.

Dieu vous entende! Vous savez que le prince, si Gabriel n'est pas retrouvé bientôt, est dans l'intention de vous citer comme assassin devant le grand conseil?

ASTOLPHE.

Cette menace serait pour moi une preuve certaine que Gabriel est en son pouvoir. Le lâche!

LE PRÉCEPTEUR.

J'ai des craintes encore plus graves...

ASTOLPHE.

Ne me les dites pas; je suis assez découragé depuis trois mois que je la cherche en vain.

LE PRÉCEPTEUR.

La cherchez-vous bien consciencieusement, mon cher seigneur Astolphe?

ASTOLPHE, *avec amertume.*

Vous en doutez?

LE PRÉCEPTEUR.

Hélas! je vous rencontre en masque, courant le carnaval, comme si vous pouviez prendre quelque amusement...

ASTOLPHE.

Vous autres instituteurs d'enfants, vous commencez toujours par le blâme avant de réfléchir. Ne vous serait-il pas plus naturel de penser que j'ai pris un masque et que je cours toute la ville pour chercher plus à l'aise sans qu'on se défie de moi? Le carnaval fut toujours une circonstance favorable aux amants, aux jaloux, et aux voleurs.

LE PRÉCEPTEUR.

Ouvrez-moi votre âme tout entière, seigneur Astolphe; Gabrielle vous est-elle aussi chère que dans les premiers temps de votre union?

ASTOLPHE.

Mon Dieu! qu'ai-je donc fait pour qu'on en doute? Vous voulez donc ajouter à mes chagrins?

LE PRÉCEPTEUR.

Dieu m'en préserve! mais il m'a semblé, dans nos fréquents entretiens, qu'il se mêlait à votre affection pour elle des pensées d'une autre nature.

ASTOLPHE.

Lesquelles, selon vous?

LE PRÉCEPTEUR.

Ne vous irritez pas contre moi : je suis résolu à tout faire pour vous, vous le savez; mais je ne puis vous prêter mon ministère ecclésiastique et légal sans être bien certain que Gabrielle n'aura point à s'en repentir. Vous voulez engager votre cousine à contracter avec vous, en secret, un mariage légitime : c'est une résolution que, dans mes idées religieuses, je ne puis qu'approuver; mais, comme je dois songer à tout et envisager les choses sous leurs divers aspects, je m'étonne un peu que, ne croyant pas à la sainteté de l'église catholique, vous ayez songé à provoquer cet engagement, auquel Gabrielle, dites-vous, n'a jamais songé, et auquel vous me chargez de la faire consentir.

ASTOLPHE.

Vous savez que je suis sincère, monsieur l'abbé Chiavari; je ne puis vous cacher la vérité, puisque vous me la demandez. Je suis horriblement jaloux. J'ai été injuste, emporté, j'ai fait souffrir Gabrielle, et vous avez reçu ma confession entière à cet égard. Elle m'a quitté pour me punir d'un soupçon outrageant. Elle m'a pardonné pourtant, et elle m'aime toujours, puisqu'elle a employé mystérieusement plusieurs moyens ingénieux pour me conserver l'espoir et la confiance. Ce billet que j'ai reçu encore la semaine dernière, et qui ne contenait que ce mot : « *Espère !* » était bien de sa main, l'encre était encore fraîche. Gabrielle est donc ici ! Oh ! oui, j'espère ! je la retrouverai bientôt, et je lui ferai oublier tous mes torts. Mais l'homme est faible, vous le savez; je pourrai avoir de nouveaux torts par la suite, et je ne veux pas que Gabrielle puisse me quitter si aisément. Ces épreuves sont trop cruelles, et je sens qu'un peu d'autorité, légitimée par un serment solennel de sa part, me mettrait à l'abri de ses réactions d'indépendance et de fierté.

LE PRÉCEPTEUR.

Ainsi, vous voulez être le maître ? Si j'avais un conseil à vous donner, je vous dissuaderais. Je connais Gabriel : on a voulu que j'en fisse un homme; je n'ai que trop bien réussi. Jamais il ne souffrira un maître; et ce que vous n'obtiendrez pas par la persuasion, vous ne l'obtiendrez jamais. Il était temps que mon préceptorat finît. Croyez-moi, n'essayez pas de le ressusciter, et surtout ne vous en chargez pas. Gabriel ferait encore ce qu'il a déjà fait avec vous et avec moi; il ne vous ôterait ni son affection ni son estime, mais il partirait un beau matin, comme un aigle brise la cage à moineaux où on l'a enfermé.

ASTOLPHE.

Quoique Gabrielle ne soit guère plus dévote que moi, un serment serait pour elle un lien invincible.

LE PRÉCEPTEUR.

Il ne vous en a donc jamais fait aucun?

ASTOLPHE.

Elle m'a juré fidélité à la face du ciel.

LE PRÉCEPTEUR.

S'il a fait ce serment, il l'a tenu, et il le tiendra toujours.

ASTOLPHE.

Mais elle ne m'a pas juré obéissance.

LE PRÉCEPTEUR.

S'il ne l'a pas voulu, il ne le voudra pas, il ne le voudra jamais.

ASTOLPHE.

Il le faudra bien pourtant; je l'y contraindrai.

LE PRÉCEPTEUR.

Je ne le crois pas.

ASTOLPHE.

Vous oubliez que j'en ai tous les moyens. Son secret est en ma puissance.

LE PRÉCEPTEUR.

Vous n'en abuserez jamais, vous me l'avez dit.

ASTOLPHE.

Je la menacerai.

LE PRÉCEPTEUR.

Vous ne l'effraierez pas. Il sait bien que vous ne voudrez pas déshonorer le nom que vous portez tous les deux.

ASTOLPHE.

C'est un préjugé de croire que la faute des pères rejaillisse sur les enfants.

LE PRÉCEPTEUR.

Mais ce préjugé règne sur le monde.

ASTOLPHE.

Nous sommes au-dessus de ce préjugé, Gabrielle et moi.

LE PRÉCEPTEUR.

Votre intention serait donc de dévoiler le mystère de son sexe?

ASTOLPHE.

A moins que Gabrielle ne s'unisse à moi par des liens éternels.

LE PRÉCEPTEUR.

En ce cas il cédera; car ce qu'il redoute le plus au monde, j'en suis certain, c'est d'être relégué par la force des lois dans le rang des esclaves.

ASTOLPHE.

C'est vous, monsieur Chiavari, qui lui avez mis en tête toutes ces folies, et je ne conçois pas que vous ayez dirigé son éducation dans ce sens. Vous lui avez forgé là un éternel chagrin. Un homme d'esprit et un honnête homme comme vous eût dû la détromper de bonne heure, et contrarier les intentions du vieux prince.

LE PRÉCEPTEUR.

C'est un crime dont je me repens, et dont rien n'effacera pour moi le remords; mais les mesures étaient si bien prises, et l'élève mordait si bien à l'appât, que j'étais arrivé à me faire illusion à moi-même, et à croire que cette destinée impossible se réaliserait dans les conditions prévues par son aïeul.

ASTOLPHE.

Et puis vous preniez peut-être plaisir à faire une expérience philosophique. Eh bien, qu'avez-vous découvert? Qu'une femme pouvait acquérir par l'éducation autant de logique, de science et de courage qu'un homme. Mais vous n'avez pas réussi à empêcher qu'elle eût un cœur plus tendre, et que l'amour ne l'emportât chez elle sur les chimères de l'ambition. Le cœur vous a échappé, monsieur l'abbé, vous n'avez façonné que la tête.

LE PRÉCEPTEUR.

Ah! c'est là ce qui devrait vous rendre cette tête à jamais respectable et sacrée! Tenez, je vais vous dire une parole imprudente, insensée, contraire à la foi que je professe, aux devoirs religieux qui me sont imposés. Ne contractez pas de mariage avec Gabrielle. Qu'elle vive et qu'elle meure travestie, heureuse et libre à vos côtés. Héritier d'une grande fortune, il vous y fera participer autant que lui-même. Amante chaste et fidèle, elle sera enchaînée, au sein de la liberté, par votre amour et le sien.

ASTOLPHE.

Ah! si vous croyez que j'ai aucun regret à mes droits sur cette fortune, vous vous trompez et vous me faites injure. J'eus dans ma première jeunesse des besoins dispendieux; je dépensai en deux ans le peu que mon père avait possédé, et que la haine du sien n'avait pu lui arracher. J'avais hâte de me débarrasser de ce misérable débris d'une grandeur effacée. Je me plaisais dans l'idée de devenir un aventurier, presque un lazzarone, et d'aller dormir, nu et dépouillé, au seuil des palais qui portaient le nom illustre de mes ancêtres. Gabriel vint me trouver, il sauva son honneur et le mien en payant mes dettes. J'acceptai ses dons sans fausse délicatesse, et jugeant d'après moi-même à quel point son âme noble devait mépriser l'argent. Mais dès que je le vis satisfaire à mes dépenses effrénées sans les partager, j'eus la pensée de me corriger, et je commençai à me dégoûter de la débauche; puis, quand j'eus découvert dans ce gracieux compagnon une femme ravissante, je l'adorai et ne songeai plus qu'à elle... Elle était prête alors à me restituer publiquement tous mes droits. Elle le voulait; car nous vécûmes chastes comme frère et sœur durant plusieurs mois, et elle n'avait pas la pensée que je pusse avoir jamais d'autres droits sur elle que ceux de l'amitié. Mais moi, j'aspirais à son amour. Le mien absorbait toutes mes facultés. Je ne comprenais plus rien à ces mots de puissance, de richesse et de gloire qui m'avaient fait faire en secret parfois de dures réflexions. Je n'éprouvais même plus de ressentiment; j'étais prêt à bénir le vieux Jules pour avoir formé cette créature si supérieure à son sexe, qui remplissait mon âme d'un amour sans bornes, et qui était prête à le partager. Dès que j'eus l'espoir de devenir son amant, je n'eus plus une pensée, plus un désir pour d'autre que pour elle; et quand je le fus devenu, mon être s'abîma dans le sentiment d'un tel bonheur que j'étais insensible à toutes les privations de la misère. Pendant plusieurs autres mois elle vécut dans ma famille, sans que nous songeassions l'un ou l'autre à recourir à la fortune de l'aïeul. Gabrielle passait pour ma femme, nous pensions que cela pourrait durer toujours ainsi, que le prince nous oublierait, que nous n'aurions jamais aucun besoin au delà de l'aisance très-bornée à laquelle ma mère nous associait; et, dans notre ivresse, nous n'apercevions pas que nous étions à charge et entourés de malveillance. Quand nous fîmes cette découverte pénible, nous eûmes la pensée de fuir en pays étranger, et d'y vivre de notre travail à l'abri de toute persécution. Mais Gabrielle craignit la misère pour moi, et moi je la craignis pour elle. Elle eut aussi la pensée de me réconcilier avec son grand-père et de m'associer à ses dons. Elle le tenta à mon insu, et ce fut en vain. Alors elle revint me trouver, et chaque année, depuis trois ans, vous l'avez vue passer quelques semaines au château de Bramante, quelques mois à Florence ou à Pise; mais le reste de l'année s'écoulait au fond de la Calabre, dans une retraite sûre et charmante, où notre sort eût été digne d'envie si une jalousie sombre, une inquiétude vague et dévorante, un mal sans nom que je ne puis m'expliquer à moi-même, ne fût venu s'emparer de moi. Vous savez le reste, et vous voyez bien que, si je suis malheureux et coupable, la cupidité n'a aucune part à mes souffrances et à mes égarements.

LE PRÉCEPTEUR.

Je vous plains, noble Astolphe, et donnerais ma vie pour vous rendre ce bonheur que vous avez perdu; mais il me semble que vous n'en prenez pas le chemin en voulant enchaîner le sort de Gabrielle au vôtre. Songez aux inconvénients de ce mariage, et combien sa solidité sera un lien fictif. Vous ne pourrez jamais l'invoquer à la face de la société sans trahir le sexe de Gabrielle, et, dans ce cas-là, Gabrielle pourra s'y soustraire; car vous êtes proches parents, et, si le pape ne veut point vous accorder de dispenses, votre mariage sera annulé.

ASTOLPHE.

Il est vrai; mais le prince Jules ne sera plus, et alors quel si grand inconvénient trouvez-vous à ce que Gabrielle proclame son sexe?

LE PRÉCETEUR.

Elle n'y consentira pas volontiers! Vous pourrez l'y contraindre, et peut-être, par grandeur d'âme, n'invoquera-t-elle pas l'annulation de ses engagements avec vous. Mais vous, jeune homme, vous qui aurez obtenu sa main par une sorte de transaction avec elle, sous promesse verbale ou tacite de ne point dévoiler son sexe; vous vous servirez pour l'y contraindre de cet engagement même que vous lui aurez fait contracter.

ASTOLPHE.

A Dieu ne plaise, Monsieur! et je regrette que vous me croyiez capable d'une telle lâcheté. Je puis, dans l'emportement de ma jalousie, songer à faire connaître Gabrielle pour la forcer à m'appartenir; mais, du moment qu'elle sera ma femme, je ne la dévoilerai jamais malgré elle.

LE PRÉCEPTEUR.

Et qu'en savez-vous vous-même, pauvre Astolphe? La jalousie est un égarement funeste dont vous ne prévoyez pas les conséquences. Le titre d'époux ne vous donnera pas plus de sécurité auprès de Gabrielle que celui d'amant, et alors, dans un nouvel accès de colère et de méfiance; vous voudrez la forcer publiquement à cette soumission qu'elle aura acceptée en secret.

ASTOLPHE.

Si je croyais pouvoir m'égarer à ce point, je renoncerais sur l'heure à retrouver Gabrielle, et je me bannirais à jamais de sa présence.

LE PRÉCEPTEUR.

Songez à le retrouver, pour le soustraire d'abord aux dangers qui le menacent, et puis vous songerez à l'aimer d'une affection digne de lui et de vous.

ASTOLPHE.

Vous avez raison, recommençons nos recherches; séparons-nous. Tandis que, dans ce jour de fête, je me mêlerai à la foule pour tâcher d'y découvrir ma fugitive, vous, de votre côté, suivez dans l'ombre les endroits déserts, où quelquefois les gens qui ont intérêt à se cacher oublient un peu leurs précautions, et se promènent en liberté. Qu'avez-vous là sous votre manteau?

LE PRÉCEPTEUR, *posant Mosca sur le parc.*

Je me suis fait apporter ce petit chien de Florence. Je compte sur lui pour retrouver celui que nous cherchons. Gabriel l'a élevé; et cet animal avait un merveilleux instinct pour le découvrir lorsque, pour échapper à mes leçons, l'espiègle allait lire au fond du parc. Si Mosca peut rencontrer sa trace, je suis bien sûr qu'il ne la perdra plus. Tenez, il flaire... il va de ce côté... (*Montrant le Colisée.*) Je le suis. Il n'est pas nécessaire d'être aveugle pour se faire conduire par un chien.

(*Ils se séparent.*)

SCÈNE IV.

Devant un cabaret. Onze heures du soir. Des tables sont dressées sous une tente décorée de guirlandes de feuillages et de lanternes de papier colorié. On voit passer des groupes de masques dans la rue, et on entend de temps à autre le son des instruments.

ASTOLPHE, *en domino bleu;* FAUSTINA, *en domino rose.*

(*Ils sont assis à une petite table et prennent des sorbets. Leurs masques sont posés sur la table.*)

UN PERSONNAGE, *en domino noir, et masqué.* (*Il est assis à quelque distance à une autre table, et lit un papier.*)

FAUSTINA, *à Astolphe.*

Si ta conversation est toujours aussi enjouée, j'en aurai bientôt assez, je t'en avertis.

ASTOLPHE.

Reste, j'ai à te parler encore.

FAUSTINA.

Depuis quand suis-je à tes ordres? Sois aux miens si tu veux tirer de moi un seul mot.

ASTOLPHE.

Tu ne veux pas me dire ce qu'Antonio est venu faire à Rome? C'est que tu ne le sais pas; car tu aimes assez à médire pour ne pas te faire prier si tu savais quelque chose.

FAUSTINA.

S'il faut en croire Antonio, ce que je sais t'intéresse très-particulièrement.

ASTOLPHE.

Mille démons! tu parleras, serpent que tu es! (*Il lui prend convulsivement le bras.*)

FAUSTINA.

Je te prie de ne pas chiffonner mes manchettes. Elles sont du point le plus beau. Ah! tout inconstant qu'il est, Antonio est encore l'amant le plus magnifique que j'aie eu, et ce n'est pas toi qui me ferais un pareil cadeau.

(*Le domino noir commence à écouter.*)

ASTOLPHE, *lui passant un bras autour de la taille.*

Ma petite Faustina, si tu veux parler, je t'en donnerai une robe tout entière; et, comme tu es toujours jolie comme un ange, cela te siéra à merveille.

FAUSTINA.

Et avec quoi m'achèteras-tu cette belle robe? Avec l'argent de ton cousin?

(*Astolphe frappe du poing sur la table.*)

Sais-tu que c'est bien commode d'avoir un petit cousin riche à exploiter?

ASTOLPHE.

Tais-toi, rebut des hommes, et va-t'en! tu me fais horreur!

FAUSTINA.

Tu m'injuries? Bon! tu ne sauras rien, et j'allais tout te dire.

ASTOLPHE.

Voyons, à quel prix mets-tu ta délation?

(*Il tire une bourse et la pose sur la table.*)

FAUSTINA.

Combien y a-t-il dans ta bourse?

ASTOLPHE.

Deux cents louis... Mais si ce n'est pas assez...

(*Un mendiant se présente.*)

FAUSTINA.

Puisque tu es si généreux, permets-moi de faire une bonne action à tes dépens! (*Elle jette la bourse au mendiant.*)

ASTOLPHE.

Puisque tu méprises tant cette somme, garde donc ton secret! Je ne suis pas assez riche pour le payer.

FAUSTINA.

Tu es donc encore une fois ruiné, mon pauvre Astolphe? Eh bien! moi, j'ai fait fortune. Tiens! (*Elle tire une bourse de sa poche.*)

Je veux te restituer tes deux cents louis. J'ai eu tort de les jeter aux pauvres. Laisse-moi prendre sur moi cette œuvre de charité; cela me portera bonheur, et me ramènera peut-être mon infidèle.

ASTOLPHE, *repoussant la bourse avec horreur.*

C'est donc pour une femme qu'il est ici? Tu en es certaine?

FAUSTINA.

Beaucoup trop certaine!

ASTOLPHE.

Et tu la connais, peut-être?

FAUSTINA.

Ah! voilà le hic! Fais apporter d'autres sorbets, si toutefois il te reste de quoi les payer.

A un signe d'Astolphe on apporte un plateau avec des glaces et des liqueurs.)

ASTOLPHE.

J'ai encore de quoi payer tes révélations, dussé-je vendre mon corps aux carabins; parle... (*Il se verse des liqueurs et boit avec préoccupation.*)

FAUSTINA.

Vendre ton corps pour un secret? Eh bien, soit: l'idée est charmante: je ne veux de toi qu'une nuit d'amour. Cela t'étonne? Tiens, Astolphe, je ne suis plus une courtisane; je suis riche, et je suis une femme galante. N'est-ce pas ainsi que cela s'appelle? Je t'ai toujours aimé, viens enterrer le carnaval dans mon boudoir.

ASTOLPHE.

Étrange fille! tu te donneras donc pour rien une fois dans ta vie? (*Il boit.*)

FAUSTINA.

Bien mieux, je me donnerai en payant, car je te dirai le secret d'Antonio! Viens-tu? (*Elle se lève.*)

ASTOLPHE, *se levant.*

Si je le croyais, je serais capable de te présenter un bouquet et de chanter une romance sous tes fenêtres.

FAUSTINA.

Je ne te demande pas d'être galant. Fais seulement comme si tu m'aimais. Être aimée, c'est un rêve que j'ai fait quelquefois, hélas!

ASTOLPHE.

Malheureuse créature! j'aurais pu t'aimer, moi! car j'étais un enfant, et je ne savais pas ce que c'est qu'une femme comme toi... Tu mens quand tu exprimes un pareil regret.

FAUSTINA.

Oh! Astolphe, je ne mens pas. Que toute ma vie me soit reprochée au jour du jugement, excepté cet instant où nous sommes et cette parole que je te dis : Je t'aime !

ASTOLPHE.

Toi?... Et moi, comme un sot, je t'écoute partagé entre l'attendrissement et le dégoût !

FAUSTINA.

Astolphe, tu ne sais pas ce que c'est que la passion d'une courtisane. Il est donné à peu d'hommes de le savoir, et pour le savoir il faut être pauvre. Je viens de jeter tes derniers écus dans la rue. Tu ne peux te méfier de moi, je pourrais gagner cette nuit cinq cents sequins. Tiens, en voici la preuve.

(*Elle tire un billet de sa poche et le lui présente.*)

ASTOLPHE, *le lisant.*

Cette offre splendide est d'un cardinal tout au moins.

FAUSTINA.

Elle est de monsignor Gafrani.

ASTOLPHE.

Et tu l'as refusée ?

FAUSTINA.

Oui, je t'ai vu passer dans la rue, et je t'ai fait dire de monter chez moi. Ah! tu étais bien ému quand tu as su qu'une femme te demandait ! Tu croyais retrouver la dame de tes pensées; mais te voici du moins sur sa trace, puisque je sais où elle est.

ASTOLPHE.

Tu le sais! que sais-tu?

FAUSTINA.

N'arrive-t-elle pas de Calabre ?

ASTOLPHE.

O furies!... qui te l'a dit ?

FAUSTINA.

Antonio. Quand il est ivre, il aime à se vanter à moi de ses bonnes fortunes.

ASTOLPHE.

Mais son nom! A-t-il osé prononcer son nom?

FAUSTINA.

Je ne sais pas son nom, tu vois que je suis sincère; mais si tu veux je feindrai d'admirer ses succès, et je lui offrirai généreusement mon boudoir pour son premier rendez-vous. Je sais qu'il est forcé de prendre beaucoup de précautions, car la dame est haut placée dans le monde. Il sera donc charmé de pouvoir l'amener dans un lieu sûr et agréable.

ASTOLPHE.

Et il ne se méfiera pas de ton offre?

FAUSTINA.

Il est trop grossier pour ne pas croire qu'avec un peu d'argent tout s'arrange...

ASTOLPHE, *se cachant le visage dans les mains, et se laissant tomber sur son siége.*

Mon Dieu! mon Dieu! mon Dieu!

FAUSTINA.

Eh bien, es-tu décidé, Astolphe?

ASTOLPHE.

Et toi, es-tu décidée à me cacher dans ton alcôve quand ils y viendront et à supporter toutes les suites de ma fureur?

FAUSTINA.

Tu veux tuer ta maîtresse? J'y consens, pourvu que tu n'épargnes pas ton rival.

ASTOLPHE.

Mais il est riche, Faustina, et moi je n'ai rien.

FAUSTINA.

Mais je le hais, et je t'aime.

ASTOLPHE, *avec égarement.*

Est-ce donc un rêve? La femme pure que j'adorais le front dans la poussière se précipite dans l'infamie, et la courtisane que je foulais au pieds se relève purifiée par l'amour! Eh bien! Faustina, je te baignerai dans un sang qui lavera tes souillures!... Le pacte est fait.

FAUSTINA.

Viens donc le signer. Rien n'est fait si tu ne passes cette nuit dans mes bras! Eh bien! que fais-tu?

ASTOLPHE, *avalant précipitamment plusieurs verres de liqueur.*

Tu le vois, je m'enivre afin de me persuader que je t'aime.

FAUSTINA.

Toujours l'injure à la bouche! N'importe, je supporterai tout de ta part. Allons!

(*Elle lui ôte son verre et l'entraîne. Astolphe la suit d'un air égaré et s'arrêtant éperdu à chaque pas. Dès qu'ils sont éloignés, le domino noir, qui peu à peu s'est rapproché d'eux et les a observés derrière les rideaux de la tendine, sort de l'endroit où il était caché, et se démasque.*)

GABRIEL, *en domino noir, le masque à la main,* ASTOLPHE *et* FAUSTINA, *gagnant le fond de la rue.*

GABRIEL.

Je courrai me mettre en travers de son chemin, je l'empêcherai d'accomplir ce sacrilége!... (*Elle fait un pas et s'arrête.*)

Mais me montrer à cette prostituée, lui di[illegible]on amant!... ma fierté s'y refuse... O Astolp[illegible] jalousie est ton excuse; mais il y avait dans n[illegible] amour quelque chose de sacré que cet instant vient de détruire à jamais!...

ASTOLPHE, *revenant sur ses pas.*

Attends-moi, Faustina; j'ai oublié mon épée là-bas.

(*Gabriel passe un papier plié dans la poignée de l'épée d'Astolphe, remet son masque et s'enfuit, tandis qu'Astolphe rentre sous sa tente.*)

ASTOLPHE, *reprenant son épée sur la table.*

Encore un billet pour me dire d'*espérer* encore, peut-être!

(*Il arrache le papier, le jette à terre et veut le fouler sous son pied. Faustina, qui l'a suivi, s'empare du papier et le déplie.*)

FAUSTINA.

Un billet doux? Sur ce grand papier et avec cette grosse écriture? Impossible! Quoi! la signature du pape! Que diantre sa sainteté a-t-elle à démêler avec toi?

ASTOLPHE.

Que dis-tu! rends-moi ce papier!

FAUSTINA.

Oh! la chose me paraît trop plaisante! Je veux voir ce que c'est et t'en faire la lecture. (*Elle le lit.*)

« Nous, par la grâce de Dieu et l'élection du sacré collége, chef spirituel de l'église catholique, apostolique et romaine... successeur de saint Pierre et vicaire de Jésus-Christ sur la terre, seigneur temporel des États romains, etc., etc., etc..., permettons à Jules-Achille-Gabriel de Bramante, petit-fils, héritier présomptif et successeur légitime du très-illustre et très-excellent prince Jules de Bramante, comte de, etc., seigneur de, etc., etc..., de contracter, dans le loisir de sa conscience ou devant tel prêtre et confesseur qu'il jugera convenable, le vœu de pauvreté, d'humilité et de chasteté, l'autorisant par la présente à entrer dans un couvent ou à vivre librement dans le monde, selon qu'il se sentira appelé à travailler à son salut, d'une manière ou de l'autre; et l'autorisant également par la présente à faire passer, aussitôt après la mort de son illustre aïeul, Jules de Bramante, la possession immédiate, légale et incontestable de tous ses biens et de tous ses titres à son héritier légitime Octave-Astolphe de Bramante, fils d'Octave de Bramante et cousin germain de Gabriel de Bramante, à qui nous avons accordé cette licence et cette promesse, afin de lui donner le repos d'esprit et la liberté de conscience nécessaires pour contracter, en secret ou publiquement, un vœu d'où il nous a déclaré faire dépendre le salut de son âme.

» En foi de quoi nous lui avons délivré cette autorisation revêtue de notre signature et de notre sceau pontifical... »

Comment donc! mais il a un style charmant, le saint-père! Tu vois, Astolphe? rien n'y manque!... Eh bien! cela ne te réjouit pas? Te voilà riche, te voilà prince de Bramante!... Je n'en suis pas trop surprise, moi; ce pauvre enfant était dévot et craintif comme une femme... Il a, ma foi, bien fait; maintenant tu peux tuer Antonio et m'enlever dans *le repos de ton esprit et le loisir de ta conscience!*

ASTOLPHE, *lui arrachant le papier.*

Si tu comptais là-dessus, tu avais grand tort.

(*Il déchire le papier et en fait brûler les morceaux à la bougie.*)

FAUSTINA, *éclatant de rire.*

Voilà du don Quichotte! Tu seras donc toujours le même?

ASTOLPHE, *se parlant à lui-même.*

Réparer de pareils torts, effacer un tel outrage, fermer une telle blessure avec de l'or et des titres... Ah! il faut être tombé bien bas pour qu'on ose vous consoler de la sorte.

FAUSTINA.

Qu'est-ce que tu dis? Comment! ton cousin aussi l'avait...

(*Elle fait un geste significatif sur le front d'Astolphe.*)

Je vois que la Calabraise n'en est pas avec Antonio à son début.

ASTOLPHE, *sans faire attention à Faustina.*

Ai-je besoin de cette concession insultante? Oh! maintenant rien ne m'arrêtera plus, et je saurai bien faire valoir mes droits... Je dévoilerai l'imposture, je ferai tomber le châtiment de la honte sur la tête des coupables... Antonio sera appelé en témoignage...

FAUSTINA.

Mais que dis-tu? Je n'y comprends rien! Tu as l'air d'un fou! Écoute-moi donc, et reprends tes esprits!

ASTOLPHE.

Que me veux-tu, toi? Laisse-moi tranquille, je ne suis ni riche ni prince; ton caprice est déjà passé, je pense?

FAUSTINA.

Au contraire, je t'attends!

ASTOLPHE.

En vérité! il paraît que les femmes pratiquent un grand désintéressement cette année : dames et prostituées préfèrent leur amant à leur fortune, et, si cela continue, on pourra les mettre toutes sur la même ligne.

FAUSTINA, *remarquant Gabriel en domino, qui reparaît.*

Voilà un monsieur bien curieux!

ASTOLPHE.

C'est peut-être celui qui a apporté cette pancarte?... (*Il embrasse Faustina.*) Il pourra voir que je ne suis point, ce soir, aux affaires sérieuses. Viens, ma chère

Fausta. Auprès de toi je suis le plus heureux des hommes.

(*Gabriel disparaît. Astolphe et Faustina se disposent à sortir.*)

SCÈNE V.

ANTONIO, FAUSTINA, ASTOLPHE.

(*Antonio, pâle et se tenant à peine, se présente devant eux au moment où ils vont sortir.*)

FAUSTINA, *jetant un cri et reculant effrayée.*

Est-ce un spectre?...

ASTOLPHE.

Ah! le ciel me l'envoie! Malheur à lui!...

ANTONIO, *d'une voix éteinte.*

Que dites-vous? Reconnaissez-moi. Donnez-moi du secours, je suis prêt à défaillir encore. (*Il se jette sur un banc.*)

FAUSTINA.

Il laisse après lui une trace de sang! Quelle horreur! que signifie cela? Vous venez d'être assassiné, Antonio?

ANTONIO.

Non! blessé en duel... mais grièvement...

FAUSTINA.

Astolphe! appelez du secours...

ANTONIO.

Non, de grâce!... ne le faites pas... Je ne veux pas qu'on sache... Donnez-moi un peu d'eau!...

(*Astolphe lui présente de l'eau dans un verre. Faustina lui fait respirer un flacon.*)

ANTONIO.

Vous me ranimez...

ASTOLPHE.

Nous allons vous reconduire chez vous. Sans doute vous y trouverez quelqu'un qui vous soignera mieux que nous.

ANTONIO.

Je vous remercie. J'accepterai votre bras. Laissez-moi reprendre un peu de force... Si ce sang pouvait s'arrêter...

FAUSTINA, *lui donnant son mouchoir, qu'il met sur sa poitrine.*

Pauvre Antonio! tes lèvres sont toutes bleues... Viens chez moi...

ANTONIO.

Tu es une bonne fille, d'autant plus que j'ai eu des torts envers toi. Mais je n'en aurai plus... Va, j'ai été bien ridicule... Astolphe, puisque je vous rencontre, quand je vous croyais bien loin d'ici, je veux vous dire ce qui en est... car aussi bien... votre cousin vous le dira, et j'aime autant m'accuser moi-même...

ASTOLPHE.

Mon cousin, ou ma cousine.

ANTONIO.

Ah! vous savez donc ma folie? Il vous l'a déjà racontée... Elle me coûte cher! J'étais persuadé que c'était une femme...

FAUSTINA.

Que dit-il?

ANTONIO.

Il m'a donné des éclaircissements fort rudes : un affreux coup d'épée dans les côtes.... J'ai cru d'abord que ce serait peu de chose, j'ai voulu m'en revenir seul chez moi; mais, en traversant le Colisée, j'ai été pris d'un étourdissement et je suis resté évanoui pendant... je ne sais combien!... Quelle heure est-il?

FAUSTINA.

Près de minuit.

ANTONIO.

Huit heures venaient de sonner quand je rencontrai Gabriel Bramante derrière le Colisée.

ASTOLPHE, *sortant comme d'un rêve.*

Gabriel! mon cousin? Vous vous êtes battu avec lui! Vous l'avez tué peut-être?

ANTONIO.

Je ne l'ai pas touché une seule fois, et il m'a poussé une botte dont je me souviendrai longtemps... (*Il boit de l'eau.*) Il me semble que mon sang s'arrête un peu... Ah! quel compère que ce garçon-là!... A présent je crois que je pourrai gagner mon logis... Vous me soutiendrez un peu tous les deux... Je vous conterai l'affaire en détail.

ASTOLPHE, *à part.*

Est-ce une feinte? Aurait-il cette lâcheté?.. (*Haut.*) Vous êtes donc bien blessé? (*Il regarde la poitrine d'Antonio. A part.*) C'est la vérité, une large blessure. O Gabrielle! (*Haut.*) Je courrai vous chercher un chirurgien... dès que je vous aurai conduit chez vous...

FAUSTINA.

Non! chez moi, c'est plus près d'ici.

(*Ils sortent en soutenant Antonio de chaque côté.*

SCÈNE VI.

Une petite chambre très-sombre.

GABRIEL, MARC.

(*Gabriel en costume noir avec son domino rejeté sur ses épaules. Il est assis dans une attitude rêveuse et plongé dans ses pensées. Marc au fond de la chambre.*)

MARC.

Il est deux heures du matin, monseigneur, est-ce que vous ne songez pas à vous reposer?

GABRIEL.

Va dormir, mon ami, je n'ai plus besoin de rien.

MARC.

Hélas! vous tomberez malade! Croyez-moi, il vaudrait mieux vous réconcilier avec le seigneur Astolphe, puisque vous ne pouvez pas l'oublier...

GABRIEL.

Laisse-moi, mon bon Marc; je t'assure que je suis tranquille.

MARC.

Mais si je m'en vais, vous ne songerez pas à vous coucher, et je vous retrouverai là demain matin, assis à la même place, et votre lampe brûlant encore. Quelque jour, le feu prendra à vos cheveux... et, si cela n'arrive pas, le chagrin vous tuera un peu plus tard. Si vous pouviez voir comme vous êtes changé!

GABRIEL.

Tant mieux, ma fraîcheur trahissait mon sexe. A présent que je suis garçon pour toujours, il est bon que mes joues se creusent... Qu'as-tu à regarder cette porte?...

MARC.

Vous n'avez rien entendu? Quelque chose a gratté à la porte.

GABRIEL.

C'est ton épée. Tu as la manie d'être armé jusque dans la chambre.

MARC.

Je ne serai pas en repos tant que vous n'aurez pas fait la paix avec votre grand-père... Tenez! encore!

(*On entend gratter à la porte avec un petit gémissement.*)

GABRIEL, *allant vers la porte.*

C'est quelque animal... Ceci n'est pas un bruit humain.

(*Il veut ouvrir la porte.*)

MARC, *l'arrêtant.*

Au nom du ciel! laissez-moi ouvrir le premier, et tirez votre épée...

(*Gabriel ouvre la porte malgré les efforts de Marc pour l'en empêcher. Mosca entre et se jette dans les jambes de Gabriel avec des cris de joie.*)

GABRIEL.

Beau sujet d'alarme! Un chien gros comme le poing! Eh quoi! c'est mon pauvre Mosca! Comment a-t-il pu me venir trouver de si loin? Pauvre créature aimante!

(*Il prend Mosca sur ses genoux et le caresse.*)

MARC.

Ceci m'alarme en effet... Mosca n'a pu venir tout seul, il faut que quelqu'un l'ait amené... Le prince Jules est ici! (On frappe en bas... *Il prend des pistolets sur une table.*)

GABRIEL.

Quoi que ce soit, Marc, je te défends d'exposer ta vie en faisant résistance. Vois-tu, je ne tiens plus du tout à la mienne... Quoi qu'il arrive, je ne me défendrai pas. J'ai bien assez lutté, et, pour arriver où j'en suis, ce n'était pas la peine. (*Il regarde à la croisée.*) Un homme seul?... Va lui parler au travers du guichet. Sache ce qu'il veut; mais, si c'est Astolphe, je te défends d'ouvrir. (*Marc sort.*) Qui donc t'a conduit vers moi, mon pauvre Mosca? Un ennemi m'aurait-il fait ce cadeau généreux du seul être qui me soit resté fidèle malgré l'absence?

MARC, *revenant.*

C'est monsieur l'abbé Chiavari, qui demande à vous parler. Mais ne vous fiez point à lui, monseigneur, il peut être envoyé par votre grand-père.

GABRIEL, *sortant.*

Plutôt être cent fois victime de la perfidie que de faire injure à l'amitié. Je vais à sa rencontre.

MARC.

Voyons si personne ne vient derrière lui dans la rue. (*Il arme ses pistolets et se penche à la croisée.*) Non, personne.

SCÈNE VII.

LE PRÉCEPTEUR, GABRIEL, MARC.

LE PRÉCEPTEUR.

O mon cher enfant! mon noble Gabriel! Je vous remercie de ne pas vous être méfié de moi. Hélas! que de chagrins et de fatigues se peignent sur votre visage!

MARC.

N'est-ce pas, monsieur l'abbé? C'est ce que je disais tout à l'heure.

GABRIEL.

Ce brave serviteur! Son dévouement est toujours le même. Va te jeter sur ton lit, mon ami, je t'appellerai pour reconduire l'abbé quand il sortira.

MARC.

J'irai pour vous obéir, mais je ne dormirai pas.

(*Il sort.*)

LE PRÉCEPTEUR.

Oh ! ce pauvre petit Mosca ! que de chemin il m'a fait faire ! Depuis le Colisée, où il a découvert vos traces, jusqu'ici, il m'a promené durant toute la soirée. D'abord il m'a mené au Vatican... puis à un cabaret, vers la place Navone; là j'avais renoncé à vous trouver, et lui-même s'était couché, harassé de fatigue, lorsque tout à coup il est parti en faisant entendre ce petit cri que vous connaissez, et il s'est tellement obstiné à votre porte, qu'à tout hasard je l'ai fait passer par le guichet.

GABRIEL.

Je l'aime cent fois mieux depuis qu'il m'a fait retrouver un ami. Mais qui vous amène à Rome, mon cher abbé?

LE PRÉCEPTEUR.

Le désir de vous porter secours et la crainte qu'il ne vous arrive malheur.

GABRIEL.

Mon grand-père est fort irrité contre moi?

LE PRÉCEPTEUR.

Vous pouvez le penser. Mais vous êtes bien caché, et maintenant vous êtes entouré de protecteurs dévoués. Astolphe est ici.

GABRIEL.

Je le sais bien.

LE PRÉCEPTEUR.

Je me suis lié avec lui ; je voulais savoir si cet homme vous était véritablement attaché... Il vous aime, j'en suis certain.

GABRIEL.

Je sais tout cela, mais ne me parlez pas de lui.

LE PRÉCEPTEUR.

Je veux vous en parler, au contraire, car il mérite son pardon à force de repentir.

GABRIEL.

Oui, je sais qu'il se repent beaucoup!

LE PRÉCEPTEUR.

L'excès de l'amour a pu seul l'entraîner dans les fautes dont votre abandon l'a trop sévèrement puni.

GABRIEL.

Écoutez, mon ami, je sais mieux que vous les moindres démarches, les moindres discours, les moindres pensées d'Astolphe. Depuis trois mois, j'erre autour de lui comme son ombre, je surveille toutes ses actions, et j'ai même entendu mot pour mot de longs entretiens que vous avez eus avec lui...

LE PRÉCEPTEUR.

Quoi! vous me saviez ici, et vous n'osiez pas vous confier à moi?

GABRIEL.

Pardonnez-moi, le malheur rend farouche...

LE PRÉCEPTEUR.

Et vous étiez ce soir au Colisée en même temps que nous?

GABRIEL.

Non, mais je vous écoutai la semaine dernière aux Thermes de Dioclétien. Ce soir, j'ai bien été au Colisée, mais je n'y ai rencontré qu'Antonio Vezzonila. Je me suis pris de querelle avec lui, parce qu'il avait à peu près deviné mon sexe. Je ne sais s'il ne mourra pas du coup que je lui ai porté. En toute autre circonstance, il m'eût ôté la vie; mais j'avais quelque chose à accomplir, la destinée me protégeait. Je jouais mon dernier coup de dé. J'ai gagné la partie contre le malencontreux obstacle qui venait se jeter dans mon chemin. C'est une victime de plus sur laquelle Astolphe asseoira l'édifice de sa fortune.

LE PRÉCEPTEUR.

Je ne vous comprends pas, mon enfant!

GABRIEL.

Astolphe vous expliquera tout ceci demain matin. Demain je quitterai Rome.

LE PRÉCEPTEUR.

Avec lui, sans doute?

GABRIEL.

Non, mon ami; je quitte Astolphe pour toujours.

LE PRÉCEPTEUR.

Ne savez-vous point pardonner? C'est vous-même que vous allez punir le plus cruellement.

GABRIEL.

Je le sais, et je lui pardonne dans mon cœur ce que je vais souffrir. Un jour viendra où je pourrai lui tendre une main fraternelle; aujourd'hui je ne saurais le voir.

LE PRÉCEPTEUR.

Laissez-moi l'amener à vos pieds: quoique l'heure soit fort avancée, je sais que je le trouverai debout; il a pris un déguisement pour vous chercher.

GABRIEL.

A l'heure qu'il est, il ne me cherche pas. Je suis mieux informé que vous, mon cher abbé; et, lorsque vous entendez ses paroles, moi j'entends ses pensées. Écoutez bien ce que je vais vous dire. Astolphe ne m'aime plus. La première fois qu'il m'outragea par un soupçon injuste, je compris qu'il blasphémait contre l'amour, parce que son cœur était las d'aimer. Je luttai longtemps contre cette horrible certitude. A présent, je ne puis plus m'y soustraire. Avec le doute, l'ingratitude est entrée dans le cœur d'Astolphe, et, à mesure qu'il tuait notre amour par ses méfiances, d'autres passions sont venues chez lui peu à peu, et presque à son insu, prendre la place de celle qui s'éteignait. Aujourd'hui son amour n'est plus qu'un orgueil sauvage, une soif de vengeance et de domination; son désintéressement n'est plus qu'une ambition mal satisfaite, qui méprise l'argent parce qu'elle aspire à quelque chose de mieux... Ne le défendez pas! Je sais qu'il se fait encore illusion à lui-même, et qu'il n'a pas encore envisagé froidement le crime qu'il veut commettre; mais je sais aussi que son inaction et son obscurité lui pèsent. Il est homme! une vie toute d'amour et de recueillement ne pouvait lui suffire. Cent fois dans notre solitude il a rêvé, malgré lui, à ce qu'eût été son rôle dans le monde si notre grand-père ne m'eût substitué à lui; et aujourd'hui, quand il songe à m'épouser, quand il songe à proclamer mon sexe, il ne songe pas tant à s'assurer ma fidélité qu'à reconquérir une place brillante dans la société, un grand titre, des droits politiques, la puissance en un mot, dont les hommes sont plus jaloux que de l'argent. Je sais qu'encore hier, encore ce matin peut-être, il repoussait la tentation et frémissait à l'idée de commettre une lâcheté; mais demain, mais ce soir peut-être il a déjà franchi ce pas, et le plus grossier appât offert à sa jalousie lui servira de prétexte pour fouler aux pieds son amour et pour écouter son ambition. J'ai vu venir l'orage, et, voulant préserver son honneur d'un crime et ma liberté d'un joug, j'ai trouvé un expédient. J'ai été trouver le pape; j'ai feint une grande exaltation de piété chrétienne; je lui ai déclaré que je voulais vivre dans le célibat, et j'ai obtenu de lui que, pour ne pas exposer mon héritage à sortir de la famille, Astolphe serait mis en possession à ma place à la mort de mon grand-père. Le pape m'a écouté avec bienveillance; il a bien voulu tenir compte des préventions de mon grand-père contre Astolphe, et de la nécessité de ménager ces préventions. Il m'a promis le secret, et m'a donné une garantie pour l'avenir. Ce papier, signé ce soir même, est déjà dans les mains d'Astolphe.

LE PRÉCEPTEUR.

Astolphe n'en fera point usage, et viendra le lacérer à vos pieds. Laissez-moi l'aller chercher, vous dis-je. Il est possible que vos prévisions soient justes, et qu'un jour vienne où vous aurez raison de vous armer d'un grand courage et d'une rigueur inflexible; mais en attendant, ne devez-vous pas tenter tous les moyens de relever cette âme abattue, et de reconquérir ce bonheur si chèrement disputé jusqu'à présent? L'amour, mon enfant, est une chose plus grave à mes yeux (aux yeux d'un pauvre prêtre qui ne l'a pas connu!) qu'à ceux de tous les hommes que j'ai rencontrés dans ma vie. Je vous dirais presque, à vous autres qui êtes aimés, ce que le Seigneur disait à ses disciples : « Vous avez charge d'âmes. » Non, vous n'avez pas possédé l'âme d'un autre sans contracter envers elle des devoirs sacrés, et vous aurez un jour à rendre compte à Dieu des mérites ou des fautes de cette âme troublée, dont vous étiez vous-même devenu le juge, l'arbitre et la divinité! Usez donc de toute votre influence pour la tirer de l'abîme où elle s'égare; remplissez cette tâche comme un devoir, et ne l'abandonnez que lorsque vous aurez épuisé tous les moyens de la relever.

GABRIEL.

Vous avez raison, l'abbé; vous parlez comme un chrétien, mais non comme un homme! Vous ignorez que, là où l'on a régné par l'amour, on ne peut plus régner par la raison ou la morale. Cette puissance qu'on avait alors, c'était l'amour qu'on ressentait soi-même, c'est-à-dire la foi, et l'enthousiasme qui la donnait et qui la rendait infaillible. Cet amour, transformé en charité chrétienne ou en éloquence philosophique, perd toute sa puissance, et l'on ne termine pas froidement l'œuvre qu'on a commencée dans la fièvre. Je sens que je n'ai plus en moi les moyens de persuader Astolphe, car je sens que le but de ma vie n'est plus de le persuader. Son âme est tombée au-dessous de la mienne; si je la relevais, ce serait mon ouvrage. Je l'aimerais peut-être comme vous m'aimez; mais je ne serais plus prosternée devant l'être accompli, devant l'idéal que Dieu avait créé pour moi. Sachez, mon ami, que l'amour n'est pas autre chose que l'idée de la supériorité de l'être qu'on possède, et, cette idée détruite, il n'y a plus que l'amitié.

LE PRÉCEPTEUR.

L'amitié impose encore des devoirs austères; elle est capable d'héroïsme, et vous ne pouvez abjurer dans le même jour l'amour et l'amitié!

GABRIEL.

Je respecte votre avis. Cependant vous m'accorderez le reste de la nuit pour réfléchir à ce que vous me demandez. Donnez-moi votre parole de ne point informer Astolphe du lieu de ma retraite.

LE PRÉCEPTEUR.

J'y consens, si vous me donnez la vôtre de ne point quitter Rome sans m'avoir revu. Je reviendrai demain matin.

GABRIEL.

Oui, mon ami, je vous le promets. L'heure est avancée, les rues sont mal fréquentées, permettez que Marc vous accompagne.

LE PRÉCEPTEUR.

Non, mon enfant, cette nuit de carnaval tient la moitié de la population éveillée; il n'y a pas de danger. Marc a probablement fini par s'endormir. N'éveillez pas ce bon vieillard. A demain! que Dieu vous conseille!...

GABRIEL.

Que Dieu vous accompagne! A demain!

(*Le précepteur sort. Gabriel l'accompagne jusqu'à la porte et revient.*)

SCÈNE VIII

GABRIEL, *seul.*

Réfléchir à quoi? A l'étendue de mon malheur, à l'impossibilité du remède? A cette heure, Astolphe oublie tout dans une honteuse ivresse! et moi, pourrais-je jamais oublier que son sein, le sanctuaire où je reposais ma tête, a été profané par d'impures étreintes? Eh quoi! désormais chacun de ses soupçons pourra ramener ce besoin de délires abjects et l'autoriser à souiller ses lèvres aux lèvres des prostituées! Et moi, il veut me souiller aussi! il veut me traiter comme elles! il veut m'appeler devant un tribunal, devant une assemblée d'hommes; et là, devant les juges, devant la foule, faire déchirer mon pourpoint par des sbires, et, pour preuve de ses droits à la fortune et à la puissance, dévoiler à tous les regards ce sein de femme que lui seul a vu palpiter! Oh! Astolphe, tu n'y songes pas sans doute; mais quand l'heure viendra, emporté sur une pente fatale, tu ne voudras pas t'arrêter pour si peu de chose! Eh bien! moi, je dis: Jamais! Je me refuse à ce dernier outrage, et, plutôt que d'en subir l'affront, je déchirerai cette poitrine, je mutilerai ce sein jusqu'à le rendre un objet d'horreur à ceux qui le verront, et nul ne sourira à l'aspect de ma nudité... O mon Dieu! protégez-moi! préservez-moi! j'échappe avec peine à la tentation du suicide!...

(*Elle se jette à genoux et prie.*)

SCÈNE IX.

Sur le pont Saint-Ange. Quatre heures du matin.

GABRIEL, *suivi de* MOSCA, GIGLIO.

GABRIEL, *marchant avec agitation et s'arrêtant au milieu du pont.*

Le suicide!... Cette pensée ne me sort pas de l'esprit. Pourtant je me sens mieux ici!... J'étouffais dans cette petite chambre, et je craignais à chaque instant que mes sanglots ne vinssent à réveiller mon pauvre Marc, fidèle serviteur dont mes malheurs avancent la décrépitude, et que ma tristesse a vieilli plus que les années! (*Mosca fait entendre un hurlement prolongé.*) Tais-toi, Mosca! je sais que tu m'aimes aussi. Un vieux valet et un vieux chien, voilà tout ce qui me reste!... (*Il fait quelques pas.*) Cette nuit est belle! et cet air pur me fait du bien!... O splendeur des étoiles! ô murmure harmonieux du Tibre!... (*Mosca pousse un second hurlement.*) Qu'as-tu donc, frêle créature? Dans mon enfance, on me disait que, lorsque le même chien hurle trois fois de la même manière, c'est signe de mort dans la famille... Je ne pensais pas qu'un jour viendrait où ce présage ne me causerait aucun effroi pour moi-même... (*Il fait encore quelques pas et s'appuie sur le parapet.*)

GIGLIO, *se cachant dans l'ombre que le château Saint-Ange projette sur le pont, s'approche de Gabriel.*

C'était bien sa demeure, et c'est bien lui; je ne l'ai pas perdu de vue depuis qu'il est sorti. Ce n'est pas le vieux serviteur dont on m'a parlé... Celui-ci est un jeune homme.

(*Mosca hurle pour la troisième fois en se serrant contre Gabriel.*)

GABRIEL.

Décidément, c'est le mauvais présage. Qu'il s'accomplisse, ô mon Dieu! Je sais que, pour moi, il n'est plus de malheur possible.

GIGLIO, *se rapprochant encore.*

Le diable de chien! Heureusement il ne paraît pas y faire attention... Par le diable! c'est si facile, que je n'ai pas le courage!... Si je n'avais pas femme et enfants, j'en resterais là!

GABRIEL.

Cependant avec la liberté... (et ma démarche auprès du pape doit me mettre à l'abri de tout), la solitude pourrait être belle encore. Que de poésie dans la contemplation de ces astres dont mon désir prend possession librement, sans qu'aucune vile passion l'enchaîne aux choses de la terre! O liberté de l'âme! qui peut t'aliéner sans folie? (*Étendant les bras vers le ciel.*) Rends-moi cette liberté, mon Dieu! mon âme se dilate rien qu'à prononcer ce mot: liberté!...

GIGLIO, *le frappant d'un coup de poignard.*

Droit au cœur, c'est fait!

GABRIEL.

C'est bien frappé, mon maître. Je demandais la liberté, et tu me l'as donnée.

(*Il tombe, Mosca remplit l'air de ses hurlements.*)

GIGLIO.

Le voilà mort! Te tairas-tu, maudite bête? (*Il veut le prendre, Mosca s'enfuit en aboyant.*) Il m'échappe! Hâtons-nous d'achever la besogne. (*Il s'approche de Gabriel, et essaie de le soulever.*) Ah! courage de lièvre! Je tremble comme une feuille! Je n'étais pas fait pour ce métier-là.

GABRIEL.

Tu veux me jeter dans le Tibre? Ce n'est pas la peine.

Laissez-moi mourir en paix à la clarté des étoiles. Tu vois bien que je n'appelle pas au secours, et qu'il m'est indifférent de mourir.

GIGLIO.

Voilà un homme qui me ressemble. A l'heure qu'il est, si ce n'était l'affaire de comparaître au jugement d'en haut, je voudrais être mort. Ah! j'irai demain à confesse!... Mais, par tous les diables! j'ai déjà vu ce jeune homme quelque part... Oui, c'est lui! Oh! je me briserais la tête sur le pavé!

(*Il se jette à genoux auprès de Gabriel et veut retirer le poignard de son sein.*)

GABRIEL.

Que fais-tu, malheureux? Tu es bien impatient de me voir mourir!

GIGLIO.

Mon maître! mon ange!... mon Dieu! Je voudrais te rendre la vie. Ah! Dieu du ciel et de la terre, empêchez qu'il ne meure!...

GABRIEL.

Il est trop tard, que t'importe!

GIGLIO, *à part.*

Il ne me reconnaît pas! Ah! tant mieux! S'il me maudissait à cette heure, je serais damné sans rémission!

GABRIEL.

Qui que tu sois, je ne t'en veux pas; tu as accompli la volonté du ciel.

GIGLIO.

Je ne suis pas un voleur, non. Tu le vois, maître, je ne veux pas te dépouiller.

GABRIEL.

Qui donc t'envoie? Si c'est Astolphe... ne me le dis pas... Achève-moi plutôt...

GIGLIO.

Astolphe? Je ne connais pas cela...

GABRIEL.

Merci! Je meurs en paix. Je sais d'où part le coup... Tout est bien.

GIGLIO.

Il meurt! Ah! Dieu n'est pas juste! Il meurt! Je ne peux pas lui rendre la vie... (*Mosca revient et lèche la figure et les mains de Gabriel.*) Ah! cette pauvre bête! elle a plus de cœur que moi.

GABRIEL.

Ami, ne tue pas mon pauvre chien...

GIGLIO.

Ami! il m'appelle ami!

(*Il se frappe la tête avec les poings.*)

GABRIEL.

On peut venir... Sauve-toi!... Que fais-tu là?... Je ne peux en revenir. Va recevoir ton salaire... de mon grand-père!

GIGLIO.

Son grand-père! Ah! voilà les gens qui nous emploient! voilà comme nos princes se servent de nous!...

GABRIEL.

Écoute!... je ne veux pas que mon corps soit insulté par les passants... Attache-moi à une pierre... et jette-moi dans l'eau...

GIGLIO.

Non! tu vis encore, tu parles, tu peux en revenir. O mon Dieu! mon Dieu! personne ne viendra-t-il à ton secours?

GABRIEL.

L'agonie est trop longue... Je souffre. Arrache-moi ce fer de la poitrine. (*Giglio retire le poignard.*) Merci, je me sens mieux... je me sens... libre!... mon rêve me revient. Il me semble que je m'envole là-haut! tout en haut! (*Il expire.*)

GIGLIO.

Il ne respire plus! J'ai hâté sa mort en voulant le soulager... Sa blessure ne saigne pas... Ah! tout est dit!... C'était sa volonté... Je vais le jeter dans la rivière... (*Il essaie de relever le cadavre de Gabriel.*) La force me manque, mes yeux se troublent, le pavé s'enfuit sous mes pieds!... Juste Dieu!... l'ange du château agite ses ailes et sonne la trompette... C'est la voix du jugement dernier! Ah! voici les morts, les morts qui viennent me chercher.

(*Il tombe la face sur le pavé et se bouche les oreilles.*)

SCÈNE X.

ASTOLPHE, LE PRÉCEPTEUR, GABRIEL, *mort*, GIGLIO, *étendu à terre.*

ASTOLPHE, *en marchant.*

Eh bien! ce n'est pas vous qui aurez manqué à votre promesse. Ce sera moi qui aurai forcé votre volonté!

LE PRÉCEPTEUR, *s'arrêtant irrésolu.*

Je suis trop faible... Gabriel ne voudra plus se fier à moi.

ASTOLPHE, *l'entraînant.*

Je veux la voir, la voir! embrasser ses pieds. Elle me pardonnera! Conduisez-moi.

MARC, *venant à leur rencontre, une lanterne à la main, l'épée dans l'autre.*

Monsieur l'abbé, est-ce vous?

LE PRÉCEPTEUR.

Où cours-tu, Marc? ta figure est bouleversée! Où est ton maître?

MARC.

Je le cherche! il est sorti... sorti pendant que je m'étais endormi! Malheureux que je suis!... J'allais voir chez vous.

LE PRÉCEPTEUR.

Je ne l'ai pas rencontré... Mais il est sorti armé, n'est-ce pas?

MARC.

Il est sorti sans armes pour la première fois de sa vie, il a oublié jusqu'à son poignard. Ah! je n'ose vous dire mes craintes. Il avait tant de chagrin! Depuis quelques jours il ne mangeait plus, il ne dormait plus, il ne lisait plus, il ne restait pas un instant à la même place.

ASTOLPHE.

Tais-toi, Marc, tu m'assassines. Cherchons-le!... Que vois-je ici?... (*Il lui arrache la lanterne, et l'approche de Giglio.*) Que fait là cet homme?

GIGLIO.

Tuez-moi! tuez-moi!

LE PRÉCEPTEUR.

Et ici un cadavre!

MARC, *d'une voix étouffée par les cris.*

Mosca!... voici Mosca qui lui lèche les mains!

(*Le précepteur tombe à genoux. Marc, en pleurant et en criant, relève le cadavre de Gabriel. Astolphe reste pétrifié.*)

GIGLIO, *au précepteur.*

Donnez-moi l'absolution, monsieur le prêtre! Messieurs, tuez-moi. C'est moi qui ai tué ce jeune homme, un brave, un noble jeune homme qui m'avait accordé la vie, une nuit que, pour le voler, j'avais déjà tenté, avec plusieurs camarades, de l'assassiner. Tuez-moi! J'ai femme et enfants, mais c'est égal, je veux mourir!

ASTOLPHE, *le prenant à la gorge.*

Misérable! tu l'as assassiné!

LE PRÉCEPTEUR.

Ne le tuez pas. Il n'a pas agi de son fait. Je reconnais ici la main du prince de Bramante. J'ai vu cet homme chez lui.

GIGLIO.

Oui, j'ai été à son service.

ASTOLPHE.

Et c'est lui qui t'a chargé d'accomplir ce crime?

GIGLIO.

J'ai femme et enfants, monsieur; j'ai porté l'argent que j'ai reçu à la maison. A présent livrez-moi à la justice; j'ai tué mon sauveur, mon maître, mon Jésus! Envoyez-moi à la potence; vous voyez bien que je me livre moi-même. Monsieur l'abbé, priez pour moi!

ASTOLPHE.

Ah! lâche, fanatique! je t'écraserai sur le pavé.

LE PRÉCEPTEUR.

Les révélations de ce malheureux seront importantes; épargnez-le, et ne doutez pas que le prince ne prenne dès demain l'initiative pour vous accuser. Du courage, seigneur Astolphe! Vous devez à la mémoire de celle qui vous a aimé, de purger votre honneur de ces calomnies.

ASTOLPHE, *se tordant les bras.*

Mon honneur! que m'importe mon honneur?

(*Il se jette sur le corps de Gabriel. Marc le repousse.*)

MARC.

Ah! laissez-la tranquille à présent! C'est vous qui l'avez tuée.

ASTOLPHE, *se relevant avec égarement.*

Oui, c'est moi! oui, c'est moi! Qui ose dire le contraire? C'est moi qui suis son assassin!

LE PRÉCEPTEUR.

Calmez-vous et venez! Il faut soustraire cette dépouille sacrée aux outrages de la publicité. Le jour est loin de paraître, emportons-la. Nous la déposerons dans le premier couvent. Nous l'ensevelirons nous-mêmes, et nous ne la quitterons que quand nous aurons caché dans le sein de la terre ce secret qui lui fut si cher.

ASTOLPHE.

Oh! oui, qu'elle l'emporte dans la tombe, ce secret que j'ai voulu violer!

LE PRÉCEPTEUR, *à Giglio.*

Suivez-nous, puisque vous éprouvez des remords salutaires. Je tâcherai de faire votre paix avec le ciel; et, si vous voulez faire des révélations sincères, on pourra vous sauver la vie.

GIGLIO.

Je confesserai tout, mais je ne veux pas de la vie, pourvu que j'aie l'absolution.

ASTOLPHE, *en délire.*

Oui, tu auras l'absolution, et tu seras mon ami, mon compagnon! Nous ne nous séparerons plus, car nous sommes deux assassins!

(*Marc et Giglio emportent le cadavre, l'abbé entraîne Astolphe.*)

FIN DE GABRIEL.

LETTRE

A M. LERMINIER

SUR SON EXAMEN CRITIQUE

DU LIVRE DU PEUPLE.

Monsieur,

Lorsqu'en novembre 1836, M. Sainte-Beuve publia, dans la *Revue des Deux Mondes*, la critique du livre de M. de La Mennais, intitulé *Affaires de Rome*, nous fûmes tenté de répondre. Des raisons d'amitié ne nous eussent point empêché de le faire; car, si la discussion peut et doit être courtoise et sincère, c'est entre gens qui s'aiment ou qui s'estiment. Mais la plume nous tomba des mains quand nous réfléchîmes au peu d'importance que le spirituel écrivain semblait attacher lui-même à son jugement. Le point de vue sceptique et le ton railleur de l'article en dérobaient volontairement le fond à toute discussion sérieuse. C'eût été une entreprise pédantesque que de vouloir combattre les fines plaisanteries et les charmantes frivolités de ce morceau purement biographique et littéraire.

Si aujourd'hui nous n'acceptons pas sans examen le jugement publié par vous, Monsieur, dans la *Revue des*

Deux Mondes, sur le nouveau livre de M. de La Mennais, c'est que nous y voyons ce livre attaqué au nom de doctrines philosophiques et politiques dont l'importance nous paraît devoir être débattue. Ce n'est pas le livre que nous venons défendre, mais ses principes, qui sont en bien des points les nôtres. Il peut convenir à votre position littéraire et philosophique de combattre les écrits de M. de La Mennais ; il ne convient point à la nôtre de nous constituer l'avocat d'un si grand client. Mais, dans la condamnation réfléchie de M. de La Mennais par un homme de votre mérite, il y a, pour nous servir de vos propres expressions, un fait social dont il faut avoir raison par un examen attentif.

Vous dites que le *Livre du Peuple* est à la fois « *un livre de colère et de mansuétude, de sédition et d'ascétisme, matérialiste et mystique, se détruisant lui-même, sans unité, sans effet possible, sans danger ;* appelant, dans sa première partie, le peuple à la domination, et par conséquent aux armes, et le ramenant, dans la seconde, à la résignation et à l'humilité, par conséquent à l'abnégation. » Vous l'accusez de ne pas comprendre la théorie de l'intelligence et des lois de la raison, de mettre la souveraineté du peuple dans la collection des souverainetés individuelles, et de se trouver ainsi d'accord avec les conséquences extrêmes, non pas de la démocratie, mais de la démagogie ; de ne pas voir dans le droit autre chose que la liberté, de détourner et d'employer la parole chrétienne au profit de la souveraineté et de la félicité du peuple, d'avoir méconnu les réalités de l'histoire et de n'en tenir aucun compte ; de prêter à l'avenir, par suite de cette inintelligence du passé, les traits les plus incertains. Vous concluez particulièrement à l'obligation, pour M. de La Mennais, de formuler en système, sous peine d'être illogique, le nouvel ordre de choses qu'il veut substituer à l'ancien, et généralement au triomphe fatal et à la prédominance nécessaire de la bourgeoisie dans notre siècle. C'est cette dernière conclusion, nous le croyons, qui est le corollaire de votre discussion, et qui doit devenir la base de la nôtre.

Prenant d'abord la question à son point de vue philosophique, nous vous demanderons comment, reconnaissant, ainsi que vous le faites, en principe la souveraineté du peuple, identifiée avec la souveraineté de l'esprit humain, et définissant le peuple le genre humain, ou plus particulièrement tous les membres quelconques d'une société, vous placez cette souveraineté du peuple ailleurs que dans la collection des souverainetés individuelles? De deux choses l'une : ou vous reconnaissez que tous les hommes, et par conséquent tous les membres quelconques d'une société, représentent plus ou moins la puissance de l'esprit humain, et alors vous êtes obligé de leur accorder à tous une part plus ou moins grande dans la direction de la société qu'ils composent, et par conséquent vous ne pouvez mettre la souveraineté du peuple ailleurs que dans la collection des souverainetés individuelles; ou bien, si vous voulez refuser à certains une part quelconque dans la direction de la société dont ils sont membres, vous êtes obligé de leur dénier aussi une part quelconque dans la représentation de l'esprit humain, et alors vous les reléguez au rang des brutes. De là votre système mène droit à l'esclavage; car l'homme social ne peut exister qu'à la condition d'avoir de doubles rapports, les uns vis-à-vis de lui-même, les autres vis-à-vis de la société. Il vit à la fois d'une vie particulière comme individu, et d'une vie générale comme citoyen, sans qu'il soit possible de séparer la première de la seconde. Donc, si certains membres de la société sont indignes d'exercer l'une, ils sont nécessairement incapables de gouverner l'autre, et vous devez dès lors mettre l'individu en tutelle comme le citoyen. Et cette tutelle absolue, cette confiscation du libre arbitre en toutes choses, qu'est-ce, sinon l'esclavage?

Ce n'est pas là que vous voulez en venir, nous le savons, et vous n'oseriez pas tirer vous-même de telles conclusions de vos prémisses. Mais elles n'en sont pas moins rigoureuses, et n'en condamnent pas moins certainement les adversaires de la souveraineté du peuple, résultat des souverainetés individuelles. Pourtant nous voulons accorder que vous ayez raison en ce point, et que le peuple, en nous servant avec vous d'une autre définition que votre pensée ultérieure nous force de supposer complètement différente de la première, a droit de vivre et de se développer, mais non de gouverner la société. Puisque le peuple n'est plus toute la société, il n'en est donc plus qu'une partie. Si cette partie de la société n'a pas le droit d'intervenir dans le gouvernement, elle ne pourra donc vivre et se développer que suivant le bon plaisir de l'autre partie de la société qui occupera le gouvernement. Cette autre partie, c'est, dans votre système, la bourgeoisie. Donc, s'il plaisait à cette bourgeoisie nécessaire, indestructible et toute-puissante, comme vous l'appelez, d'empêcher le peuple de vivre et de se développer, il faudrait que le peuple cessât de se développer et de vivre. La bourgeoisie souveraine, en tant que représentant la souveraineté de l'esprit humain, peut tout faire sans que le peuple, qui ne représente que lui-même, c'est-à-dire rien, puisse se révolter contre cette infaillibilité nouvelle que vous bâtissez sur les ruines de l'infaillibilité catholique. Ou bien s'il ne veut se laisser abrutir, ni dépouiller, ni égorger, s'il se révolte contre cette bourgeoisie oppressive, il commet un crime de lèse-majesté contre la souveraineté de l'esprit humain.

Qu'on ne dise pas que nous mettons les choses au pire, et que la bourgeoisie, autant par intérêt que par justice, rendra peu à peu, par l'éducation, le peuple digne de participer au gouvernement, et qu'en attendant l'heure où elle jugera bon, dans sa sagesse, de partager avec lui la gestion des affaires, elle le traitera de son mieux.

Nous répondrions, 1° que tout principe dont les conséquences tirées à l'extrême conduisent à l'absurde, est faux; 2° que votre palliatif ne fait que reculer la difficulté au lieu de la résoudre, et se trouve toujours inutile, qu'il agisse dans un avenir prochain ou éloigné; car où la bourgeoisie mettra le peuple à même de s'instruire sérieusement, en lui rendant le pain moins difficile en même temps que l'éducation plus accessible, et alors moins de dix années suffiront pour répandre partout les lumières dont vous parlez; ou bien elle ne fera que lui montrer la possibilité d'une instruction dont les exigences de son travail journalier l'empêcheront de profiter, et alors vous rendez indéfinie la durée de cette horrible inégalité; 3° que la bourgeoisie, composée d'hommes égoïstes, comme tous le sont, la bourgeoisie qui n'est autre chose qu'une minorité toute puissante, par conséquent qu'une aristocratie, dont le seul avantage sur l'autre est son élasticité, profitera largement du monopole social qu'elle a entre les mains, et ne renoncera jamais, sans y être forcée, aux moyens qu'elle possède de jouir plus que le peuple en travaillant moins.

Ceci nous mène au point de vue historique de la question. Nous voyons tout d'abord dans l'histoire que jamais une classe inférieure de la société n'a été appelée volontairement par les classes supérieures au partage du pouvoir; que jamais les vaincus n'ont obtenu, du libre consentement des vainqueurs, les moyens de s'égaler à eux. Je ne sache pas que cette révolution communale du

XIIe siècle, et cette révolution générale du XVIIIe, que vous dites avoir constitué, l'une la bourgeoisie, l'autre le peuple, aient été accomplies spontanément par la royauté et l'aristocratie, dans le seul intérêt de la justice et dans le seul but de reconnaître à propos la souveraineté de l'esprit humain. Je vois au contraire que ce n'est qu'à leur corps défendant qu'elles ont laissé creuser, par leurs inférieurs politiques, ces abîmes où sont allés s'engloutir leurs priviléges et leur domination ; et de là je conclus plus fortement que la bourgeoisie, maîtresse à son tour du gouvernement tout entier, n'en cédera au peuple que ce que celui-ci en pourra arracher. Le pouvoir politique est comme une ville forte, fermée de toutes parts, où l'on n'entre jamais que d'assaut.

Maintenant, revenant un peu sur nos pas, nous vous ferons remarquer la différence que nous croyons apercevoir entre les résultats des deux révolutions que vous avez rappelées. Nous reconnaissons bien avec vous que la révolution communale du XIIe siècle a constitué la bourgeoisie, non pas complétement, il est vrai, puisque la bourgeoisie restait encore inférieure à la royauté, à la noblesse et au clergé, mais du moins solidement, sous le rapport civil et sous le rapport politique, puisqu'elle fit à la fois garantir ses droits individuels et reconnaître ses droits gouvernementaux en une certaine mesure. C'est sur la révolution générale du XVIIIe siècle que nous tombons en désaccord. La Convention avait, il est vrai, constitué le peuple à la fois sous le rapport civil et sous le rapport politique, et lui avait fait sa juste part dans la vie générale. Mais de cela qu'est-il resté? Une charte qui déclare que tous les Français sont égaux devant la loi, et qui ne reconnaît comme ayant droit à une influence et à une participation quelconque dans le gouvernement que deux cent mille citoyens sur les trente-quatre milions qui composent la société française. D'où il suit qu'en résultat la révolution du XVIIIe siècle n'a été, politiquement parlant, que le développement et le complément de celle du XIIe, puisqu'elle a mis tout entier entre les mains de la bourgeoisie le gouvernement dont celle-ci avait déjà conquis une partie, et qu'elle n'a constitué le peuple que sous le rapport civil et non sous le rapport politique.

Ensuite est-il vrai que la puissance ait toujours été le prix de l'intelligence et du travail ? Les longues files de rois imbéciles et paresseux qui se succèdent dans toutes les monarchies absolues, la domination des conquérants sur les peuples conquis, l'énorme prépondérance de toutes les inutiles et ignorantes aristocraties qui se dressent encore de toutes parts au-dessus des populations laborieuses, ne relèguent-elles pas votre assertion au rang des paradoxes?

Nous arrivons à cette heure au côté pratique de la question.

« M. de La Mennais, *entraîné par de nobles passions, veut-il, du sein de l'extrême misère, pousser le peuple à l'extrême grandeur?* Veut-il lui faire exclusivement gouverner la société? Nie-t-il la souveraineté de l'intelligence et la nécessité de son intervention dans la fondation du droit social? »

D'abord, pour nous entendre sur le fond, il est bon de nous entendre sur les mots.

Vous reconnaissez, je pense, avec nous, qu'aujourd'hui il n'existe plus réellement que deux classes dans la société française, la bourgeoisie et le peuple.

Or, qu'est-ce que la bourgeoisie et le peuple?

Pour l'un, formulant la définition qui ressort du livre de M. de La Mennais, nous dirons : Le peuple est tout ce qui ne possède que par son travail et relativement à son travail, — et, pour l'autre, déduisant la seconde définition de la première : — La bourgeoisie est tout ce qui possède sans travail ou au delà de son travail.

Pour faire passer le peuple de l'extrême misère à l'extrême grandeur, il faudrait créer en sa faveur une prédominance complète sur la bourgeoisie, et l'on ne pourrait livrer exclusivement le gouvernement au peuple sans le constituer par cela même en aristocratie. Or, je demande si l'on peut imaginer une aristocratie démocratique. En admettant même comme possible la réalisation de ce non-sens, il faudrait, pour y arriver, déplacer complétement les bases de la société ; et le *Livre du Peuple* recommande expressément de n'attenter en rien à la propriété.

M. de La Mennais ne demande donc point pour le peuple la supériorité politique, mais l'égalité. Il ne veut pas que le peuple opprime la bourgeoisie, mais l'absorbe ; qu'il confisque à son profit le gouvernement, mais qu'il y participe.

Et comment y participer? En masse et immédiatement? Mais cela est impossible. Si vous mettez le pouvoir aux mains du peuple, tout ce concours de volontés divergentes, de pensées incohérentes, de projets insensés, produira le désordre, l'anarchie, etc., etc.

En vérité, c'est prêter au génie un raisonnement indigne de la plus lourde médiocrité, que de lui supposer des combinaisons qui amèneraient de pareils résultats. Ce que veut M. de La Mennais, ce que veulent tous les démocrates tant soit peu intelligents, c'est l'intervention médiate du peuple dans le gouvernement. Où est l'homme assez fou pour dire que la misère et l'ignorance sont des titres à la puissance, et que le pauvre ouvrier qui ne connaît que le maniement de son outil, soit plus propre à gouverner la société que l'homme nourri dans toutes les spéculations de la philosophie et de la politique? Qui songe à demander que chacun ait maintenant un droit égal et une part égale à la gestion des affaires? On ne réclame qu'une chose, c'est la possibilité pour chacun de faire entendre ses désirs et ses besoins, de mettre sa boule dans l'urne sociale, d'agir, en un mot, médiatement, mais infailliblement, sur le mouvement général de la grande machine dont il fait partie.

Et, loin de méconnaître la souveraineté de l'intelligence et la nécessité de son intervention, cette doctrine la confesse et la confirme irrécusablement. Quand l'intelligence aura-t-elle de plus belles chances que le jour où la recherche, l'organisation et le développement des systèmes gouvernementaux seront confiés à des agents choisis par l'universalité des citoyens? Qui sera appelé, si ce n'est le plus capable? Sur une telle masse de votants, ce ne seront plus, comme aujourd'hui, des raisons d'intérêt personnel qui pourront déterminer les élections. Le peuple, trop peu intelligent pour gouverner lui-même, le sera bien assez pour reconnaître ceux qui seront les plus aptes à le faire pour lui; alors la raison seule pourra présider à des déterminations qui devront satisfaire tous les intérêts à la fois; la justice deviendra nécessairement la seule règle d'une politique forcée de complaire à tous, parce qu'elle sera dépendante de tous, et la législation ne sera plus autre chose que la manifestation de l'esprit humain, représenté dans son ensemble par la coopération médiate ou immédiate de toutes ses parties.

L'exposition de cette théorie, en répondant à l'accusation que vous portez contre M. de La Mennais, d'avoir méconnu la souveraineté de l'intelligence, fait assez voir en même temps la manière dont il entend le droit. Loin de dire que le droit ne soit pas autre chose que la liberté, il a enseigné que le droit n'était rien sans le devoir, et ne pouvait se concevoir qu'indissolublement lié au devoir. La liberté complète pour l'individu serait le droit de tout faire, et l'on ne reconnaît, certes, pas à l'individu le droit de tout faire, quand on lui montre des devoirs à remplir. Or, voici ce que nous voyons avec M. de La Mennais dans le droit et le devoir individuels. Le droit de l'individu est de réclamer de tous l'exécution du devoir envers lui-même, et son devoir est de respecter le droit de tous.

Il ne nous reste plus maintenant à examiner que l'appréciation historique et philosophique du christianisme de M. de La Mennais.

M. de La Mennais n'a pas, ce nous semble, méconnu et dédaigné les réalités de l'histoire, et n'a pas cru au règne absolu du mal dans le présent comme dans le passé, quand il a dit (page 154) : « Voyez ce que doit l'humanité au christianisme : la progressive abolition de l'esclavage et du servage, le développement du sens moral et l'influence de ce développement sur les mœurs et les lois, de plus en plus empreintes d'un esprit de douceur et d'équité inconnu auparavant ; les merveilleuses conquêtes de l'homme sur la nature, fruit de la science et des applications de la science ; l'accroissement du bien-être public et individuel ; en un mot, l'ensemble des biens qui élèvent notre civilisation si fort au-dessus de la civilisation antique et de celle des peuples que l'Évangile n'a point encore éclairés. » Nous ne nions pas que M. de La Mennais ne fasse dans l'histoire une part trop belle au christianisme en lui attribuant exclusivement tous ces grands résultats ; mais il n'en est pas moins vrai qu'il ne voit dans notre organisation sociale qu'un mal relatif qui y existe en effet. Et d'ailleurs, il est bien évident que l'homme qui croirait au règne absolu du mal n'annoncerait pas l'amélioration et le perfectionnement de toutes choses dans l'avenir, et ne prêcherait pas à l'humanité la doctrine du progrès indéfini Quant à l'acception que M. de La Mennais a donnée à la parole chrétienne, peut-être n'est-elle pas aussi détournée qu'elle le paraît au premier abord. Jésus n'a pas dit explicitement, il est vrai, que l'humanité devait arriver au bonheur sur cette terre, mais il l'a dit implicitement lorsqu'il a enseigné à tous les hommes en général et à chacun en particulier la nécessité du devoir. De ce que chacun accomplit absolument envers autrui, non-seulement le devoir, mais encore la charité, il s'ensuit nécessairement que chacun, dans le milieu qu'il occupe, se trouve environné de justice et d'amour, et voit son droit se développer en toute liberté. En ordonnant de ne pas faire aux autres ce qu'on ne voudrait pas qui vous fût fait à vous-même, le Christ a recommandé, par un enchaînement indestructible de conséquences, de faire aux autres ce qu'on voudrait qui vous fût fait à vous-même. Et n'est-ce pas là, en deux mots, le résumé de la situation la plus heureuse que l'homme puisse trouver ici-bas?

Nous savons que la morale actuelle du christianisme condamne presque toutes les choses qui peuvent servir au bonheur matériel de l'homme. Mais M. de La Mennais, vous le proclamez vous-même, a déjà anathématisé les deux grandes formules actuelles du christianisme, qui sont le catholicisme et le protestantisme, et il ne prend plus pour code que le texte même de la loi promulguée par le maître, laissant de côté les commentaires et les développements de ceux qui se sont posés comme ses continuateurs immédiats.

C'est même là-dessus que vous vous basez pour lui demander la formule philosophique de ce que vous appelez son néo-christianisme, et l'application politique qu'il en doit tirer. A cela il n'y a qu'une chose à ré pondre, c'est que M. de La Mennais ne se donne ni pour un prophète ni pour un révélateur, qu'il enseigne ce qu'il croit et ce que beaucoup avec lui croient juste, bon et nécessaire; qu'il attaque du présent tout ce qui lui en semble mauvais, sans être obligé de dire précisément ce qu'il faut mettre à la place; qu'il appelle de tous ses vœux l'avenir, sans savoir exactement ce qu'il sera, parce que, plein de confiance en Dieu et d'espérance dans les destinées de l'humanité, il pense que le mal engendre souvent le bien, jamais le pire, et que le bien amène le mieux sans pouvoir ramener le mal, et qu'enfin il lui est permis d'ignorer la solution mathématique d'un problème que quarante siècles et notre génération tout entière n'ont pas encore su résoudre.

De tout ce que nous avons dit, il nous semble résulter que la bourgeoisie n'est pas un fait nécessaire et invincible, que le peuple est le seul et réel souverain; que M. de La Mennais, en lui parlant à la fois de droit et de devoir, ne lui enseigne ni la sédition, ni l'abnégation, mais bien l'énergie et la modération, et qu'il est fondé, sur les malheurs du présent, à demander mille changements à l'avenir, sans être obligé de prédire la forme particulière d'aucun.

Vous terminez en conseillant à M. de La Mennais de faire de nouvelles tentatives pour concilier la science et la foi. M. de La Mennais n'est-il donc, à vos yeux, qu'un homme de foi et de sentiment? Parmi les esprits véritablement élevés, en existe-t-il qui soient tout à la foi ou tout à la science? La foi et la science ne sont-elles pas le complément l'une de l'autre, nécessairement et indissolublement liées l'une à l'autre? Qu'est-ce que la science, si ce n'est la recherche des certitudes? Qu'est-ce que la foi, si ce n'est, selon son intensité, l'aspiration vers une certitude ou le repos sur une certitude? La foi n'est-elle pas le but fatal de la science, et la science le chemin fatal de la foi? La science fait-elle autre chose que trouver l'analyse des certitudes dont la foi entrevoit la synthèse?

Vous l'entendez certainement ainsi vous-même, et, comme nous, vous appelez, non pas *foi*, mais *crédulité*, l'attachement des intelligences étroites aux erreurs du passé; vous ne taxez certainement pas de faiblesse et d'infirmité l'intelligence éminemment courageuse et progressive de M. de La Mennais. D'où vient donc que cette foi si vaste, si tolérante, si généreuse, et qui s'éclaire de plus en plus en politique d'un esprit de vérité si éclatant, semble vous laisser des inquiétudes sur l'emploi du beau génie qui l'accompagne? Vous paraissez le reléguer très-loin encore du mouvement de la science et le regarder comme fourvoyé dans la question puérile de savoir si le peuple a droit à la souveraineté, ou dans le sentimentalisme d'une religion dont il ne prêche cependant que l'essence sublime, la fraternité et la charité. Vous lui reprochez de ne point formuler son système; vous voulez qu'il jette les fondements d'une école et d'une doctrine, et cependant vous dites, dix lignes plus loin, après avoir demandé s'il y avait une place dans l'avenir pour un *néo-christianisme : Les faits de l'avenir peuvent seuls répondre. Il serait puéril de vouloir prophétiser en détail les formes et les accidents par lesquels doit passer l'humanité.* Encore une fois, M. de La Mennais ne pourrait-il pas vous répondre qu'il n'est pas obligé de vous dire de point en point ce qu'il faut substituer au présent, mais que ses larges théories reposent sur les véritables instincts, sur les éternels besoins, sur les imprescriptibles droits de l'humanité?

N'étant pas d'accord avec lui sur ces besoins et sur

ces droits, vous ne vous apercevez pas que vous le feriez rétrograder et que vous circonscririez étrangement son rôle, s'il se rendait à vos conseils et s'il accomplissait cette parole de vous, monsieur, rappelée par M. Sainte-Beuve dans son article de novembre 1836 : « *Il a le goût du schisme, qu'il en ait donc le courage!* » Cette parole est belle, mais elle ne nous paraît point applicable à M. de La Mennais. Il nous est impossible de ne voir dans M. de La Mennais qu'un schismatique, et de croire qu'il n'a pas d'autre destinée à remplir que celle de former une secte religieuse. Aujourd'hui ce serait une occupation bien stérile, et, quoi qu'on en dise, M. de La Mennais en eût-il le goût, il connaît trop bien, je pense, les choses et les hommes, pour borner ses vues à l'érection d'une petite église dans le goût de M. Châtel. Ce ne sont point des questions de dogme ni de discipline qui ont amené la rupture de M. de La Mennais avec Rome. Ce sont des questions toutes morales, toutes sociales, toutes politiques, par conséquent bien autrement vastes et sérieuses. M. de La Mennais est donc bien autre chose qu'un schismatique; c'est un grand moraliste politique, un philosophe religieux, car c'est au moment même où vous lui refusez l'intelligence de la philosophie que, par un puissant effort philosophique, il se détache du vieux monde catholique, pour entrer à pleines voiles, avec les générations nouvelles, dans le mouvement révolutionnaire. Ce n'est point non plus un utopiste, comme il vous plaît d'appeler Bentham, Saint-Simon et Fourier, puisque vous lui reprochez précisément de n'avoir pas donné la formule du nouvel état social qu'il appelle de ses vœux. C'est vous qui le conviez à l'utopie, et toute accusation à cet égard n'a d'existence que dans le désir qu'on a peut-être de la lui voir justifier.

Nous n'admettons donc pas que M. de La Mennais

soit seulement un *homme de foi*, nous n'admettons pas davantage que ce soit seulement un *homme de sentiment*. Dans le développement de ses doctrines sociales, il apporte autre chose que *de la colère et de la charité*. Le sentiment n'y marche jamais sans la pensée, et nous croyons définir le mieux possible cet esprit logique et chaleureux, en disant que sa principale qualité est une raison passionnée. C'était bien là la qualité nécessaire à son rôle d'apôtre populaire, à la tâche qu'il a entreprise de ranimer dans les masses le sentiment de ces vérités que certains hommes ont intérêt à voiler, mais qui doivent toujours guider l'humanité dans sa marche vers l'avenir. Ces vérités ne sont pas neuves, nous le savons. Elles n'ont été apportées dans le monde ni par Jésus-Christ ni par ses disciples. Elles ont été écrites dans le cœur du premier homme que Dieu a jeté sur la terre. M. de La Mennais se contente d'en reprendre la prédication, et nous ne voyons pas que ce soit une thèse si malheureuse pour ce que vous appelez son début philosophique. Avant de bâtir la cité, il faut en poser les bases; et quand ces bases sont contestées, chercher à reconquérir le sol que l'iniquité a envahi ne nous semble pas une tâche si puérile, une utopie si facile à ridiculiser.

Tout ce que nous pouvons accorder, c'est que les grandes qualités d'analyse et de discussion qui sont dans M. de La Mennais, s'étant exercées longtemps sur des sujets dont l'importance s'efface déjà pour lui comme pour nous à l'horizon du passé, son christianisme, sans avoir l'extension quiétiste que vous lui donnez, n'a pas toute l'extension panthéistique que nous lui donnerions si nous étions appelés à la libre interprétation de son évangile démocratique. Mais quelque réticence religieuse, ou quelque hardiesse philosophique que nous garde, ainsi qu'un sanctuaire mystérieux et vénérable, l'avenir de M. de La Mennais, nous ne voyons rien d'assez absolu, rien d'assez formulé dans son christianisme, pour que les répugnances consciencieuses et les antipathies légitimes aient lieu de s'en effrayer. Nous ne sommes pas de ceux qui regrettent le passé catholique de l'auteur de l'*Indifférence*, nous ne sommes même pas de ceux qui acceptent son présent sans restriction; mais nous respectons le passé parce que le présent en est sorti, et nous admirons le présent et pour lui-même et pour l'avenir qu'il nous présage. Ce passé est une voie droite et pure qui va s'élargissant et s'élevant toujours jusqu'à des hauteurs sublimes. Ce présent est une halte féconde sur un des sommets de la montagne. Tandis qu'il y sème le grain, déjà son œil d'aigle embrasse de nouveaux horizons. Où s'arrêtera-t-il? disent ceux de ses adversaires qui voudraient le voir reculer. Qu'il marche encore, qu'il marche toujours! disent ceux qui le comprennent; car sa vie, comme celle des génies puissants, comme celle des générations avancées, c'est le mouvement et le progrès. Un jour viendra-t-il où l'immensité de l'horizon sera saisie par lui? Ce que nous savons, c'est que, de quelque cime qu'il le cherche, il en mesurera la profondeur et l'étendue sans illusion et sans vertige; et s'il faut, pour atteindre à la terre promise, descendre dans les abîmes, il ira le premier à la découverte sans se laisser étourdir par la vaine clameur du monde. Il se risquera sur ces pentes escarpées et sur ces sentiers inconnus. C'est qu'il s'agit d'une croisade plus glorieuse pour notre siècle et plus mémorable aux yeux des générations futures que celles qui enflammèrent le zèle des Pierre l'Ermite et des saint Bernard. Ce n'est plus le tombeau, c'est l'héritage du Christ que le prêtre breton veut reconquérir; ce n'est plus l'islamisme qu'il faut combattre, ce sont toutes les impiétés sociales ; ce ne sont plus quelques prisonniers chrétiens qu'il s'agit de racheter, c'est la presque totalité du genre humain qu'il faut arracher à l'esclavage.

Il nous reste à vous demander ce que c'est que la philosophie moderne qui fournit à votre article une conclusion si rassurante et des promesses si splendides. Il existe donc maintenant une philosophie définie, formulée, complète, irrécusable? La religion de l'avenir est donc établie? La sagesse des nations est donc promulguée? Les gouvernements et les peuples existent donc désormais en vertu d'une haute raison et d'une souveraine intelligence qui établissent entre eux des rapports agréables? Nous ne l'avions pas encore ouï dire, et nous sommes bien heureux de l'apprendre, nous qui, au sein de nos espérances et de nos découragements, tour à tour pleins de joie et de douleur, avions pensé que, malgré les progrès de l'esprit humain, les découvertes de la science, la chute de l'ancienne aristocratie et les triomphes importants de l'industrie, il restait encore bien des abîmes à combler auxquels personne ne daignait prendre garde, bien des turpitudes à faire cesser auxquelles on prêtait l'appui d'une tolérance intéressée ou insouciante, bien des misères à secourir auxquelles il était (disait-on) inutile, frivole ou dangereux de songer. Vous nous assurez que la philosophie moderne a pourvu à tout, qu'elle est satisfaite de ce qui se passe, qu'elle n'est nullement atteinte de cette vaine sensibilité qui nous intéresse aux souffrances d'autrui, qu'elle attend avec une noble patience le résultat du progrès, dont elle ne nous paraît guère s'occuper et dont elle ne veut pas qu'on s'occupe à sa place ; qu'elle n'a *plus à démontrer aujourd'hui quelques idées premières désormais hors de toute discussion, telles que l'égalité des hommes entre eux, l'immortelle spiritualité de l'âme*, etc.;

et qu'il suffit que ces idées soient démontrées sans qu'il soit nécessaire de leur donner une application sociale; qu'il n'est besoin de se tourmenter d'aucune chose, pourvu qu'on sache bien l'histoire; que la philosophie va, d'ici à fort peu de temps, trouver à toutes les questions qui nous divisent des solutions impartiales et vraies; qu'en attendant, le peuple doit se tenir tranquille et satisfait, parce que la philosophie lui donne tous les gages désirables de prudence et d'habileté. En un mot, vous nous dites que la philosophie est très-contente d'elle-même et ne se soucie pas de nous, qui ne sommes pas assez philosophes pour ne nous soucier de rien. Nous désirons donc maintenant savoir quelle est cette philosophie moderne dont nous ne soupçonnions pas l'existence, et aux bienfaits de laquelle nous serions jaloux de participer.

Du reste, Monsieur, la bonne foi et l'enthousiasme avec lesquels un homme aussi sérieux que vous émet de telles espérances, nous font bien voir que nous ne sommes pas seuls à mériter l'accusation d'utopie.

Pardonnez-nous, Monsieur, cette simple remarque, et recevez l'assurance de notre haute considération.

GEORGE SAND.

WERTHER

A PROPOS DE LA TRADUCTION DE WERTHER

PAR PIERRE LEROUX [1]

C'est une chose infiniment précieuse que le livre d'un homme de génie traduit dans une autre langue par un autre homme de génie. Que ne donnerait-on pas pour lire tous les chefs-d'œuvre étrangers traduits ainsi ! C'est lorsque de grands écrivains ne dédaigneront pas une si noble tâche, que nous posséderons véritablement l'esprit des maîtres, et que nous participerons au génie des autres nations.

C'est que, pour traduire une œuvre capitale, il faut la juger, la sentir profondément. Pour le faire d'une manière complète, il faudrait presque être l'égal de celui qui l'a créée. Quelle idée pouvons-nous donc nous former de Shakspeare, de Dante, de Byron ou de Gœthe, si leurs ouvrages nous sont expliqués par des écoliers ou des manœuvres ?

Plusieurs traductions de Werther nous avaient passé sous les yeux, et ce livre sublime nous était tombé des mains. Avec grand effort de conscience, et en nous con-

1. Édition Hetzel; in-8° illustré d'eaux-fortes par Tony Johannot.

damnant, pour ainsi dire, à reprendre cette lecture à bâtons rompus, nous avions réussi à nous faire l'idée de cette pure conception et de ce plan admirable; mais la force, la clarté, la rapidité et la chaude couleur du style nous échappaient absolument. Nous disions avec les autres : C'est peut-être beau en allemand; mais la beauté du style germanique est apparemment intraduisible; et ce mélange d'emphase obscure ou de puérile naïveté choque notre goût et rebute l'exigence de notre logique française. Nous sommes donc bien heureux qu'une grande intelligence ait pu consacrer quelque loisir de jeunesse à écrire Werther en bon et beau français; car nous lui devons une des plus grandes jouissances de notre esprit.

En effet, nous le savons maintenant, Werther est un chef-d'œuvre, et là, comme partout, Gœthe est aussi grand comme écrivain que comme penseur. Quelle netteté, quel mouvement, quelle chaleur dans son expression! Comme il peint à grands traits, comme il raconte avec feu! Comme il est clair, surtout, lui à qui nous nous étions avisé de reprocher d'être diffus, vague et inintelligible! Grâce à Dieu, depuis quelques années, nous avons enfin des traductions très-soignées de ses principaux ouvrages, et le Werther particulièrement est désormais aussi attachant à la lecture, dans notre langue, que si Gœthe l'eût écrit lui-même en français.

La préface de M. Leroux est un morceau d'une trop grande importance philosophique, les questions de fond y sont traitées d'une manière trop complète, pour que nous puissions rien ajouter à son jugement sur la littérature du dix-huitième et du dix-neuvième siècle. Nous nous bornerons à exprimer brièvement notre admiration personnelle pour le roman de Werther, en tant qu'œuvre d'art, et en tant que forme.

Il n'appartient qu'à un génie du premier ordre d'exciter et de satisfaire tant d'intérêt dans un roman qu'on lit en deux heures, et qui laisse une impression de toute la vie. C'est bien là la touche puissante d'un grand artiste, et quel que soit le jugement porté par chaque lecteur sur le personnage de Werther, sur l'injustice de sa révolte contre la destinée, ou sur la douloureuse fatalité qui pèse sur lui, il n'en est pas moins certain que chaque lecteur est vaincu, terrifié et comme brisé avec lui en dévorant ces sombres pages d'une réalité si frappante et d'une si tragique poésie. Est-un roman? est-ce un poëme? On n'en sait rien, tant cela ressemble à une histoire véritable; tant l'élévation fougueuse des pensées se mêle, se lie, et semble ressortir nécessairement du symbole de la narration naïve et presque trop vraisemblable. Avec quel soin, quel art et quelle facilité apparente cette tragédie domestique est composée dans toutes ses parties! Comme ce type de Werther, cet esprit sublime et incomplet, est complétement tracé et soutenu sans défaillance d'un bout à l'autre de son monologue! Cet homme droit et bon ne songe pas à se peindre, il ne pose jamais devant le confident qu'il s'est choisi, et cependant il ne lui parle jamais que de lui-même, ou plutôt de son amour. Il est plongé dans un égoïsme mâle et ingénu qu'on lui pardonne, parce qu'on sent la puissance de ce caractère qui s'ignore et qui succombe faute d'aliments dignes de lui; parce que, d'ailleurs, ce n'est pas lui, c'est l'objet de son amour qu'il contemple en lui-même; parce que ses violences et son délire sont l'inévitable résultat des grandes qualités et de l'immense amour comprimés dans son sein. Jamais figure ne fut moins fardée et plus saisissante. Il n'est pas une femme qui ne sente qu'en dépit de toute résistance intérieure et de toute vertu conjugale elle eût aimé Werther.

On a fait, dit-on, d'immenses progrès dans l'art de

composer le drame depuis cinquante ans ; il est certain que cet art a bien changé, et qu'il y a déjà presque aussi loin de la forme de Werther à celle d'un roman moderne que de la forme d'un mélodrame de notre temps à celle d'une tragédie grecque. Mais est-ce réellement un progrès ? Cette action compliquée, que nous cherchons avidement dans les compositions nouvelles, ce besoin insatiable d'émotions factices, de situations embrouillées, d'événements imprévus, précipités, accumulés les uns sur les autres, par lesquels nous voulons, public éteint et gâté que nous sommes, être toujours tenu en haleine ; est-ce là véritablement de l'art, et l'intérêt naît-il réellement d'un si pénible travail ? Il nous semble parfois à nous-mêmes, pendant que nous sommes occupés à débrouiller et à pressentir l'énigme savante, que la lecture ou la représentation du drame moderne nous forcent à étudier. Mais cette prodigalité d'incidents, cette habileté de l'auteur à nous surpendre, à nous engager dans son labyrinthe pour nous en tirer à l'improviste par cette porte ou par cette autre, est-ce là la vraie, la bonne route ? Et, sans être ingrats envers les adroits ouvriers qui savent nous agacer, nous contenir, nous amuser et nous étonner ainsi, ne pouvons-nous pas dire que, sans un mot de tout cela, il y a plus que tout cela dans le petit drame à un seul personnage de Werther ? Il n'y a pourtant ni surprise ni ruse dans cette composition austère. Il n'y a qu'un seul coup de pistolet, un seul mort, et dès la première page on s'attend à la dernière. Le grand maître n'a songé ni à éprouver votre sagacité, ni à exciter votre impatience, ni à réveiller votre attention. Il vous présente tout d'abord un homme malheureux, qui ne peut se prendre à rien dans la société présente, qui n'est propre qu'à aimer, et qui va aimer tout de suite, passionnément, redoutablement, jusqu'à ce qu'il en meurt. Est-ce donc parce que l'art est à l'état d'enfance à l'époque où le maître compose, qu'il vous livre si complaisamment la clef de son mystère? Non, c'est qu'il sait qu'il a mis là un trésor, et que vous pouvez ouvrir en toute confiance, que vous y serez fasciné, et qu'en vous retirant vous ne vous plaindrez pas d'avoir été appelé par de vaines promesses.

En vérité, nous avons tant abusé de l'imprévu, que bientôt (si ce n'est déjà fait) l'imprévu deviendra impossible. Le lecteur s'exerce tous les jours à deviner l'issue des péripéties sans nombre où on l'enlace, comme il s'exerce à lire couramment les rébus que l'Illustration a mis à la mode. Plus on lui en donne, plus vite il apprend à absorber cette nourriture excitante, qui ne le nourrit pas véritablement. Sa sympathie, disséminée sur un trop grand nombre de personnages, son émotion, trop vite épuisée, dès les premiers événements, n'arrivent pas par la progression naturelle et nécessaire à se concentrer sur une figure principale, sur une situation dominante. L'art moderne en est là dans toutes ses branches, sous tous ses aspects. C'est une richesse sans choix, un luxe sans ordre, un essor sans mesure. La musique instrumentale et vocale, l'art du comédien et du chanteur sont arrivés, comme le reste, à cette prodigalité d'effets qui émousse tout d'abord le sens de l'auditoire et qui neutralise l'effet principal. Assistez à un drame lyrique : l'auteur du poëme, le compositeur, le metteur en scène et les acteurs, sachant qu'ils ont affaire à *un public Louis XIV*, qui craint d'*attendre*, se hâtent, dès les premières scènes, de le saisir tout entier, et souvent ils y réussissent, parce que les talents et l'habilité ne leur manquent certainement pas. Mais c'est bien chose impossible que de s'emparer ainsi de l'homme tout entier pendant tout un soir. L'homme de ce temps-ci, surtout, vous l'avez rendu, à force d'art et à grands frais, tellement irritable et capricieux, que son esprit redoute quelques minutes de digestion comme un supplice intolérable. C'est qu'à la place du cœur, vous avez développé la délicatesse de ses nerfs, et que vous avez mis toutes ses émotions dans ses yeux et dans ses oreilles. Son âme ne s'attache pas à votre sujet, parce que votre sujet n'a pas assez d'ensemble et d'homogénéité. Vous êtes bien forcé de le compliquer ainsi, puisque votre public veut désormais n'avoir pas une minute sans surprise et sans excitation. Ainsi l'acteur, d'accord avec son rôle, donne dès son entrée toute la mesure de sa force, toute l'étendue de ses facultés. Il enfle sa voix, il précipite ses gestes, il s'applique à des minuties de détail, il multiplie ses intentions, il fait des miracles de volonté. Lui aussi, il a la fièvre, ou il feint de l'avoir, pour entretenir la fièvre dans son auditoire. Mais que lui reste-t-il au bout d'une heure de cette puissance factice? Épuisé, il ne peut plus arriver à la véritable émotion qui commanderait l'émotion à son public. On ne donne pas ce qu'on n'a plus. L'artiste dramatique, identifié forcément, d'ailleurs, avec le personnage qu'il représente, est bientôt contraint de retomber dans les mêmes effets déjà employés et de les forcer jusqu'à l'absurde. Ce n'est plus qu'un forcené à qui le souffle manque, qui crie et fausse s'il est à l'Opéra, qui se tord et grimace s'il est sur toute autre scène, qui râle et ne s'exprime plus que par points d'exclamation s'il est figuré seulement dans un livre. Non, non! tout cela n'est pas l'art véritable, c'est l'art qui a fait fausse route; nous le répétons, c'est un gaspillage de merveilleuses facultés, c'est une orgie de puissances dont l'abus est infiniment regrettable.

Mais quoi? faisons-nous la guerre ici aux talents de notre époque? A Dieu ne plaise! Nous leur avons dû, en dépit de cette calamité publique qui pèse sur eux, des moments d'émotion et de transport véritable; car, malgré la mauvaise manière et le faux goût qui dominent une époque, le feu sacré se trahit toujours à de certains moments et reprend tous ses droits dans les intelligences d'élite. Nous ne sommes donc point ingrat parce que nous regrettons de les voir engagés malgré eux dans cette mauvaise voie.

Faisons-nous aussi la guerre au public, au mauvais goût de cette mauvaise époque? Est-ce le public qui a gâté ses artistes, ou les artistes qui ont corrompu leur public? Ce serait une question puérile. Public et artistes ne sont qu'un et sont condamnés à réagir continuellement l'un sur l'autre. La faute en est au siècle tout entier, à l'histoire, s'il est possible de s'exprimer ainsi, aux événements qui nous pressent, à la destruction qui s'est opérée en nous d'anciennes croyances, à l'absence de nouvelles doctrines dans l'art comme dans tout le reste. La richesse règne et domine, mais aucun prestige, fondé sur un droit naturel et sur l'équité des religions, n'accompagne cette richesse aveugle, bornée, vaniteuse, ouvrage plus que jamais du hasard, du désordre et des rapines, ou, ce qui est pis encore, de l'antagonisme barbare qu'on proclame aujourd'hui comme la loi définitive de l'économie sociale. Le luxe est partout, le bien-être nulle part. Le *riche* a étouffé le *beau*. Le moindre café des boulevards est plus chargé de dorures que le boudoir de Marie-Antoinette. Nos maisons, miroitantes de sculptures d'un travail inouï, n'ont plus ni ensemble, ni élégance, ni proportions. Quoi de plus laid et de plus misérable qu'une capitale où la caricature d'un palais vénitien ou arabe s'étale à côté d'une masure, et se pare de l'enseigne d'un perruquier et d'un marchand de vin? L'aspect de la masure serre le cœur, et pourtant l'artiste lui consacrera plus volontiers ses crayons qu'à l'antique palais construit ce matin par des boutiquiers. Le romancier y placera plus volontiers la scène de son poëme, parce qu'au moins elle est ce qu'elle est, cette masure, c'est la vérité laide et triste, mais c'est la vérité. Cette maison prétendue *renaissance* n'est qu'un mensonge, un masque sans expression.

Oh! qu'il ferait bien meilleur aller prendre le café sous les tilleuls du village, assis sur le soc de charrue d'où Werther contemple les deux enfants de la paysanne! Que ce valet de ferme, dont il reçoit là les confidences et qui traverse le poëme de son amour d'une manière si dramatique et si saisissante, est un bien autre personnage que tous ceux que nous détaillons si minutieusement des pieds à la tête, sans oublier un bouton d'habit, sans omettre une expression de leur harangue, un geste, un regard, une réticence!

Ce personnage-là est un de ces grands traits que la main d'un maître est seule capable de graver. Et non-seulement il n'est pas nommé, mais encore il ne dit pas lui-même un seul mot; il occupe à peine trois pages du livre. Et cependant quelle place il remplit dans l'âme de Werther, et de quelle influence il s'empare, sans le savoir, sur sa destinée! Détachez cet épisode, et l'épisode n'est rien par lui-même; mais le poëme est incomplet et la fin de Werther mal motivée. Ce personnage ne se fait-il pas voir et comprendre sans nous rien dire, ne se fait-il pas plaindre et aimer, malgré son crime; ne se fait-il pas absoudre sans plaider sa cause? Werther l'explique, et s'explique lui-même tout entier par ce cri profond du désespoir : « Ah! malheureux, on ne peut te sauver, on ne peut nous sauver! »

Ainsi travaillent les maîtres, sans qu'on aperçoive leur trame, sans qu'on sente l'effort de leur création. Ils ne songent pas à étonner : ils semblent l'éviter au contraire. Il y a en eux un profond dédain pour tous nos puérils artifices. Ils prennent dans la réalité, dans la convenance et la vraisemblance la plus vulgaire ce qui leur tombe naturellement sous la main, et ils le transforment, ils l'idéalisent sans que leur main paraisse occupée. Il semble qu'il suffise que cela ait été porté un instant dans leur pensée pour prendre vie et durer éternellement. Loin de s'appesantir, comme nous faisons, sur toutes les parties de leur œuvre, ils laissent penser et comprendre ce qu'ils ne disent pas. Il y a, dans la vie d'amour de Werther, une lacune apparente que nous appellerions aujourd'hui lacune d'intérêt ; c'est quand il s'éloigne de Charlotte, résolu à l'oublier, et à se jeter dans le tumulte du monde. Pendant plusieurs lettres il n'entretient plus son ami que de choses indifférentes et, en quelque sorte, étrangères au sujet. C'est encore là un trait de génie. Dans ce semblant d'oubli de son amour, on voit profondément la plaie de son cœur, la crainte de nommer celle qu'il aime, ses efforts inutiles pour s'attacher à une autre, pour se distraire, pour s'étourdir. Le dégoût profond que les affaires et le monde lui inspirent sont l'expression muette plus qu'éloquente de la passion qui l'absorbe. Aussi, quand tout d'un coup, à propos d'un incident puéril, il déclare qu'il abandonne toute carrière et qu'il va retrouver Charlotte, le lecteur n'est pas surpris un instant. Il s'écrie avec naïveté : « Je le savais bien, moi, qu'il l'aimait davantage depuis qu'il n'en parlait plus ! » L'intérêt ne naît donc pas de la surprise, et ce qui est profondément clair et vrai s'explique de soi-même ! Inclinons-nous donc devant les maîtres, quel que soit le goût de nos contemporains, quelque peu de succès qu'obtiendrait un chef-d'œuvre comme Werther, s'il venait à nous pour la première fois, sans l'appui du nom de Gœthe.

La traduction de M. Pierre Leroux n'est pas seulement admirable de style, elle est d'une exactitude parfaite, d'un mot-à-mot scrupuleux. On ne conçoit pas qu'en traduisant un style admirable on ait pu en faire jusqu'ici un style monstrueux. C'est pourtant ce qui était arrivé, et il est assez prouvé, d'ailleurs, que pour ne pas gâter le beau en y touchant, il faut la main d'un homme supérieur.

GEORGE SAND.

TABLE

POISSY. — TIP. Y STER. DE AUG. BOURET.

www.ingramcontent.com/pod-product-compliance
Lightning Source LLC
LaVergne TN
LVHW011943220826
846092LV00001B/74
9782019691240